August Göllerich

Franz Liszt

Göllerich, August

Franz Liszt

ISBN: 978-3-86267-585-2

Auflage: 1
Erscheinungsjahr: 2012
Erscheinungsort: Bremen, Deutschland

Europäischer Literaturverlag GmbH, Fahrenheitstr. 1, 28359 Bremen (www.elv-verlag.de).

Bei diesem Titel handelt es sich um den Nachdruck eines historischen, lange vergriffenen Buches aus der Verlagsanstalt Marquardt & Co., Berlin (1908). Da elektronische Druckvorlagen für diesen Titel nicht existieren, musste auf alte Vorlagen zurückgegriffen werden. Hieraus zwangsläufig resultierende Qualitätsverluste bitten wir zu entschuldigen.

Cover: Ausschnitt aus einer Porträtaufnahme von Franz Liszt von Adolphe Braun (vor 1877).

Dem lieben W. M.
August Göllerich. dankend
F. Liszt
Hofgärtnerei, Weimar, 86.

(Nach einer Aufnahme von Nadar, Paris, März 1886)

FRANZ LISZT

VON

AUGUST GÖLLERICH

Sonderausgabe
der von RICHARD STRAUSS herausgegebenen Sammlung
„DIE MUSIK“

BERLIN W 50
MARQUARDT & CO., VERLAGSANSTALT, G.M.B.H.

Erinnerungen,

meiner lieben Frau
zugeeignet.

Enthusiasmus bleibe stets
unsere erste treibende Kraft!
SCHILLER

INHALTS-ÜBERSICHT

Es war vor der ersten öffentlichen Parsifal-Aufführung des Jahres 1882.

Zum erstenmal pilgerte ich nach Bayreuth. In der jungen Anlage, die zum Festspielhaus führte, wallte die Menge hinauf zum freundlichen Hügel.

Da entblößte — ein erhebender Anblick — plötzlich Alles das Haupt: in offenem Wagen fuhren im Fond Wagner und seine Frau, im Rücksitz Liszt und Jung-Siegfried.

Wagner, an den Abenden in Wahnfried stets in übersprudelnder Laune, hatte in dieser Stunde im Ausdrucke etwas merkwürdig Engelhaftes, aus der Welt Blickendes.

Liszt zeigte ein Götterhaupt wie über den Wolken thronend, auf das Menschengetriebe mild herniederlächelnd. —

In der großen zweiten Pause saß ich ihm gegenüber an der Tafel.

Nie vergesse ich, wie seine Stimme mich erregte. Ihr Klang tönte tief wie vom Urgrund der Dinge her und verschwebte dann wieder in freundlichen Lauten, mit denen er mehr ausdrückte als andere in wohlgefügten Worten.

Nur Einen habe ich in ähnlich sanft-verbindlicher Weise reden hören: Leo XIII. kurz vor seinem Tode.

1883 sah ich Liszt bei den Festspielen, denen er nun vorzustehen sich verpflichtet fühlte, wieder.

Im nächsten Jahre durfte ich mit ihm in nähere persönliche Berührung treten.

„Malträtieren Sie das arme Kind nicht zu sehr“*), rief er der Mutter eines gerade in die Mode gekommenen Wunderknäbchens, das ihm eben vorgespielt hatte, noch durch die Türe nach, als ich im April 1884 — zur Zeit seiner damals gesetzlichen Wiener Oster-Beschimpfung**) — im Schottenhofe bei ihm zum ersten Male eintrat.

Seine „petite Retzoise“, Toni Raab, eine der geistvollsten Persönlichkeiten und Technikerinnen des Liszt-Kreises dieser Zeit, hatte mich ihm zugeführt.

Als exklusiver Schumann- und Brahms-Enthusiast war ich nach Wien gekommen, als Schüler A. Bruckners, Mitarbeiter des Wagner-Museums, das N. Oesterlein eben aufzubauen begann, und als Freund Hugo Wolfs, der mir in stiller Stube — nahe dem Himmel — Berlioz vorlas, war ich in meinen künstlerischen Anschauungen gereift, als mich — der im Elternhause des Malers A. Golz eine Liszt-Pflegestätte intimster Art gefunden — das Kennenlernen des Lisztschen Schaffens in tiefster Seele traf.

Nun stand ich vor dem Meister!

Wie der Zahnarzt frägt, wo das Weh sitzt, fragte er mich gütig: „Nun, was haben Sie mitgebracht?“ denn er war gewohnt die Schmerzen angehender Pianisten zu stillen. Ich stammelte, innig bewegt, etwas von der Bedeutung dieses lange ersehnten Augenblickes, den ich nicht durch mein Spiel entweihen möchte.

Nie vergesse ich das in seinem ganzen Wesen sich malende Erstaunen, einmal einem Klavierspieler begegnet zu sein, der ihm nichts vorspielen wollte.

---

*) Sämtliche Mitteilungen zwischen zwei Anführungsstrichen sind Äußerungen Liszts.

**) Meist um Ostern führten dazumal die Wiener Gesellschaftskonzerte größere Werke Liszts vor, die nach Hanslicks Hochgebot schlecht zu machen, der tonangebenden Presse zur lieben Gewohnheit geworden war. So hieß es z. B. gelegentlich der Aufführung der ‚Dante-Symphonie‘: Noch eine Weile so fort und die Komponisten werden zuletzt nur noch Glasscherben rütteln, Eisenstäbe durcheinander werfen und Kanonen abfeuern lassen! — (Sonn- und Feiertags-Courier.)

Er mußte indes die Ehrlichkeit meiner Empfindungen gefühlt haben, denn — fast wie selbst befangen — lächelte er zutraulich und streichelte mich gütig.

Bei „Madame de Retz" aber erkundigte er sich näher nach dem sonderbaren Kauze, von dem er jetzt erfuhr, daß seine liebsten Stücke die Thrénodien ‚An die Cypressen der Villa d'Este' aus dem letzten Jahre der ‚Pélerinage' wären.

„Aber ich bitte Sie, wie mögen Sie nur so schlechtes Zeug spielen?" — empfing er mich, hierauf anspielend, nächsten Tags. „Da werden Sie ja von sämtlichen Klubs ausgeschlossen!" —

Als ich das weitere Gespräch auf die szenische Aufführung der ‚Legende von der heiligen Elisabeth' lenkte, weil sie für die bevorstehende Tonkünstlerversammlung in Weimar in Aussicht genommen war und mir eine solche die Intimität raubend und entweihend erschien, erzählte er: „Schon 1874 lehnte ich die szenische Darstellung in Pest und Weimar ab, sie will mir bis jetzt nicht recht einleuchten."

„Ich habe sie zu meinem 70. Geburtstage dann in Weimar gesehen und werde sie auch diesmal nicht hindern können. Mit meinem Willen aber geschieht es nicht." —

Ich meinte, die malerische Wirkung nicht nur der ‚Elisabeth'-Legende, sondern auch vieler anderer seiner tönenden Gemälde sei allerdings eine so zwingende, daß Liszt-begeisterte Wager den Anreiz empfinden konnten, sie in lebende Bilder umzusetzen.

So wies ich auf die Chöre zu Herders ‚Entfesseltem Prometheus', wo der Gesang förmlich zu Gestalten wird, auf die ‚Berg-Predigt', den ‚Einzug in Jerusalem' und auf ‚Tasso' hin, dessen wenn auch nicht näher bezeichneten Abschnitte doch als ‚Tasso im Gefängnis' — ‚Venetianische Gondoliere' — ‚Hoffest in Ferrara' und ‚Krönung auf dem Kapitol' klar zutage lägen, und führte aus, daß bei solchen Versuchen mir stets der spezifisch musikalische Zauber von Werken geraubt erscheine, die trotz aller hervorstechenden dramatischen Züge doch ferne den Soffitten das Herz des Musikers als ihre eigentliche Werdestätte verkünden — ganz anders wie bei

Wagner, wo überall der Werdewille des Gesamt-Kunstwerkes spricht, das aus Konzertsaal und Kirche hinaus auf die Weihebühne tritt.

Liszt gab mir recht.

Wir kamen auf Goethes II. Teil des Faust zu sprechen. Der Meister erinnerte an die Aufnahme, die Faust im Anschlusse an Dante in den „katholischen Himmel" gefunden, weil der „protestantische Himmel" Klopstocks dem Dichter zu langweilig erschienen sei, und hob hervor, wie sich auch in ihm der Musiker nach der Hilfe der Schwesterkunst gesehnt habe, als er seine Musik zur „göttlichen Komödie" durch Dioramen nach Genelli verdeutlichen wollte, und wie damals – 1847 – nur Fürstin Wittgenstein seine Idee – deren ideale Verwirklichung den Wandelszenen der ‚Nibelungen' und des ‚Parsifal' vorbehalten geblieben – begriffen hätte und mit 20000 Talern zu fördern gedachte.

Bei wiederholten Begegnungen ward ich durch des Meisters Einladung, zu ihm nach Weimar zu kommen, beglückt, ihr folgend erhielt mein ganzes Leben eine entscheidende Wendung.

„Dort müssen Sie mir dann die Cypressen spielen", meinte er noch am Bahnhofe, als er seinen diesmaligen Osterbesuch Wiens beendigte.

An einem stürmischen Früh-Frühlings-Abende hatte ich ihn zur Abfahrt begleitet. Fast war der Zug schon im Gehen, als ihn sein Freund Bösendorfer noch rasch zum Wagen hinaufhob.

Eilig ließ Liszt das Coupéfenster herab, winkte mich zu sich und rief lustig herunter: „Wissen Sie, daß Bösendorfer heute einen guten Witz gemacht? Er sagte, was der Elefant unter den Tieren, ist Beethoven unter den Musikern!" –

In diesem Momente fuhr ein Windstoß dem Meister durchs lange weiße Haar und eine Laterne, an der der Zug eben vorüberfuhr, beleuchtete grell sein Titanenhaupt – ein unvergeßlicher Anblick!

Die ersten und letzten Lebenseindrücke, die ich in Anwesenheit des Meisters aus seinen Werken sog, knüpfen sich an eine der heiligsten Emanationen des menschlichen Sinnens, an sein Lebenswerk ‚Christus'.

Karl Riedel brachte die Schöpfung am 18. Mai 1884 zur Feier des 30 jährigen Bestehens seines Singvereines in der Thomaskirche zu Leipzig mit tiefer Versenkung in ihren individuell charakteristischen Ausdruck zur Aufführung, und Liszt war dazu von Weimar herübergefahren.

Bei der Generalprobe sah ich ihn wieder, umgeben von der damaligen Weimarer „Liszt-Kolonie".

Gegen Ende der Probe bat er um seinen niedrigen Zylinderhut, den wir in allen Kirchenbänken vergeblich suchten. Endlich entdeckte man, als der Meister sich erhob, daß er — ganz hingegeben der Wiedergabe seines Werkes lauschend — auf dem Hute gesessen hatte, ohne es zu bemerken.

Selten erlebte ich eine derartige Ergriffenheit der ganzen Zuhörerschaft, wie bei dieser Weihedarbietung einer Tondichtung, in der ‚Gott aus seines Heil'gen Wunde spricht'.*)

„Wann und wo sie zu Gehör bringen", schrieb Liszt bei ihrer Vollendung**), „bekümmert mich keineswegs. Meine Dinge zu schreiben ist mir eine künstlerische Notwendigkeit — es genügt mir vollauf, sie geschrieben zu haben", — und Fürstin Wittgenstein hat recht gesehen, wenn sie diese Schöpfung ein Werk nennt, ‚das mit den Jahrhunderten wachsen wird'.

---

*) Ein schönes Wort, das Wagner einst zur Weihnacht seinem geliebten Franziskus unter ein Bild des hl. Franz von Assisi geschrieben, welches Liszt besonders teuer geblieben war.

**) Bezüglich der angeführten Briefstellen vgl. die durch La Mara bei Breitkopf & Härtel veröffentlichten Briefbände.

Im Salon der freundlichen Schwestern Anna und Helene Stahr zu Weimar, die an ihren Liszt-Sonntagen die Jüngerschar stets gütig umsorgten und an der Spitze der Liszt-Begeisterten und Liszt-Begeistigten alle jene förderten, die ihn begriffen, sollte ich am 1. Juni 1884 zum ersten Male dem Meister vorspielen. — Ich hatte hierzu diejenige seiner symphonischen Dichtungen gewählt, die ich mit ihrem Zukunftsblicke stets für eine der tiefsten gehalten, diejenige, die mir besonders ans Herz gewachsen war: ‚Hamlet'.

Viel später erst erfuhr ich, daß sie Liszt trotz ausgesprochenen Wunsches bis dahin nie vorgespielt worden war, denn sie galt als ganz undankbar und „uninteressant".

Als ich am ersten Klavier beginnen wollte — das zweite spielte die feinsinnige Wiener Pianistin A. Greipel-Golz — erschien in der Tür eine Dame, die mir auffiel, weil an ihrem Hute eine große Sonnenblume glänzte: Lina Ramann, des Meisters begeisterte Biographin, deren auf Lisztschen Lehrprinzipien fußende Nürnberger Musikschule ich nach Jahren übernehmen und weiterführen sollte.

Liszt setzte sich neben sie, direkt hinter mich.

Kaum hatte ich mit dem Anfangsthema begonnen, von dem er mir später sagte, es deute die Frage: „Sein oder Nichtsein?" — hörte ich ihn bemerken: „Der Kerl spielt ja das, als hätte er's komponiert!"

Mit diesen Worten war er rasch an meine Seite gerückt, befriedigt mir zunickend und durch rhythmische Baßverdoppelungen mich anfeuernd.

Bei der ‚seufzend' überschriebenen Stelle lispelte er: „Wohin soll ich mich wenden?" Und bei der in stolzem Hohne sich aufrichtenden $^3/_4$-Takt-Melodie rief er: „Ganz famos!"

Späterhin wurde im vertraulichen Verkehre mit dem Meister diese merkwürdigste seiner ‚symphonischen Dichtungen' oft der Gegenstand unseres besonders eingehenden Studiums*).

---

*) Hierbei gedachte der Meister auch des Hamlet von Joachim,

„Sie verdient schlecht rezensiert zu werden, ich hab' sie aber ganz gern — es geht mir dabei wie manchen armen Eltern, die eine besondere Vorliebe für ihre verkrüppelten Kinder hegen", scherzte der Meister über das Werk.

„Vor ihrer Geburt" — meinte er einmal — „war dies alles ungewohnt, heute freilich ist es abgeschrieben und klingt schon alt und banal. Die Schuljungen verstehen's jetzt besser."

„Unsereins nimmt, wenn ihm nichts einfällt, ein Gedicht her, dann geht's. Man braucht da gar nichts von Musik zu verstehen, denn man macht eben nur ganz einfach Illustration."

Anläßlich der szenischen Darstellung der Elisabeth-Legende im alten Hoftheater zu Weimar beklagte ich, daß E. Lassen das ‚Interludium', das als Lebensgeschichte in Tönen einen Vorläufer der Trauermusik bei Siegfrieds Tode bildet, weggelassen hatte, und ich wählte deshalb gerade dieses verworfene und gemeiniglich als Zirkusstück mit Dur-Jubel nach ausgestandenen Moll-Beschwerden abgehetzte Stück zu meinem ersten Solovortrage bei Liszt.

Er war über meine Wahl förmlich erschrocken und meinte: „Wer hat Ihnen denn so was geraten, was fällt Ihnen ein?"

Ich hatte aber bald die Freude, ihn — ganz aus sich heraustretend — am Flügel neben mir so hinreißend dirigieren zu sehen, daß alle vom Feste noch anwesenden Dirigenten spontan in jubelnden Beifall ausbrachen.

Er konnte noch dirigieren! — obwohl einige Tage früher trotz seiner ganz herrlichen Interpretation von Bülows ‚Nirvana' die Parole ausgegeben worden war, er vermöchte es nicht mehr, weil er bei der ersten Aufführung seines schon 1850 in Eilsen entworfenen Stanislaus-Interludiums: ‚Salve Polonia' erdentrückt am Pulte gestanden und anstatt dem

---

den dieser, wie er ihm geschrieben, ‚im barbarischen Kontraste der durch Liszt rastlos mit neuen Klängen erfüllten Weimarer Luft mit der ganz starr gewordenen Atmosphäre Hannovers' komponiert hatte.

Orchester die Einzeltakte vorzurudern, sich darauf beschränkt hatte, nur den Rhythmus der Gedanken zu markieren*).

Seit in Karlsruhe 1853 bei der $^6/_8$-Takt-Stelle des letzten Satzes der IX. Symphonie die „ganz betrunkenen Fagötter" schrecklich falsch geblasen und Liszt schnell gefaßt nochmals beginnen ließ, hatte der Leipziger Antifortschrittsbund kühn beschlossen: er kann nicht dirigieren!!

Dem Schöpfer des großen Stiles der geistigen Darstellung von Tonwerken, der stets „das Tempo von innen heraus" wollte, dessen Lehre die Emanzipierung des Inhaltes von Schematismus zu danken ist, haftete dieses Urteil von seiten der Leipziger musikalischen Mäßigkeitsapostel zeitlebens an, obwohl ihn, oder besser, weil ihn als Interpreten ein Richard Wagner sein ‚zweites Ich' genannt hatte.

Liszt, der alles Echte seiner Kunst, wo und wann es auch geboren war, zuerst in deutschem Lande erblühen ließ, er, der vor Wagner das Verdienst hat, den Ausdrucksdirigenten unserer Zeit gebildet zu haben, konnte sich nie durch Brillieren in Exaktheit und im Hervorheben von Nebenstimmen ein Genialitätspatent erringen — denn ihm, dem Entsiegler alles Tiefen, stand natürliche Empfindung über allem, — ihm schien Musik „eine Folge von Tönen, die einander begehren, umschließen und nicht durch Taktprügel gekettet werden dürfen!"**)

Über seine Orchesteranforderungen plauderte Liszt einmal: „Daß das Orchester ohne Mithilfe des Dirigenten die technischen Schwierigkeiten überwunden habe, ist zu verlangen."

„Freilich war seinerzeit eine förmliche Koalition der Kapellmeister gegen mich die Folge."

---

*) Diejenigen, die ob des polnischen Stückes über die Undeutschheit Liszts erbeben, seien zum Troste darauf hingewiesen, daß auch der urdeutsche Wagner seine Ouvertüre „Polonia" über die gleichen polnischen Volksthemen sich zu schreiben erlaubt hat.

**) Vergl. Partitur-Anmerkung des ‚Rosen-Wunders' in der ‚Elisabeth-Legende'.

„Den Klassischen konnte man dazumal als Schutzpatron St. Schlendrian empfehlen."

Die volle Brutalität des Musikanten am Klopfpulte war in den Tagen der Tonkünstlerversammlung bei der Generalprobe der ‚Graner Festmesse' in der Herderkirche aufs empörendste zu erkennen.

Von gar zu hausbackenen Bläsersprüchen beim ‚Judicare' erzürnt, war der alte Meister durch das ganze Schiff der Kirche zum Chore vorgerannt und hatte dort beim Dirigenten um „etwas mehr Unerbittlichkeit" gefleht.

Sein freundliches Ersuchen wurde barsch durch die Bemerkung abgeschnitten: ‚Es ist gut so, und bleibt so!' – ein garstiges Beispiel der „Weimarer Delikatessen", die Liszt bei seinen „Spaziergängen auf Holzwegen", wie er später seine Bestrebungen in Ilm-Athen zu nennen pflegte, bis ans Ende genießen mußte.

Wenige Tage darauf stand der Meister am Chore der Jenaer Stadtkirche als Dirigent seiner ‚Solemnis' zum letzten Male am Steuer, das er vor 44 Jahren das erste Mal in Pest geführt.

Das milde Profil des Christusmotives verschmolz sich dem Ausdrucke leidender Güte in des Meisters Gestalt.

Hier ward trotz unzulänglicher Mittel offenkundig, wie das Werk „aus wahrhaft inbrünstigem Herzensglauben", wie Liszt ihn „seit der Kindheit empfunden" hatte, entsprossen war – „genitum, non factum!"

Im Garten seines ewig jungen „Musikgrafen" Gille wurde stets der Beschluß der „geheimen Jenaer Wurstkonzerte" fröhlich gefeiert. Dort erzählte der Meister nach der Aufführung munter vom niederrheinischen Musikfeste zu Aachen im Jahre 1857, dessen Leitung durch ihn den Beginn der trefflich organisierten und ausschließlich privilegierten Liszt-Hetze bezeichnete, die angefangen, nachdem sein „alter Freund“ Ferdinand Hiller „mit einem Pfiffe auf dem Hausschlüssel dazu das Zeichen gegeben“.

Sie gipfelte darin, daß alle führenden Geister der musikalischen Nüchternheit seinen Werken die Konzertsaaltüren verrammelten – ein Boykott, unter dem der Schöpfer des Reformationszeitalters der Tonkunst zu leiden hatte, bis er die Augen schloß.

Mußte er es doch als Komponist büßen, jener Mensch zu sein, der, wie Mathilde Wesendonck so echt weiblich wahrblickend gesagt hat, Wagner am nächsten stand.

Im Gefolge dieses denkwürdigen Aachener Festes – berichtete Liszt – wurden auch die berüchtigt-grotesken Absageschreiben solcher losgelassen, die sich kurz vorher die Widmung symphonischer Dichtungen als besondere Lebensfreude erbeten hatten, es dann aber doch für ersprießlicher hielten, ihr Ich aus der Nähe des Überstrahlend-Großen zu retten, jene Keuschheits-Assekuranzdokumente, deren sonderbarste Giftblüte das Verdammungsurteil der Firma Brahms und Genossen darstellte, mit dem der neudeutschen Richtung in der Musik unvermutet der Garaus bereitet werden sollte*).

„Heute“ – plauderte der Meister – „ist es etwas anders geworden und sehe ich mich schon öfters in der Rolle des Wucherers, der stets Verwünschungsschreiben erhielt, die ihm sein Sohn vorlas. „Abscheu der Menschheit“, „Schuft“ und derlei Koseworte waren die gewöhnlichen Anreden. Eines Tages kommt ein Brief mit der Aufschrift: „Euer Wohl-

*) Im Wortlaute dieses Dekretes heißt es u. a.:

... die Unterzeichneten erklären ... daß sie die Produkte der Führer und Schüler der sogenannten neudeutschen Schule, welche teils die Grundsätze der Brendelschen Zeitschrift praktisch zur Anwendung bringen und teils zur Aufstellung immer neuer, unerhörter Theorien zwingen, als dem innersten Wesen der Musik zuwider nur beklagen und verdammen können! Joh. Brahms, Jos. Joachim, Jul. O. Grimm, Bernh. Scholz.

geboren.“ „Mein Sohn,“ sagt gerührt der Vater, „lies das noch einmal! — Ich bekomme jetzt auch schon manchmal „Euer Wohlgeboren“ zu hören, und es hat sich gezeigt, daß ich doch nicht so wenig verstehe, als ich mir von allen Seiten sagen lassen mußte.“

„Ja, manche möchten mir sogar nun mit der Zumutung kommen: „Herr Graf, sag'n mer uns „Du“!“ Ich erwidere dann wie einer meiner ungarischen Freunde: „Na ja — aber halt's Maul, Kerl!“

„Ja, mein Hochmut!“ — fuhr er fort.

„Mein Onkel, der ein Knicker war — Sie können sich denken, wie gern ich den gehabt habe — sagte mir stets: „Hochmut kommt vor dem Falle!“ — Nun, ich fürchte nicht der Sarazenen Wut, und gar so tief bin ich doch nicht gefallen, obwohl ich mir noch einiges zu schreiben erlaubte, was sich die Herren Brahms und Konsorten nicht zu schreiben getrauten.“

So sehr Liszt Brahms als Variator und Rhythmiker bewunderte, so gerne er sich seine hervorragenden Klavier-Werke vorspielen ließ, so wenig vermochte sein Formalismus ihm zuzusagen.

„Mit Brahms kannte ich mich früh aus, schon als er auf der Altenburg war“, bemerkte er diesbezüglich.

„Es ist immer schön, wenn man es zu einem System gebracht hat — ich habe es leider nie dazu bringen können.“

„Dennoch habe ich Brahms bei seinen Paganini-Studien, die ich mir noch vor ein paar Jahren einstrudelte, mit meinen Paganini-Etüden dienen können: das macht mir viel Vergnügen.“

„Das zweite Konzert ist eines seiner besten Stücke.“

„Gewöhnlich spreche ich mit ihm höchstens eine Viertelstunde.“

„Seine Violinsonate hat mich neulich gelangweilt — hinterher aber erfuhr ich, sie sei ein großes Meisterstück.“

„Er wird verlegt und gespielt — ich wüßte aber nicht,

daß eigentlich irgend etwas von ihm je besonderen Erfolg gehabt hätte."

„Er denkt viel, hat aber wenig musikalische Gedanken."

„Aber Hanslick! – ja, im Anfange war das Wort!"

Die Rede kam auf die unter dem Deckmantel der Form grassierenden Schusterflecke gesitteter Komponisten.

Der Meister fuhr fort: „Schumann hatte sie auch gerne. Bei ihm aber sind es stets eigene Stiefel."

„Und Raff liebte sie gar, na ob!"

„Ich stelle Raff, was Einfälle betrifft, höher als Brahms."

„Meine Bekanntschaft mit Raff ist ein ganzer Roman."

„Er spielte sehr schlecht Klavier, hat aber wohl das Meiste für mich abgeschrieben, in die 2000 Seiten — alle symphonischen Dichtungen, die Graner Messe und viele Klaviersachen!"

„Da meine geringen Arbeiten im Anfang zu reüssieren schienen, ließ er es sich sehr gerne gefallen, mir beim Komponieren helfen zu sollen, wie ausgesprengt worden war. Ja er ließ sich gratulieren, wie wenn er die Sachen gemacht hätte. In Wahrheit hatte ich ihm einige praktische Instrumentationsratschläge, wie Hornverdopplungen u. dergl., zu danken."

„Als aber in Berlin plötzlich ein Platzregen von schlechten Kritiken über meine Werke niederging und sie in Acht und Bann getan waren, meinte er: Ja, Liszt ist eben eigensinnig geworden und läßt sich nichts mehr sagen."

„Raffs spätere Zurückhaltung befremdete mich nicht. Ich begriff das Vernünftige seines Verhaltens und war ihm deswegen nicht weniger freundschaftlich gesinnt!"

„Er litt zuletzt an der Panofie – dem Unfehlbarkeits- und Allmächtigkeitsdünkel."

„Ich brouillierte mich mit ihm wegen seiner Broschüre über die Wagnerfrage, deren Herausgabe er mir geschickt zu verbergen wußte. Die Sache war mir damals sehr unangenehm!"

„Ich sah ihn zuletzt im September 1881 in Weimar, wo ich ihm zu Ehren einen kleinen Raff-Nachmittag veranstaltete."

Die Tonkünstlertage zu Weimar und Jena, bei denen ich das Glück genoß, an Liszts Seite alle Proben und Aufführungen mitzumachen, schlossen mit einem instruktiven Beitrage zur Geschichte, wie die öffentliche Meinung gemacht wird.

Ein witziger und gefürchteter, heute wohl gerichteter Rezensent bat Liszt um Bezahlung der „Kosten", wofür er ihm eine günstige Besprechung seiner beim Feste aufgeführten Werke in Aussicht stellte.

Der Meister ließ ihn mit den Worten ziehen: „Für Referate habe ich nie Geld ausgegeben" und zitierte lustig: „Nicht such' ich dich, noch deiner Sippschaft einen!" – worauf in einer ersten Leipziger Musikzeitung zu lesen stand: Liszt gehe die Deutschen nichts an und sein Französischsprechen kompromittiere Wagner und Bayreuth.

In diesem Sommer hatte die „Berliner Zelebritäts-Kutsche" einige ihrer begehrtesten Insassen nach Weimar geführt, denn die „Speisekarte des Restaurant Wolf" – wie Liszt immer sagte – wurde gerne bei ihm in Zirkulation gebracht, da man ahnte, daß er – vielseitiger als jeder Bisherige – Freiheit zu geben wußte durch Freiheit.

An einem Nachmittage „regalierte" man ihn in vornehmster Gesellschaft mit lauter da capo-Stücken, wie: II. Rhapsodie, Tarantella aus Venezia dio Napoli, Ricordanza, Campanella u. a., deren zelebrer Vortrag seitens der durch Wolf zu Beziehenden die obligaten Beifallssalven der Anwesenden im Gefolge hatte.

„Ja, ist denn niemand da, der was Gescheites spielen möchte?" – fragte Liszt endlich.

Anna Stahr rief: ‚Ach, Göllerich mit den Cypressen!' und der Meister akzeptierte freudig.

Nachdem ich die II. Thrénodie beendet hatte, rührte sich keine Hand, bis der Meister selbst durch mächtige Applausschläge die Gelangweilten aufstörte. Nun forderte er mich in jeder „Stunde" auf zu spielen.

Als ich zu einer der nächsten dieser Lehrunterhaltungen kam, stürzte mir eine Pianistenmutter schon auf der Treppe mit den geärgerten Worten entgegen: ‚Na, Sie haben schönes Glück, passen Sie auf, was Ihnen der Meister heute gibt, können Sie einst um teures Geld verkaufen!'

In den „schlechtesten Musiksalon Europas" eintretend, kam mir Liszt mit offenen Armen entgegen und führte mich angesichts einer versteinerten Gemeinde von lauter „Lieblingsschülern" in großen Schritten dem Tische zu, auf dem sein, eben bei Held in Weimar aufgenommenes Kniestück mit der Widmung: „Des schönen Vortrages der Cypressen der Ville d'Este eingedenk zeichnet A. Göllerich freundlichst F. Liszt", und die Partitur der Graner Messe lagen, letztere mit der Widmung: „Zur Erinnerung an dieses mehr kritisierte als verstandene Werk".

Zu jener Zeit war er in den „Stunden", die dreimal wöchentlich von 4—6 Uhr stattfanden, wobei der Meister aus den von Spielbedürftigen mitgebrachten Stücken auswählte, was er durchzunehmen Lust hatte, zumeist in köstlicher Stimmung.

„Trotz aller Warnungen," scherzte er — während des Vorspielens mit den Noten auf und ab spazierend — „ist die heutige Jugend bereits so korrumpiert, meine Sachen auswendig zu spielen! — O, du heiliger Bim-Bam!"

Wie wußte er Echtes zu heben, wie Arroganz und Spott zu ebben!

Den ganz Geeichten erzählte er gerne vom Wiener Komiker Blasel, der von einer Gastspielreise nach dem Norden zurückgekehrt war und den ihn bestürmenden Freunden auf die Frage, was er denn in der Fremde gelernt habe, antwortete: G'lernt hab' i nix, aber arrogant bin i wor'n.

Der Verkehr der Schüler untereinander war durch das Beispiel des Meisters der ungezwungenste, und nur selten schlug die „warme Kollegialität" in Flammen auf.

In seinem Bannkreise verlor sich ja bald das Gefühl für die Welt der herzlosen Wirklichkeit. Wer scheiden mußte, den zog untilgbare Sehnsucht nach seiner Güte und Anregung, nach dem ganzen genossenen Glücke wieder in seine Nähe.

Eines Morgens flogen beim Frühstücke plötzlich kleine Steine zum Fenster herein. Zwei im Garten stehende Amerikanerinnen wollten sich dadurch anmelden, da sie sonst zu so früher Stunde nicht eingelassen worden wären.

Sie möchten Liszt sehen und hören, war ihr lakonisches Begehren.

„Auch nicht übel!" meinte der Meister und bat sie herauf.

„Sie wollen mich begutachten, weil es zum guten Ton gehört, mich gehört zu haben? was?" — empfing er sie.

Ja, erwiderte die Längere.

„Nun", fragte der Amüsierte, „was befehlen Sie, daß ich Ihnen spiele?"

Was Sie gerade auswendig können! — versetzte die Kürzere.

Und lächelnd spielte Liszt wirklich: eine Etüde von Moscheles und Chopins Terzenstudie.

„Ach", erklärte er, als er meine Verwunderung ob solcher Güte bemerkte: „Amerika hat mich auch immer gut behandelt, selbst zur Zeit, als ich in Deutschland mit meinen Werken nur verlacht und angefeindet wurde.

Man hat dort sogar Rubinstein gezwungen, als er meinte, mit meiner Robert-Fantasie auszulangen, noch ein paar Originalsachen von mir zu studieren."

Als wir in einer „Stunde" beglückt waren, weil der Meister selbst viel vorspielte, äußerte er: „Pah, das bürgerliche Klavierspielen habe ich ja gar nicht gelernt. Nächstes Jahr werde ich trotzdem immer fünf Groschen einheben, ein Kapitalist werden und, wie Flaubert an Madame Sand schrieb, meine Zeit nach der Eingeschränktheit meines Portemonnaies bemessen."

Oft spielte er uns Präludien und Fugen des wohltemperierten Klavieres aus dem Stegreif und „ohne gerade Linie" vor und liebte es, einzelne Stücke desselben, wie auch einzelne Studien aus dem Gradus ad Parnassum oder Etüden von Chopin schnell transponieren zu lassen.

„Clementi, meinte er, „war ein bloßer Mechanikus".

„Bach hat nie ein Tempo vorgezeichnet, wer's kapiert, wird's treffen."

„Manche Anfänge seiner Präludien erinnern mich an Chopin, man darf dabei aber keine Prise Schnupftabak nehmen und sie auch nicht so holprig spielen wie das Weimarer Pflaster."

„Bach hat höchstens zwei bis drei so schöne Präludien wie das zur G-Moll-Fuge. Ich ziehe es der an sich ja sehr schönen Fuge selbst noch vor."

„Mein Vater hielt mich an, täglich mittags zum Nachtisch sechs Bachsche Fugen zu spielen und zu transponieren."

„Die Pflege des Rhythmus halte ich für eines der besten Erziehungsmittel."

„Dieser ging Moscheles im Spiele ganz ab. Sein erstes Konzert habe ich gerne. Was die Virtuosenpassagen betrifft, ist es sehr gut — er schreibt auch einen sehr reinen Satz."

„Mit Chopin kann man kein Schulbutterbrot verdienen."

„Oktavenfolgen, das ist so eine Sache! Wenn Chopin sie schreibt, sind sie immer geistreich. Die Studien sind

Berlioz Czerny Liszt Ernst

Kriehuber

MATINEE BEI LISZT

ein Unikum an Poesie und Nützlichkeit. Er war ganz unvergleichlich – am entzückendsten im Salon, wenn er seine kleinen musikalischen Geschichten träumte, denn er spielte mit subtilster Zartheit und hatte wenig Kraft. Seine C-Moll-Etüde hat er nie herausgebracht. Er schwärmte für Gutmann in Florenz, der jedoch sehr mittelmäßig gewesen."

„Die Etüden von Kessler liebten wir beide, sie sind noch jetzt sehr empfehlenswert." –

Liszts Transzendentalitäts-Pflege lehrte nie Theorie. Aber sein Beispiel wirkte tiefstes Vermögen durch die Wunderkraft der Verherrlichung alles echten Wollens in seiner Wiedergabe der Werke anderer Meister.

Wer Liszt spielen gehört hat und noch an seinem schöpferischen Genie zweifeln konnte, hat sein Spiel nie erfaßt. Es war Liebesausdruck. Die Schönheit desselben floß aus Willens-Harmonie. Wenn man dieser Seelennahrung teilhaftig wurde, verschwand – wie Heine schilderte – das Klavier, und es offenbarte sich die Musik.

Liszts Spiel kündete alles Materielle als Geistbewegung. Es war die Offenbarung der ganzen geistigen Höhe seiner Zeit.

Sein unnachahmlicher Zauber entsprang der vollständigen Beherrschung des Gesamtgebietes der Tonkunst, er entquoll dem berufenen Komponisten aller, sowohl der intimsten, wie der größten Formen der Tonkunst.

Liszts Nachschaffen aller Meister und Stile war, wie Wagner so schön gesagt hat, eigenstes Schaffen, deshalb blieb ihm jede Spezialistenpose, alles Mittel ohne Zweck, ob er ihm am Instrumente oder Pulte begegnete, unausstehlich – und – nach dem innern Gesetze der Entwicklung der jüngsten der Künste – wurde der größte Virtuose der Vernichter der bloßen Virtuosität.

Liszt blieb stets der Schillersche Künstler ‚mit dem Siegel des Herrschers auf der Stirne'.

Man mußte ihn sehen, wenn er sein Amt erfüllte, sehen — wie Schumann gesagt hat — wie sich, allem Irdischen entschwindend, sein Antlitz verklärte, wenn er am Klaviere oder Orchester von seiner Geisteshöhe, seiner Herzensweite, seiner Glaubenstiefe erzählte!

Er koste die Tasten in einer Art, daß Lenz fragen konnte: ‚Vielleicht spielen seine zehn Orpheusfinger gar nicht Klavier, sondern es ist uns Materiellen dabei nur ein Klavier sichtbar?‘

So oft man ihn hörte, meinte man, ihn so noch nie gehört zu haben.

Wenn er zur Ausübung seiner Kunst schritt, war es, als ob ein Fürst den Thron bestiege. Hoheit wehte dann um seine Stirne, und sein Auge weilte in einer andern Welt.

Dichterischer Seher und heldenhafter Prophet einten sich in ihm, und stets blieb er, bald dämonisch-vulkanisch, bald innig-zart und ohne Erdenschwere — Gebieter in der Fülle der ihn bedrängenden Inspirationen.

So waren die „Stunden“ Weiheaugenblicke, in denen ein Größter Kleinere durch seinen Rat hinanzog, ihnen „Stufen bot, zu Gott emporzusteigen“.

Oft lechzte dem Meister neben hoher Künstlerschaft geringes Anfängertum entgegen, überall war er liebreicher Fürsorger, alle lehrte er den Unterschied zwischen Handwerk und Kunst klar erkennen.

Inneren Erfolg bei ihm zu erringen, gelang nur wirklichen Charakteren, äußeren errangen viele, gegen deren Aufdringlichkeit sich seine Güte ratlos fand.

Effekthascherei war ihm im Spiel ebenso verhaßt wie in Komposition und Leben. Desgleichen weichlich-sentimentales, schulmäßig-maschinelles Spiel.

Diesbezügliche Bemerkungen lauteten: „Tun Sie mir nicht so wackeln, Kind! Das ist lauter äußerliche Verinnerlichung! Das Gefühl sitzt nicht in der Nase! Da Sie keine Ophelia

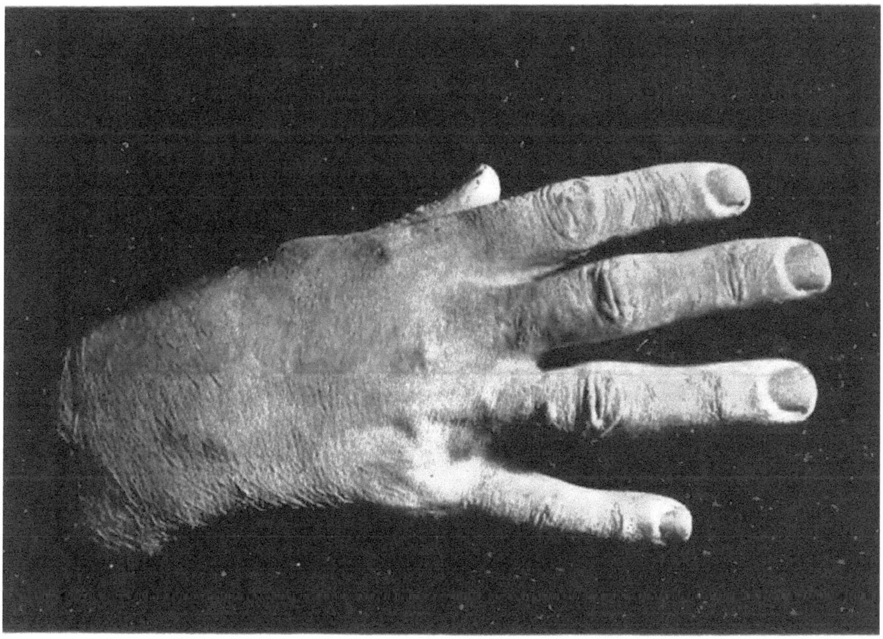

LISZT'S RECHTE HAND

sind, rate ich Ihnen, statt des Klosters an ein Konservatorium zu gehen: — ich bin kein Professor!“

„Nur nicht am Klaviere Scharpie zupfen! Keine Triller zum Anlegen in der Sparkasse! — Ich liebe sehr lange reiche Triller!“

Auch wenn er zürnte, war in seinem Grolle nichts Beleidigendes, wie es nicht beleidigt, wenn's wettert.

In den „Stunden“ hatte man vor einem Publikum von Konzertspielern aufzutreten, was manche ängstlich machte. Man mußte sehr schlagfertig sein, denn alle Augenblicke gab es zum Greuel der Repertoire-Exerzierer Neues vom Blatt zu spielen, in Partituren und Klaviersachen.

Immer wollte Liszt Menschen hören, nicht akademische Pedanten.

‚Als Geister ruft euch erst hervor der alte Meister!‘ durfte man bei vielen sagen.

Unfähige pflegte er stets über die Aussichtslosigkeit ihrer Pläne zwar schonend, aber doch sehr bestimmt aufzuklären, „denn“, versicherte er, „die Kunst und das Mitleid darf man nie vermengen, dabei kommt nichts heraus.“

Das Auswendig-Spiel und Auswendig-Dirigieren („dieses, bemerkte er, „geschieht immer auf Kosten des Werkes“) als Sport verurteilte er, so sehr er das erstere dort forderte, wo es die Art der Komposition erheischte, oder wo es besonderer Begabung entsprach.

Daß bei der herrschenden Konzertmode nur ein so kleiner Bruchteil von Tonschöpfungen zu Gehör kommt, beklagte Liszt stets, und immer betonte er, die berühmten Pianisten seien wie „die Schafe“: „Springt eines vor, bringt nämlich ein Renommierter endlich ein seltener gespieltes Stück, so springen alle andern nach“.

Als in derselben Saison Amerikaner, Italiener, Spanier, Franzosen, Russen, Dänen, Holländer und wenig Deutsche stets sein Es dur-Konzert vorlegten und ewig wieder baten, der Meister möge es anhören, brach er endlich in die Worte aus: „Wenn heuer noch jemand dieses Konzert bringt, wird ihm die Wahl gelassen zwischen Tür und Fenster.“

In Mitteilung praktischer technischer Behelfe war er durchaus nicht sparsam, und er verfehlte auch nicht, die Stunden durch historische Rückblicke zu würzen.

„Alois Schmitt“, plauderte er, „erfand die Klopfübungen mit gefesselten Fingern, die ich auf die Septime ausgedehnt habe.“

„Seinerzeit übte ich mit dem Guide de la main-Apparat Oktaven. Die chromatischen Oktaven-Passagen, in Ganztönen zwischen beiden Händen verteilt, sind mein Eigentum.“

„Field legte auf jede Hand ein Talerstück und spielte so bei ganz ruhiger Hand.“

„Von Weber als Klavierpoet war ich schon mit 17 Jahren entzückt. Bei ihm finden Sie zum ersten Male das Dialogisieren, das ich sehr liebe. Bei Beethoven ist es noch nicht so ausgeprägt. In der D-Moll-Sonate von Weber kommt zum erstenmale eine Kantilene in der linken Hand vor, das hatte bis auf ihn noch keiner geschrieben, das war ganz neu. Das Anfangsthema des ersten Satzes dieser Sonate müssen Sie spielen wie ein Tiger. Die Bezeichnung Allegro ferroce ist ganz treffend, man hatte sie bis dahin noch nicht gekannt, und sie ist auch erst wieder gebraucht worden, nachdem ich sie in meinen Werken nachgeschrieben hatte.“

„Weber ist auch als Pianist aufgetreten. Ich hörte ihn leider nie.“

„Ihn, Schubert und Goethe habe ich nicht persönlich gekannt.“

„Webers famoses Konzertstück gefiel mir gleich sehr; ich brachte es bald in Schwang. Aber die Zusätze, die ich mir erlaubte, waren der Angelpunkt, um meine Interpretationstreue in Verruf zu bringen.“

„Mendelssohn spielte das Konzertstück auch ganz hübsch, er hatte viel mehr Wärme wie Thalberg, aber weniger Technik. Bei Mendelssohn wirken die beiden Themen seiner Konzerte, wie Liebeserklärung und Hochzeit, so pressiert aufeinander folgend, daß einem gleich alle Lust vergeht."

„Meine ersten Paganini-Studien waren enorm schwer."

„Paganinis Spiel konnte einen wohl hinreißen, er blieb aber doch oberflächlich."

„In Paris war seinerzeit Thalberg viel beliebter als ich. Ich war ihm wohl überlegen, nur erschien bei ihm schon alles glatt, bei mir alles noch wüst – ein Tohuwabohu von Gefühlen."

„Eine ganz kleine Partei war in Paris für mich."

„Thalberg war harmlos und als Gentleman erzogen, der Sohn eines Engländers, nicht des Fürsten Dietrichstein, wie man gesagt hatte. Er war von der Aristokratie sehr begünstigt und gehobelt, ich sehr grob und unerzogen."

„Zedlitz sagte: Liszt ist Byron, Thalberg Goethe!"

„In einer Wiener Raseurstube am Graben kam am Tage meines Konzertes ein Herr herein, der im Gespräche äußerte, ich sei neidisch auf Thalberg. Ich konnte mich nicht enthalten, einzuwerfen: Liszt ist zwar vielleicht bizarr – ich kenne ihn ein wenig, – aber von Neid weiß er nichts. Nach dem Konzerte trat derselbe Mann enthusiastisch zu mir und entschuldigte sich."

„In einem Wiener Salon fragte man mich, ob ich auf Thalberg eifersüchtig sei. Ich antwortete: „Ja, ich bin auf seinen Teint eifersüchtig, – denn ich war damals sehr blaß, und Thalberg hatte frische Farben."

Als einst sein Petrarca-Sonett in E dur gespielt wurde, erwähnte Liszt bei einigen übermäßigen Harmonien: „Damals war der übermäßige Dreiklang noch was."

„Wagner hat diese Akkorde in seinem Venusberg angewendet – also etwa 1845 – zum ersten Male aber sind sie hier geschrieben von mir im Jahre 1841."

„Das hat mir später große Vorwürfe eingetragen und wurde mir schlimm angerechnet. – Ich kümmerte mich aber nicht darum."

Auch im Sommer 1884 schenkte Liszt wieder den Bühnenfestspielen in Bayreuth seine Gegenwart.

„In Bayreuth erst" — schrieb er — „erkennt man, auf welch himmlischen Höhen Wagner einherschreitet," — „aber," sagte er, „es ist ein sehr schlüpfriger Boden."

Da ich dem Bedauern Ausdruck gegeben hatte, daß Marianne Brandt, die Kundry, zu der Wagner auf der ersten Probe gesagt hatte: ‚Sie sind ein Genie!' — nicht mehr zu den Festspielen herangezogen werde, erwiderte der Meister: „Als sie sich bei einer Probe im letzten Akt des Parsifal aus ästhetischen Rücksichten nicht auf den Bauch legen wollte, wurde Wagner sehr gereizt — nicht gegen mich, wie erzählt worden. Zwischen uns ist nie ein böses Wort gefallen."

„Marianne, die gleich Wagner keinen Widerspruch duldete und durch Wagners heftige Art tief verletzt war, wollte gleich abreisen."

„Ich mußte wieder applanieren und sagte ihr, als sie auf Entschuldigung wartete: „Sie können von einem Menschen, der solch ein Werk schreibt, doch unmöglich verlangen, daß er sich mit derlei Alltagsgeschichten abgebe."

Über Gralsthema und Verheißungsspruch äußerte mir Liszt: „Das sind uns sehr wohl bekannte Intervalle, die ich oft und oft geschrieben habe, auch in der ‚Elisabeth'.*)

„Wagner sagte, als er mir den ‚Parsifal' das erstemal zeigte: ‚Na, du wirst schauen, wie ich dich bestohlen habe!' — Ich wußte mich nicht zu besinnen, wie so. Da sang er

*) Man vergleiche den Aufstieg der Oraison ‚Les Morts': ‚Selig sind ....' mit dem ‚Gral'-Thema des ‚Parsifal'.

mir den Anfang des Excelsior*) vor, den er von Pest her im Gedächtnisse behalten hatte."

„Übrigens sind das katholische Intonationen, die auch ich nicht erfunden habe."

Der Beginn des sogenannten Liebesmahlspruches, mit dem das Weihefestspiel anhebt, ist tatsächlich notengetreu das Hauptthema des Lisztschen ‚Excelsior', das Wagner bei dem Konzerte in Pest 1875 kennen gelernt hatte, in dem Liszt für die Bayreuther-Fonds das Beethovensche Esdur-Konzert spielte.

Dieses 1874 komponierte, grandiose Gegenstück zu Liszts ‚nächtlichem Zuge' nach Lenau — hatte auf Wagner einen tiefen Eindruck gemacht, auf den er noch 1880 — als Liszt ihn im September zu Siena auf acht Tage besuchte — mit den Worten zurückkam: ‚Nun, es wird auch dafür mal eine Zeit kommen!'

Noch ein weiteres Hauptthema des ‚Parsifal' — das ‚Glockenmotiv' — findet sich in dem, Jahre vorher komponierten Weihesange: ‚Zum Haus des Herrn ziehen wir',**) den Liszt für gemischten Chor, Trompeten, Posaunen, Pauken und Orgel geschrieben und den ich mit dem Festspielchor am 31. Juli 1892 zur Gedenkfeier des Todestages Liszts in der Bayreuther katholischen Kirche zum ersten Male zur Aufführung brachte.

Unter dem Eindruck des Todes R. Wagners waren in den Jahren 1883 und 1884 eine Reihe merkwürdig intimer Werke Liszts entstanden, — persönliche Geistesgrüße, deren Weltflüchtigkeit ihre öffentliche Preisgabe verbietet.

Am 70. Geburtstag des Meisters von Bayreuth verwebte der Meister zu Weimar in den Klängen: „Am Grabe Richard Wagners" dem Excelsior- und Glockenmotive einen Hauch des Lohengrin, jenes Werkes, dessen liebevolle Verlebendigung Wagner zuerst jenen Gralshort erschlossen

*) Einleitung der dramatischen Kantate ‚Die Glocken des Straßburger Münsters' nach Longfellows Dichtung: ‚The golden Legend'.

**) Siehe das zweite der vorstehenden Motive.

hatte, der ihm in der Liebe Liszts zeitlebens entgegenleuchtete.

Dem für Streichquartett und Harfe geschriebenen Verklärungsgedichte*) sind die schlichten Worte vorgesetzt: „Wagner erinnerte mich einst an die Ähnlichkeit seiner Parsifalmotive mit einem früher geschriebenen – ‚Excelsior'. – Möge diese Erinnerung hiermit verbleiben. – Er hat das Große und Hehre in der Kunst der Jetztzeit vollbracht!"

Als Liszt seinen Schwiegersohn Ende Oktober 1882 im Palazzo Vendramin zu Venedig besuchte, führte er, „fürstlich logiert, als verwöhnter Papa und Großpapa, ein schönes ruhiges Familienleben".

„Wagner war ganz jugendlich munter, fühlte sich fast behaglich und arbeitete jetzt literarisch und administrativ-diktatorisch in bezug auf die nächsten Parsifal-Vorführungen".

Von seinem Arbeitstische hatte Liszt die Aussicht auf den Canale-grande.

Gar oft sah er die düsteren Trauergondeln zum nahen Friedhofe vorüberfahren mit jenen, die vollbracht hatten.

Eines Tages überkam ihn tiefe Schwermut, ahnungsvolles Weh –: er schrieb im Barkarolenrhythmus eine bisher unveröffentlichte, wundervolle Threnodie nieder: „La lugubre Gondola", deren durchgreifende Umarbeitung er 1886 mit der Ansicht von Wagners Grab als Titelbild erscheinen ließ.

Als ich am Silvesterabende 1885 zu Rom das Exemplar, das ich eben für den Druck fertiggemacht hatte, vorspielte, blieb im Hörerkreise kein Auge trocken, der Meister aber sagte mir: „Gefällt es Ihnen denn wirklich? Ach, wie ist dies alles schal und leer gegen das, was ich sagen möchte. Ich kann's nicht besser!" –

Mitte Januar 1883 war Liszt nach Budapest abgereist.

Der Abschied von Wagner war diesmal auffallend innig und schwer.

---

*) Siehe das erste der vorstehenden Motive.

Wagner begleitete ihn zur Gondel. Als er schon die Stufen des Palastes hinaufgegangen war, eilte er wieder herab und umarmte Liszt nochmals besonders stürmisch.

Am 14. Februar stürzte Liszts opferwilliger Freund Táborszky, der opferwillige Verleger, der es sich zur Ehre rechnete, alle letzten ungarischen Werke des Meisters, nach denen niemand fragte, splendid herausgeben zu dürfen, entsetzt in das Arbeitszimmer des Meisters zu Budapest. Er hatte die Schreckenskunde von Wagners Tode empfangen und war zu Liszt geeilt.

„Unsinn!" brummte Liszt, der noch ohne Nachricht gelassen war. „Da wird er desto länger leben; – ich müßte es doch zuerst wissen!"

Gleich darauf eilte Graf Géza Zichy fassungslos herbei.

„Ja, seid ihr denn alle des Teufels?" – donnerte Liszt. Und nun fragte er telegraphisch bei seiner Tochter an, ob die Kunde richtig und sein Kommen angenehm sei.

Im Mai darauf kam aus Wahnfried der Wunsch, er möge seinen Besuch aufschieben, weil Frau Wagner niemand sehen könne.

Als Liszt an der Wahrheit des Todes Wagners nicht mehr zweifeln konnte, meinte er kurz: „Nun, heute er, morgen ich!"

In stiller Stunde aber vertraute er seine Gefühle einer erschütternden Trauermusik an, die er mit Rotstift überschrieb: „R. W – – – Venezia"*) und deren Schmerzenslaute er 1886 in dem mir gewidmeten ‚Trauervorspiel und Trauermarsch' motivisch verwendet hat. Darin zeichnet er den Tod als Erlöser. Alles Erdendasein erschien ihm ja nur eine Vorstufe ewigen Seins, das Leben „eine fortwährende Sterbenslehre". Vergehen bedeutete ihm Verjüngen und „alles Klagen" war ihm „zu kläglich".

*) Siehe das fünfte der vorstehenden Motive.

Das Verhältnis Wagners zu Liszt war ein so kompliziertes, sowohl bezüglich der kunstgeschichtlichen Stellung beider Meister, als auch bezüglich ihrer persönlichen, daß es nicht wundernehmen kann, wenn es heute noch vielem Mißverstehen ausgesetzt ist.

Tatsache bleibt, daß vor Wagner Liszt der Führer des musikalischen Fortschrittes gewesen ist.

Die Hintansetzung seines eigenen Ichs ging bei Liszt so weit, daß er es für seine größere Pflicht hielt, Wagner und alles sonstige Echte durchzusetzen, statt irgendwie für seine eigenen Werke den Boden zu ebnen.

Weil seine Original-Jugendwerke gar nicht zur Kenntnis genommen wurden, da sie der Glanz des Virtuosen und Improvisators überstrahlte und Liszt selbst sie wenig bekanntmachte, wurde er stets nur als genialer ‚Transkripteur' angesehen, dessen Originalität nachzuspüren im Zauber beliebter Opernmelodien und Lieder vergessen wurde.

Seine ersten Werke erschienen als ganz neuartige Tonpoesien zu einer Zeit, die noch Beethovens letzte Errungenschaften nicht verdaut hatte, und als Liszt diese der Welt vermittelte, war er in seinen eigensten Schöpfungen in Form, Harmonie und Rhythmus schon weit über sie hinausgeschritten.

In den gleichzeitigen Jugendarbeiten der beiden so verschieden organisierten Urgenies, die später beide für ihren Faust dasselbe Thema finden sollten*) (– das später als Blickmotiv bekanntgewordene Tristan-Thema –), sehen wir bei dem vielseitigen Liszt einen bisher in der Tonkunst nicht geahnten Reichtum, ein Zucken neuer Gedankenblitze, bei

*) Auch die Anfangstakte eines Lisztschen Schmiedemännerchores mit Orchester: ‚Les forgerons' sind rhythmisch ganz identisch mit dem Beginne von Siegfrieds Schmiedelied!

Wagner Konservatismus bis auf Mozart und Haydn zurück, bis auf Spontini und Weber hinauf, allerdings in der großen Einseitigkeit des Dramatikers.

Als sich die Wundermänner endlich finden und ihre Werke gegenseitig austauschen, ist der wesentlich Geförderte Wagner, nicht Liszt.

Man hat verbreitet, Liszt danke Wagner die Verwendung des Leitmotives. – Auch dies ist ein geschichtlicher Irrtum. Der Erfinder des wirklichen Leitmotives ist Berlioz, sein Muster die ‚Idée-fixe' der phantastischen Symphonie. Liszt hat als Dichter dessen Verwendung viel früher aufgenommen als Wagner, und sie auf voller, alle Weiten der Kunst überschauender Höhe souveränen Gestaltungsvermögens schon zu einer Zeit ausgebildet, als Wagner erst beim Rienzi angelangt war.

Die dramatische Verwendung, Umgestaltung und Gegeneinanderführung der Leitmotive als Hauptgegensätze ist schon in Liszts Jugendarbeiten eine so außerordentliche, daß Berlioz nach der Jüdin-Phantasie urteilen durfte: ‚Nun kann man alles von Liszt als Komponist erwarten!'

Neben Berlioz bildet Liszt das Bindeglied sowohl zwischen dem letzten Wagner und Beethoven, als auch zwischen Wagner und der neuesten Tonkunst nach ihm.

Er bedeutet in der mit Beethoven einsetzenden Entwicklung der poetischen Musik den ersten Gipfel der instrumentalen Epik und Lyrik. Wagner jenen der dramatischen Musik.

Die große Kompositionspause im musikalischen Schaffen Wagners zwischen Lohengrin und Rheingold – in der Dauer von $5^3/_4$ Jahren – ist ausgefüllt durch die Erkenntnis des durch das Schaffen Liszts Neugewonnenen und der spätere Wagner der Nibelungen und des Parsifal ist von Lisztschen Stileigentümlichkeiten untrennbar.

Die symphonischen Dichtungen Liszts sind Wagner geradezu Leitsterne gewesen, die ihn vom Lohengrin zur Musikwelt des Tristan und des Ringes führten, deren Tor ihm das Schaffen des Freundes, des – wie er sagt – ‚musikalischesten aller Musiker,‘ aufgesprengt hat.

Wenn Liszt sich nicht mißverstanden wußte, konnte man ihn bei gewissen, ihm ureigenen Stellen seiner Werke, denen Wagner gefolgt war, ausrufen hören: „Als ich das schrieb, war es wirklich neu! Es datiert zehn Jahre vor Tristan!“

Wagner selbst hat diese Tatsachen zugegeben, wenn er zwischen der Arbeit am Ring an seinen großen Freund schreibt: ‚Bei meinen letzten Arbeiten hast du mir ganz bestimmt geholfen!‘*) oder, wenn er ausruft: ‚Seit meiner Bekanntschaft mit Liszts Kompositionen bin ich als Harmoniker ein ganz anderer Kerl geworden!‘ ‚Daß er mir vieles zu danken habe, wie er mir auf das Widmungsblatt seines Dante schrieb, nehme ich als Exzeß der Freundschaft auf.‘

Trotzdem grollte Wagner, wie Liszt gestand, als R. Pohl richtig geschrieben hatte, die Harmonisierung des Tristanvorspieles deute auf die Lektüre der symphonischen Dichtungen hin.

Heute hat Pohl in Seidl, Stradal, Rietsch, Louis, Breithaupt u. A. Nachfolger gefunden, die wie er den Nachweis führen, daß der spätere Wagner durch Liszt gegangen ist.

So sehr dem echten Wagner Liszt klar und nah war, so sehr er zu wiederholten Malen privatim und öffentlich in tiefen Worten versichert hat, daß er über den eminenten Wert der Schöpfungen Liszts mit sich ohne allen Widerspruch einig sei**), so konnte sich doch der verstimmte Wagner zu manch bissigem, unschönem Worte über den vermeintlich

*) Vergl. hierzu, und über Liszts harmonische Eigentümlichkeiten das trefflich-zeitgemäße Werk: „Harmonielehre von Rud. Louis und Ludwig Thuille bei Grüninger, Stuttgart.“

**) Vergl. namentlich den herrlichen Brief über die symphonischen Dichtungen an Prinzessin M. Wittgenstein. ‚Mir ist's, als ob ich in eine tiefe Krystallflut untertauchte, um dort ganz bei mir zu sein und mein eigentliches Leben zu führen!‘ – schreibt Wagner über die ersten symphonischen Dichtungen.

glücklicheren Freund hinreißen lassen, einen Freund, der den „Unbegreiflichen“ dann vor sich und anderen stets mit Worten entschuldigte, wie: „Wagner ist krank und inkurabel, weshalb es notwendig ist, ihn nur zu lieben und sich zu bemühen, ihm zu dienen, soviel man kann“.

Seit Liszt in Paris, wo sich die Beiden im Verlagsbureau Schlesinger kennen lernten, wie Wagner schreibt: ‚glänzend und strahlend‘ vor ihm ‚herumgaukelte‘, konnte er zuzeiten eines gewissen Ärgers über die – wie er sich ausdrückt – ‚große Musik des in der Welt sich Herumsonnenden‘ nicht Herr werden, ja er läßt sich sogar in einem Briefe an Mathilde Wesendonck hinreißen, ihn in eine Kategorie mit Geibel zu setzen und höhnisch anzumerken, Liszt solle den Parsifal komponieren.

Der für alle unermüdliche Hingabe oft übel Bedankte aber bleibt bei allen Kränkungen gleich hingebungsvoll für das Wohl des Freundes besorgt.

Er „erläßt ihm alles“, weil man Wagner „nicht für undankbar“, nur „für unglücklich“ halten dürfe.

Er glaubt unerschütterlich an den „ursprünglichen Seelenadel“ seines unglücklichen Freundes und „weint mit ihm“, dem Demokraten stets als Aristokrat gegenüberstehend. –

Mit dem makellosen Schilde seiner Weltstellung deckt er den Rebellen in Kunst und Leben und hofft – allzeit unbefangener und gerechter – seine Kunstanschauungen in Milde jenen beibringen zu können, mit denen Wagner heftig sogleich gebrochen.

Denn der Höhenruhe Liszts war es nicht gegeben, sich herumzubalgen.

Wo andere bei Wagner nur Schrullen oder gar Besessenheit entdecken wollten, sieht sein dem Urteile der Zeitgenossen weit vorausblickendes Auge zu allererst tiefe Eingebungen, und so geht seine Selbstentäußerung auch Wagner gegenüber weit über irdisches Maß hinaus.

Während dieser in der ersten Zeit manchmal aufatmet, sobald er nicht mehr durch Liszts Besuch gestört wird, schreibt

Liszt, von einem Besuche bei Wagner zurückgekehrt: „Ich war bei Wagner. Das ist das Beste, was ich seither getan habe.“

In Dresden waren sich die Heroen im Revolutionsjahre 1848 nähergetreten. Als Liszt sich in Weimar niedergelassen, sollte er sogleich für 5000 Taler den Gesamtverlag der Werke Wagners übernehmen. Da dem ‚seltensten der Freunde‘ hierzu die Mittel fehlten, wünschte der Schöpfer des ‚Tannhäuser‘ durch ihn von Seite deutscher Fürsten eine jährliche Pension von 2—3000 Talern verschafft. —

Weil dies unmöglich, half Liszt in eigener Person nicht nur materiell, soviel er nur konnte, sondern er schützte und umsorgte den großen Freund in jeder Lage, er blieb sein Seelenstärker immerdar.

„Als Wagner“ — erzählte er mir eines Abends in Weimar — „im Mai 1849 hier auf der Flucht ankam — er läutete in Dresden die Aufstandsglocke und wollte die Konstitution, Semper aber nahm die Flinte — setzte ich es bei Watzdorf und der Frau Großherzogin durch, daß sie mir sagten: Gut, wir behalten ihn mehrere Tage.“

„Es geschah, bis aus Dresden der Steckbrief kam, dann schickte ich Wagner mit Watzdorf — denn nur unter diesen Umständen war er ganz sicher — zu Gille nach Jena, hierauf verkleidet mit Paß und Reisegeld nach der Schweiz. Vorher war er mit mir ein paar Tage in Eisenach, wo ihn auf der Wartburg die Großherzogin besichtigte. Hätte man damals Wagner erwischt, so hätte er acht Jahre spinnen müssen, wie einer seiner Freunde. Er wäre darüber wahnsinnig geworden.“

„Die Großherzogin war ursprünglich Wagner nicht gewogen. Ich hatte deswegen bei ihr Audienz, und sagte, ich würde aus dem Dienste gehen, wenn sie mich nicht Wagner aufführen ließe und ihm in Weimar einen Zufluchtsort gewähren wolle.“

In der Tat hörte Wagner im Hoftheater, hinter dem

Vorhange der Hofloge verborgen, eine Probe seines Tannhäusers unter Liszt.

Er schildert den erhaltenen Eindruck in ergreifender Weise in seiner bekannten Mitteilung an meine Freunde.

Das Sichfinden der beiden Ebenbürtigen ward im ‚Hôtel Russischer Hof' gefeiert. Als Wagner dort dem Freunde seine Festspiel-Idee enthüllt hatte, spannte sich Liszt nach Tische vor die Gäule an Wagners Wagen und trieb sie mit dem Rufe vorwärts: „Nun soll eine neue Zeit hereinbrechen!"

Am nächsten Tage schon sann er auf Mittel für die Lebendigwerdung des Lohengrin, indem er hoffte, diese „große, heldisch bezaubernde Musik" zunächst auf einem englischen Theater, vielleicht in London, zur Aufführung zu bringen, und dann mit dem unausbleiblichen Erfolg nach Paris zu gehen.

„Helfen Sie" – schreibt er an einen Pariser Freund – „es ist ein edles Ziel, zu dessen Erreichung alles geschehen muß!"

An Mme Street-Klindworth berichtete Liszt späterhin über seine damaligen Bemühungen: „Da Wagner in seinen so bewunderungswürdigen Hauptwerken so mutige Neuerungen gebracht hatte, mußte es meine erste Sorge sein, sie auf deutschem Boden zu befestigen, sobald er aus seinem Vaterlande verwiesen war und alle großen und kleinen Theater in Deutschland sich fürchteten, seinen Namen zu affichieren!"

Nur schwer vermag sich Wagner von der Partitur des Lohengrin, der für Liszt ein „einziges unteilbares Wunder" bedeutet, zu trennen, weil er sie beim Pfandleiher zu versetzen im Begriffe steht. Mit ergreifender Widmung legt er sie durch seine Frau Minna mit den übrigen seiner Originalpartituren in die Hand des Freundes, der sie in einem Sanktuarium der Altenburg heilig bewahrt.

Noch im selben Jahre 1849 sucht Liszt im ‚Journal des débat's' Wagner durch seine Abhandlung über ‚Tannhäuser' zu propagieren. Als in Paris, wo Liszt nach Kräften hilft, die Hoffnungen fehlgeschlagen und Wagner nach Zürich zurückkehrt, bittet er den Weimarer Freund, ihm doch seine Frau dahin zu senden.

‚Ich hänge — schreibt er ihm, — an keiner Heimat, aber an dieser armen, guten, teuren Frau, die an mich ungezogenen Bengel sich ewig gefesselt fühlt. Gib sie mir, dann gibst Du mir Alles.‘

Und Liszt sendet die nötigen Summen, die ihm, wie er zartfühlend zusetzt, „von einem Bewunderer des Tannhäuser“ für den Genuß, den ihm dies Werk verschaffte, eingehändigt worden seien — an Frau Minna.

So wird er Wagners ‚Brot- und Lehens-Herr‘, — wie dieser jetzt ihn nennt.

Nachdem sich Liszt durch drei Tage völlig eingeschlossen, um die Partitur des ‚Lohengrin‘ zu studieren, setzt er es durch, daß die Intendanz der Weimarer Hofbühne für das Werk des verbannten politischen Flüchtlings die damals unerhörte Summe von 2000 Talern bewilligt — daß das Orchester verstärkt und für eine würdige Berichterstattung gesorgt, kurz: — der ersten Aufführung der Charakter eines Sonderfestes verliehen wird.

Nach 38 Proben gelingt — vor Meyerbeer und Fêtis — die erste strichlose Aufführung des Riesenwerkes.

„Auch nur den geringsten Strich zu wagen“, hätte Liszt „für eine Schlechtigkeit gehalten.“ —

Das erhoffte freie Geleit des Verbannten zur ersten Darbietung seines Werkes zu erlangen, vermag Liszt trotz fortgesetzten Bemühens nicht durchzusetzen.

Wagner will dennoch in Verkleidung derselben beiwohnen und ist schon bis Basel gekommen. Liszt hat Mühe, ihn von seinem Wagnisse abzubringen, noch größere Mühe, die vielen Angriffe der persönlichen, geigenden, singenden und ästhetisierenden Gegner abzuwehren, die er erdulden muß, weil er den Mundtotgedachten sprechen läßt.

Da die erste vielumkämpfte Aufführung leer bleiben würde, bestimmt er die Großherzogin, die Hälfte der Eintrittskarten anzukaufen und zu verteilen.

So läßt sich Deutschland am 28. August 1850 seinen Lohengrin schenken! — —

Als Alt-Weimar sich über die „neumodische Musik" höchlichst entsetzt, macht Liszt seinem Unmute über dessen Urteilsfähigkeit in so kräftigen Worten Luft, daß der Bürgermeister sich anschickt, ihn namens der Wagner-beleidigten Stadt zu verklagen! — — —

Weil Liszt sieht, wie nicht nur das weimarische, sondern auch das allgemeine Verständnis sich nur schwer und langsam zur Höhe der gänzlich ungewohnten Werke Wagners zu erheben vermag, sorgt er durch die schönen und meist leichtgehaltenen Klaviertranskriptionen des ‚Liedes an den Abendstern' und der Lohengrin-Stücke, die neue Musik zu popularisieren und das Bündigste, was zu sagen war, durch Abfassung der Schrift ‚Tannhäuser und Lohengrin' auf eine Art auszusprechen, daß Wagner begeistert ausruft: ‚Dieser wunderbare Mensch kann nirgends nur reproduktiv sein! Es ist ihm keine andere Tätigkeit möglich als die rein produktive!'

Die Tannhäuser-Ouvertüre endlich, das Näherliegende, Eherverständliche, spielt Liszt den Ilm-Athenern solange vor, bis sie darein verliebt sind.

Lohengrin aber wird auf seine Einwirkung hin — aller Sprödigkeit zum Trotz — vom Hofe so oft zu geben befohlen, — in einer Saison 5mal — bis endlich zu seinen Darbietungen Separatzüge nach Weimar arrangiert werden müssen, wie später nach Bayreuth, und an den Vorstellungstagen der überall sonst verpönten Werke des Aufrührers in Weimar kein Obdach mehr zu finden ist.

„Vier oder fünf Jahre meiner Starrköpfigkeit haben hingereicht," — berichtete Liszt bezüglich dieser denkwürdigen Zeit später brieflich — „daß die Befestigung Wagners trotz der Kleinheit der Mittel, die in Weimar zur Verfügung standen, gelang."

Nach Jahren erst — denn in Deutschland galt damals die Prophetensonne Meyerbeers noch alles — folgten Wiesbaden,

Wien, Berlin und München „dem, was das kleine Weimar ihnen diktierte und worüber sie sich mokiert hatten."

Da Liszt aus Weimar ‚einen wahren Feuerherd des Ruhmes' für Wagner geschaffen, denkt dieser nun auch an die musikalische Ausführung seines ‚Siegfried' für Liszt und dieser verwirkt, ihm 500 Taler Honorar-Vorschuß anbieten zu können, wenn dieses Werk bis 1. Juli 1852 in Weimar eingeliefert werde.

Noch im Lohengrinjahre – 1850 – besucht Liszt den Freund in Zürich. Wagner erwartet ihn am Landungsplatze und „erstickt ihn in Umarmungen, weint, lacht und lärmt vor Freude wenigstens eine Viertelstunde lang, wälzt sich wie toll mit seinem Hunde am Boden, zeigt Liszt gar keine demokratischen Allüren mehr, schwört ihm bei seinen ‚Nibelungen', sich niemals mehr mit Politik zu befassen, und versichert ihm wohl zwanzigmal, daß er mit der Partei der Flüchtlinge gebrochen habe und bei Bürgern wie Aristokraten nun gleich gut angeschrieben sei."

Liszt und Wagner singen zusammen die Lohengrinszene: „Atmest du nicht mit mir die süßen Düfte – – –."

Wagners damalige Beziehungen zu den Musikern bezeichnet Liszt der Fürstin Wittgenstein als die „eines Generales, der ein Dutzend Talglichthändler zu kommandieren hätte" und schildert ihn als einen „Vesuv unter künstlichen Lämpchen, Feuergarben und Blumen auswerfend".

Doch Liszt ruht nicht aus bei dem Errungenen. Dem Lohengrin folgt der Holländer, von dessen Honorar Liszt dem immer bedürftigen Freunde Vorschüsse zu senden weiß, und bald bringt Weimar mit Tannhäuser, Lohengrin und Holländer das erste Wagner-Festspiel zustande als internationales Verbrüderungsfest des kommenden Sieges der Zukunftsmusik.

Als Wagner die nötige Erweiterung des Siegfried-Stoffes klar geworden, ist es wieder die verständnisinnige Zustimmung Liszts, welche den ‚jungen Siegfried', mit Blitzesschnelle ins Dasein ruft.

1854 will Wagner seine Einwilligung zur Berliner Darbietung des ,Tannhäuser' nur unter der Bedingung geben, daß Liszt dieselbe dirigiere.

Als Erster hat inzwischen Liszt die Festspiel-Idee mit felsenfestem Vertrauen begriffen und auf dem Schießhausplatze zu Weimar schon den Ort ausersehen zu einem Festspielhause nach Wagners Plänen – eine musikalische Stilbildungsschule soll errichtet werden zum Hegen alles „Ewig-Jungen", mit Wagner und Liszt an der Spitze und den ersten europäischen Kräften im Lehrkörper.

„Ich faßte diese Gedanken, als Wagner in Verbannung war und an ein Festspielhaus in Zürich dachte" – ließ sich der Meister vernehmen.

„Der Großherzog korrespondierte darüber ausführlich mit Wagner. – Das war lange vor der Hilfe des Königs von Bayern".

„Jedoch, Serenissimus schreckte sich am Ring!"

„Ein Abend ginge noch an, aber gleich vier!! – Das sei zuviel, hieß es".

„Man war nicht sicher, ob ich mich nicht doch in zu großer Überschätzung Wagners ergehe, mich nicht doch in seiner Zukunft irre. – Auch wollte man jetzt gerne Halt machen, und die Bequemlichkeit erfand immer neue Unmöglichkeiten, bis man vorzog, wieder wie früher auf alte Kleider neue Flecken zu kleben".

„Der Ertrag des ewigen Wischi-Waschi und Wickel-Wackel war endlich, daß herausgefunden wurde, die Kosten für ein Festspielhaus seien für das kleine Großherzogtum zu unerschwinglich."

„Ein reicher Protektor, wie später Ludwig II., fand sich nicht, und statt des Festspielhauses wurde jetzt die unter Graf Kalckreuth begründete Malerschule das Schoßkind des Hofbudgets".

Aber Liszt gibt seine Hoffnungen und ,Hof-Illusionen'

nicht auf, unausgesetzt zeigt er sich für Wagners Begnadigung bemüht und bringt den Großherzog Alexander endlich so weit, daß er Wagner in Luzern empfangen will und daran denkt, demselben auf einem seiner Schlösser einen Musensitz anzubieten! —

Noch 1862 in Rom bleibt Liszt für die Aufführung des Ring des Nibelungen in Weimar emsig bemüht und möchte neidlos Wagner — wie schon zehn Jahre früher, als dieser selbst an ein stilles Asyl ‚nahe der Altenburg' (seiner Wartburg, wie er schreibt) gedacht — als General-Musikdirektor in Weimar wissen, wo er ihm „ein komfortables Logis mit Garten zu requirieren" gedenkt.

Zur Zeit seines plötzlichen Glückswechsels verstummt Wagner seinem werktätigen Freunde gegenüber gänzlich.

„Seit mehr als zwei Jahren," berichtet Liszt, „habe ich kein Lebenszeichen von Wagner! — Aber da er glücklich ist, freue ich mich dessen und halte ihn mir gegenüber für quitt."

Nachdem die Wagner-Revolution in München hereingebrochen, ist Liszt ängstlich um das königliche Wohlwollen besorgt.

„Möge sich der König den Ruhm zuerteilen, für den ‚Ring des Nibelungen', diese gigantische Schöpfung, das größte Werk des Jahrhunderts, zur Ehre der deutschen Kunst gesorgt zu haben," bemerkt er brieflich.

Bei der Bülow-Katastrophe steht er, obwohl er sich nicht verhehlt, daß Bülow „zum Ehemanne keine Talente" habe, auf Seite des Verlassenen und bietet seiner Tochter bis zur Scheidung ein Asyl bei der Fürstin an.

Als er von der am Geburtstage Ludwigs II., am 25. August 1870, durch den Luzerner Pfarrer Tschudi vollzogenen Vermählung Wagners dann „durch die Zeitungen" erfährt, kränkt es ihn, der Grundsteinlegung des Festspielhauses — zu der er eingeladen wurde, „als es zu spät war" — fernbleiben zu müssen, obwohl ihn Wagner bei dieser Gelegenheit brieflich als ‚größten Menschen' anredet, ‚der in sein Leben getreten sei, an den er die Freundes-Anrede richten durfte" als ‚Ersten, der ihn durch seine Liebe geadelt habe'.

(„Wagner stand fest" – äußerte er noch auf der letzten Fahrt nach Bayreuth – „und ich hatte nichts mehr zu tun.")

Da besuchen ihn Wagner und Cosima bei der ersten ‚Christus'-Darbietung in Weimar, und die Glocken des ‚Resurrexit' läuten zur Versöhnung.

Als Wagner endlich an die Verwirklichung des ersten Festspieles schreiten kann, wird Liszt mit drei Scheinen Patron und tritt in den Mannheimer Mutter-Wagner-Verein als Mitglied ein. „Mein geringes Einkommen gestattete mir leider nicht einen beträchtlicheren Betrag" – schreibt er 1872 an E. Heckel.

Nun bleibt es sein immerwährendes Bestreben, dem Festspielfonds Summen zuzuführen.

Außer bei dem schon erwähnten Budapester Wagnerkonzerte spielt er hierfür 1876 in Hannover, weist die Hälfte des Ertrags den Festspielen direkt zu und kauft für die andere Hälfte Patronatsscheine, die er in Vorausnahme von Wagners späterer Stipendienidee an Würdige verschenkt.

Mit Enthusiasmus wohnt er – gegen den Willen der Fürstin – der großen „Kunst-Krönungsfeier" wie er die ersten Festspiele 1876 nennt, in Bayreuth, bei.

Nachdem Wagner dabei öffentlich betont, daß Liszt sein erster Förderer gewesen sei, und er ohne seine Unterstützung nie durchgedrungen wäre, antwortet Liszt bescheiden, er beuge sich vor seinem Genius „wie vor jenem Dantes, Michelangelos, Shakespeares und Beethovens".

Nun Wagner sein Bayreuth errungen hatte und ruhiger geworden war, erscheint er auch in der Schätzung Liszts gerechter und ausdauernder.

‚Liszt kommt mir wie ein leichtschwebender Traum vor, wogegen ich immer so ein übernächtiges Wachen in meinen Gliedern verspüre,' – ‚das Himmlische in Liszts Natur wird mir als herrlichste Erinnerung in jedes Dasein folgen!' – ‚ich lobe meinen Gott, daß er einen solchen Menschen geschaffen!' berichtet er brieflich.

Früher — zur Zeit, als Wagner ihm durch seine Tochter Blandine sagen läßt, er sei immer noch albern — erklärt er, Liszt wolle sich, ‚da ihm das Rechte versagt geblieben sei, im Scheine berauschen' (!). — Jetzt möchte er ihn für seine in Bayreuth gedachte Stilbildungsschule gewinnen, die vor allem eine Temposchule werden sollte.

Er findet nunmehr, daß er und Liszt sich in der Lage eines durch die Welt getrennten Liebespaares befänden und schreibt an F. Schön: ‚Liszt ist mir in die siebenziger vorangegangen. Mit uns beiden hat man nichts anzufangen gewußt, und glücklicher war ich als mein großer Freund, der zu gut Klavier spielt, um nicht bis ans Lebensende als Klavierlehrer geplagt zu werden, worin sich wiederum eines der populärsten Mißverständnisse unserer Musikjetztzeit recht naiv ausdrückt.'

Das schönste Wort aber hat Wagner gefunden, wenn er dem zärtlichen Freunde, der jede ironische Bitterkeit durch seine nie versagende Liebe auszugleichen wußte, bekundete: ‚Du hast mir zum ersten und zum einzigsten Male die Wonne erschlossen, ganz und gar verstanden zu sein. Sieh! in dir bin ich rein aufgegangen; nicht ein Fäserchen, nicht ein noch so leises Herzzucken ist übriggeblieben, das du nicht mitempfunden'*).

Liszt, dem oft belächelten ‚Ave Maria-Bruder' Wagners, war es eine Genugtuung, seinen Freund mit dessen letztem Werke ‚Parsifal' auf den Wegen seines oft verspotteten Gottesbedürfnisses wandeln zu sehen.

Im April 1881 hatte er auf eine Laune des scheltenden Freundes, der ihn niemals irremachen konnte, zu antworten: „Dir gebe ich stets recht, selbst wenn du mir unrecht tust!"

*) Das hehrste Denkmal der Beziehungen der beiden Geistesheroen bildet der bei Breitkopf & Härtel erschienene Briefwechsel zwischen Wagner und Liszt, der bisher die ihm gebührende Beachtung noch nicht gefunden hat.

Wenn Liszt in den letzten Jahren Wagner besuchte, illuminierte dieser die Wohnung und freute sich königlich, daß der Schlichte nicht bemerkte, es geschähe ihm zu Ehren.

Oft sprang er, wie Frau Wagner in den Bayreuther Blättern mitgeteilt hat, plötzlich auf, streichelte und liebkoste ihn oder kroch, wenn Liszt sich vom Klavier erhoben hatte, zu ihm hin mit den Worten: ‚Zu dir darf man nur auf allen vieren kommen!'

Frau Wagner erzählt, in wie rührender Weise der Großvater mit jedem seiner Enkel verkehrt habe, wie lieb und humorvoll er auf die Eigenart jedes ihrer Kinder eingegangen sei.

Als man ihm, da er nach Wagners Scheiden getreu die Ehrenwacht über die Festspiele übernommen, 1883 höhnisch bemerkte, er versehe in Bayreuth nur Statistendienste, erwiderte er gelassen:

„Nun, es kommt ganz darauf an, wo und wie man Statist ist."

Seine ganze Größe aber zeigte er, als er bei den Festspielen verblieb, obwohl seine Tochter nur die Herren Groß, Brandt und v. Stein empfing.

Eine seiner letzten Lebenssorgen war die Gewinnung des ausgezeichneten Sängers Scheidemantel für die Festspiele des Jahres 1886.

Wagners Kunst hat vergolten, was ihr größter Schutzherr für sie getan, da sie in ihrem Siegeszuge den Werken Liszts die Bahn geebnet hat.

Dadurch, daß Wagners musikalische Errungenschaften Wort, Handlung und Szene zur Verdeutlichung haben, wurden seine Neuerungen zu bestimmtem Verständnisse gebracht, und nun lernte man auch die Lisztsche Instrumentalsprache, die die Gefühlshandlung nur in Musik darstellt, begreifen.

Seit die Erkenntnis Wagners gewachsen, ist auch die Würdigung Liszts gereift. Wagner scheint zum Schlüssel vieler Lisztscher Rätsel geworden.

Was man als Liszts Unform verschrien hatte, lernte man in Wagners Mitteln durch öfteres, immer lieberes Hören als motiviertes Neues ertragen und endlich würdigen, bis man den sich gar nicht an den Gesichtssinn wendenden Tondichtungen Liszts gerecht zu werden vermochte und erkannte, daß bei Wagner dargestellte, bei Liszt gedachte Handlungen mit ihren unsagbaren Seelenvorgängen nach reinem Gefühlsverständnisse ringen.

Da Wagner selbst es unterlassen hatte, für die Werke Liszts durch vollendete Aufführung derselben jene Propaganda zu machen, die er für seine Schöpfungen durch die Fürsorge des Freundes genoß, haben diese letzteren dafür gesorgt, die Transzendenz des Lisztschen Schaffens zu erschließen.

Wie anders stünde es heute um die Kenntnis Liszts, hätte er so wie Wagner jeden Vorteil genügender Mittel zu lebensvoller Darbietung seiner Werke genießen dürfen, oder wären dieselben bei seinen Lebzeiten in planvollen Wiederholungen stilistisch befestigt worden!

Aber Liszt hatte eben keinen Liszt zum Freunde!

Durch sein Eintreten für Wagner entfremdete sich Liszt nicht nur die ganze Presse, sondern auch seine besten Freunde.

Der erste Beleidigte war Meyerbeer, der zweite Berlioz, der dritte Schumann. Sie alle meinten, Liszt hätte Wagner „erfunden", mieden ihn fortan und bekämpften versteckt seine Bestrebungen.

Berlioz und Wagner einander nahe zu bringen, blieb Liszt eifrigst bemüht, denn die Wahrheit des Wagnerschen Wortes: ‚In dieser Gegenwart gehören doch nur wir drei Kerle zusammen: du (Liszt), er (Berlioz) und ich (Wagner)' war ihm frühe schon klar geworden.

Seine Bemühungen scheiterten jedoch an Berlioz's Eifersucht und dessen Standpunkte, das Gesamtkunstwerk für ein Verbrechen zu halten*).

Im Zeichen der ‚phantastischen Symphonie' hatte Liszt mit Berlioz begeisterte Freundschaft geschlossen.

Als dieser für sein unerhörtes Werk, das heute noch als Unikum die Tonwelt durchleuchtet, und Liszt „wie die Muttersprache seiner Empfindungen" anmutete, keinen Verleger finden konnte, begann Liszt am selben Tage, an dem er es hörte, eine ebenso einzig dastehende Klavierpartitur desselben anzufertigen, ließ sie, — 15 Jahre vor dem Erscheinen der Originalpartitur — drucken und spielte sie auf seinen europäischen Konzerttourneen mit vollem Erfolge.

Da Miß Smithson Berlioz abwies und er sich vergiften wollte, gelang es nur den Zusprüchen Liszts, ihn zu retten.

Seit er in Weimar ein Schaffensfeld gefunden, „gereicht es ihm zur Pflicht, die Werke von Berlioz in Deutschland nicht länger ignorieren zu lassen".

Mit seinem Aufsatze über ‚Harald in Italien', welche Symphonie er 1851 darbietet, tritt er flammend für dessen fortschrittliche Errungenschaften ein, führt 1852 den in Paris bei der ersten Darbietung 1838 ausgepfiffenen, dann in London durchgefallenen und seither verschwundenen ‚Benvenuto Cellini' — „diese wundervolle Partitur" — am 20. März 1852 zum ersten Male in Deutschland auf, erläutert die Oper, die auch in Weimar ohne ein Zeichen von Beifall vorüberzieht, in einer ausführlichen, leider verlorenen Abhandlung und zeigt den französischen Meister, der auf die Entwicklung der deutschen Musik so außerordentlichen Einfluß genommen, in seiner

*) Als ihm Wagner 1860 seinen ‚Tristan' mit der Widmung sendet: ‚à Romeo et Juliette — Tristan et Iseult!' reagiert Berlioz gar nicht und äußert erst nach Wochen: ‚Je n'y comprend rien!' — Gelegentlich der berüchtigten Pariser Tannhäuser-Aufführung aber freut er sich maßlos über die skandalöse Aufnahme und meint: ‚Wagner ist augenscheinlich verrückt! Er wird an einer Gehirnerschütterung sterben!' — Wagner versichert hingegen Liszt: ‚Ich liebe Berlioz, mag er sich auch mißtrauisch und eigensinnig von mir entfernt halten: er kennt mich nicht, aber ich kenne ihn!'

vollen Wesenheit durch Abhaltung von Berlioz-Wochen in Weimar 1851 und 1852, also zu einer Zeit, als Frankreich von seinem großen Sohne so wenig wissen will wie Deutschland von Wagner.

1854 bemüht sich Liszt, Berlioz als Generalmusikdirektor in Dresden unterzubringen. Berlioz spendet ihm „tausendmillionenfachen“ Applaus.

Da er es gewesen, der Liszt auf Goethes ‚Faust‘ gewiesen hatte, widmet ihm ‚der liebe wundersame Pilger‘, – wie Berlioz Liszt nennt, – seine ‚Faust-Symphonie‘, nachdem ihm der französische Musikpoet seine ‚Damnation de Faust‘ zugeeignet.

Hierin hatten die Beziehungen der beiden Großen ihren äußerlichen Ausdruck gefunden, wie jene zwischen Wagner und Liszt in der gegenseitigen Widmung des ‚Lohengrin‘ und der ‚Dante-Symphonie‘.

„Auf meine Verwendung hin“ – bemerkte einst Liszt – „dirigierte Berlioz einmal in Weimar ein Hofkonzert. Ich schrieb damals gerade am ‚Faust‘. Da er gar nicht Klavier spielte, trug ich ihm mein ‚Gretchen‘, das man später im Gewandhause ausgepfiffen hat, am Flügel vor, bis zur Hälfte. Er war – ich schneide nicht auf – bis zu Tränen gerührt.“

„Aber seit der ‚Graner Messe‘, wo er gegen mich geradezu intrigierte, war es aus zwischen uns.“

Wenn Wagner in wachsender Schätzung Liszts dessen ‚Orpheus‘ ein ‚ganz einziges Meisterwerk von der höchsten Vollkommenheit‘ nannte, wenn er von der ‚Faust-Symphonie‘ berichtete: ‚Vieles Herrliche gibt es an Musik, diese aber ist göttlich schön,‘ und erzählte, daß ‚Gretchen‘ ihm einen ‚unvergeßlich tiefen Eindruck‘ gemacht habe, wenn er über die trotz seiner Bedenken von Liszt tapfer vollendete ‚Dante-Symphonie‘ äußerte, sie sei ‚eine ebenso geniale als meisterliche Schöpfung, die Seele des Danteschen Gedichtes in reinster Verklärung‘ – so nimmt Berlioz' Anerkennung Liszts während der Jahre, da dieser seine größten Taten vollbringt, in stetig beleidigterer Gereiztheit immer mehr ab.

Zur Zeit, als Liszt in Paris mit seinen Kompositionen schwer durchzudringen vermag, verschärft er, der sich in einem Briefe an Liszt*) treffend mit einer ‚geladenen Elektrisiermaschine‘ vergleicht, die Schwierigkeiten absichtlich, weicht einer Besprechung der Werke des Freundes scheu aus, singt aber die entzücktesten Lobeshymnen auf Halévy (!).

Ja, da Liszt im Saale Erard eine „symphonische Dichtung‘ dirigiert, verläßt er ostentativ den Saal, weil ihm, — wie er erklärt — Liszts Musik ‚als das Gegenteil von Musik‘ erscheint — Tatsachen, die nicht in künstlerischen Gegensätzen ähnlich wie bei Wagner und Liszt allein begründet sind, sondern auf eine tiefere Quelle weisen: Selbstlosigkeit bei Liszt, Ichsucht bei Berlioz.

1860 schon mußte Liszt über Berlioz der Fürstin Wittgenstein aus Paris traurig berichten**): „Unser armer Freund ist ganz niedergeschlagen und mit Bitterkeit erfüllt, traurig und trostlos. Der Ton seiner Stimme ist schlaff geworden. Er spricht gewöhnlich leise, und sein ganzes Wesen scheint dem Grabe zuzuneigen. — — Ich weiß nicht, wie er es angefangen, sich in dieser Weise abzusondern!“

Und im letzten Lebensjahre noch hat mir der Meister im Rückblicke auf seine Berlioz-Erfahrungen berichtet:

„So sehr ich für die ‚phantastische Symphonie‘ geschwärmt hatte, bin ich mit der Zeit davon immer weniger begeistert worden, weil im ganzen Werke fast nur gereizte, exaltierte Stimmungen vorkommen. Der schönste Satz ist der dritte.“

„Auch die ‘Damnation‘ enthält sehr schöne Stücke — ich mag aber das Ganze nicht.“

„1886 verletzte und kränkte es mich, wie Berlioz und mein Pariser Biograph mich behandelten, da sie behaupteten, die ‚Graner Messe‘ enthalte ungelöste Dissonanzen.“

*) Vergl. die von La Mara in der Neuen Rundschau 1907 mitgeteilten Berlioz-Briefe.

**) Vergl. Berlioz-Briefe an Fürstin Wittgenstein, herausgegeben von La Mara, Breitkopf & Härtel.

„In Berlioz Schriften steht gedruckt, sie sei greulich.*)“

„Ich lud damals Berlioz und d’Ortigue zu einem Souper und brachte zum Dessert die Partitur des Werkes mit der Bitte, mir die ungelösten Dissonanzen aufzeigen zu wollen. Sie waren beide ganz verdutzt und verstummten.“

„Den Rákoczy-Marsch hatte Berlioz ursprünglich für Batthyáni instrumentiert und ein sehr anständiges Honorar dafür erhalten.“

„Meine symphonische Bearbeitung desselben Marsches behielt ich zurück, um Berlioz nicht zu kränken, da er ihn zur ‚Damnation‘ verwendet hatte. Ich gab sie erst später heraus.“

„Zuletzt litt der Arme sehr, und war äußerst mißmutig.“

Den gleichen merkwürdigen Dank erntete Liszt von seiten Rob. Schumanns.

Schumann war wie Berlioz „an einem zurückgeschlagenen Zukunfts-Enthusiasmus erkrankt“, wie sich Liszt ausdrückte.

Seit seinem ersten Bekanntwerden mit den Werken Roberts trug sie Liszt in Privatzirkeln Mailands und Wiens ohne Erfolg vor. Die Kompositionen „lagen glücklicher Weise der damalig absolut täuschenden, flachen Geschmacksrichtung viel zu ferne, als daß man sie in den banalen Kreis des Beifalles hätte hineinzwingen können“ — berichtete er**).

Schon 1838 spielte Liszt den ‚Karneval‘ im ‚Gewandhause‘ (!) und die ‚Phantasiestücke‘ „mit Entzücken“. Die

*) An H. Ferrand schreibt Berlioz, die Messe wäre ‚die Verneinung der Kunst!‘ — und Liszts Jugendfreund d’Ortigue seufzt, auf sie bezugnehmend: ‚Möge dieser Kelch an mir vorübergehen!‘

**) Vergl. Wasielewskis Schumann-Biographie.

Darstellung des ersteren Stückes bildete eine seiner größten Leistungen, obwohl die originelle Schöpfung damals noch gar nicht begriffen wurde.

Zur Goethe-Feier 1849 führte er ‚Fausts Verklärung' zum Siege.

Begeistert ist er zeitlebens für das Tiefe in Schumann eingetreten und hat seinen Wert und die Verdienste Claras in einer temperamentvollen Abhandlung dargelegt, die 1855 für den so lange Verkannten äußerst lebhaft eintrat.

Auch Schumann ward Liszt zunächst gerecht.

Er liebte namentlich seine ‚Apparitions' und bereitete ihm zur Zeit, da er von Paris aus wieder in deutschem Gaue eintraf, die Freude, seine Ddur-Novelette mit der Widmung: ‚Gruß an Franz Liszt in Deutschland' auf den Schreibtisch zu legen.

Ebenso bedachte der schneidige Kämpe gegen jeden Formalismus Liszt mit der Widmung seiner großen Cdur Phantasie, deren ersten Satzschluß Liszt immer mit tiefer Rührung hörte, indem er bemerkte: „Diese 20 Takte sind nicht von dieser Welt — ich höre sie stets mit Ergriffenheit."

Liszt hat seine Würdigung Schumanns, für den er auch in Paris Propaganda gemacht hatte, nicht besser betonen können als durch Widmung seines größten Klavierwerkes, der Hmoll-Sonate, an ihn, über deren Aufnahme er erzählte:

„Ich spielte sie einmal ganz passabel, und Schumann hörte mir am Klavier mitlesend zu. Er wußte gar nichts Rechtes damit anzufangen. Beim Adagio begann er wegzurücken, und als ich geendet, war er bei der Tür."

Später hat Clara Schumann das Werk als ‚schaurig' erklärt und ihren Gatten in seiner Berlioz- und Liszt-Schätzung korrigiert.

Als Robert einen sehr gereizten Brief an Liszt schreibt, weil dieser „einiges Leipzigerische nicht goutiert" hatte, revanchiert sich der Langmütige am 9. April 1855 durch eine Weimarer Aufführung seiner nur in Leipzig gegebenen, sonst in deutschen Landen bis 1875 ignorierten Oper ‚Genovefa', die er brieflich die „musikalische Milchschwester Fidelios“ nennt, der jedoch „die Pistole Leonorens fehlt“. Da er den Text für verfehlt hält, beleidigt er Schumann aufs neue und wird nun Clara, wie sie selbst sagt, ‚ganz zuwider,‘ so daß sie ihn als Komponisten ‚beinahe hassen‘ kann.

„Während meiner Weimarer Tätigkeit“ — erinnerte sich der Meister — „verlangte ich 1852 vom Intendanten drei szenische Aufführungen des ‚Manfred‘, welche die ersten waren, denn München kam erst viel später damit. Natürlich wurden sie nicht besucht! — Zuletzt brachte mich Wagner mit Schumann auseinander.

„Je mehr „die göttliche Clara“ Einfluß gewann, desto mehr waren in den Werken Roberts die Harpeggien-Puddeleien an der Tagesordnung, desto stärker kultivierte er in seinen Kompositionen die Regenwürmer,“ meinte Liszt.

„Zuletzt perhorreszierte Schumann Wagner und Berlioz ganz. Es gab nur noch Schumann!“

Betont braucht nicht zu werden, daß Liszt in seiner Wertschätzung des unglücklichen einstigen Freundes nie ermattete und in seiner Lehre zur richtigen Erkenntnis und Wiedergabe auch dieses Meisters bis an sein Ende wohl das allermeiste beigetragen hat.

Auf die übelwollenden Gesinnungen anspielend, die er zum Danke zuletzt als geheime unterirdische Agitation von der ganzen Schumannpartei zu erfahren hatte, bemerkte er brieflich:

„Die fünf Platanen um das Grab Schumanns sind ein ergreifendes Bild, welches ich bei einem nebligen Tag betrachten werde. Sie versinnbildlichen die Schule Schumanns nach seinem Tode: Clara, Joachim, Brahms, Bargiel und Dietrich.“

Am sonderbarsten hat sich Clara, „diese Hohepriesterin der Kunst“, gegen Liszt benommen, dem sie selbstloseste Förderung zu danken hatte, seit sie seiner Gnadensonne genaht war.

Obwohl ihr Liszts Rat gut genügte, als sie „höchst aufgeregt“ in Verlegenheit war, was sie in Wien bei Hofe spielen solle, um den ihr so nötigen „Effekt“ zu machen, obwohl sie durchaus nicht verschmähte, mit Lisztschen Klavierwerken zu brillieren, die ja bis heute — auch dem Tugendhaftesten — als das Sicherste erscheinen, um Erfolg zu erzielen, verweigerte sie 1856 beim Mozart-Feste in Wien ihre Mitwirkung nur, weil Liszt dirigierte, ohne daß eine Lisztsche Note im Programm gestanden hatte.

Ja, die Verkennung Liszts ging schließlich so weit, daß Clara auch nach dem Tode Roberts, 1860, ihre Mitwirkung bei Enthüllung der Schumann-Gedenktafel in Zwickau versagte, weil dieselbe bei Anwesenheit Liszts ‚zu sehr dem Geiste ihres Mannes widerspräche, der zu oft und nachträglich seine Abneigung und Mißbilligung der Weimarer Schule ausgesprochen hätte!‘

Man wird Schumanns Haltung begreiflicher finden, wenn man sich erinnert, daß er Wagner einst zu wünschen nötig fand, er wäre ebenso melodiös als geistreich, und daß er dessen Musik als dilettantisch bezeichnet hat.

Die letzte persönliche Begegnung mit Schumann fand gelegentlich einer dreiwöchentlichen Rheintour Liszts mit der Fürstin Wittgenstein in Düsseldorf statt.

„Ich stellte ihn dort, wo wir uns ein paar Tage aufhielten, der Fürstin vor,“ plauderte der Meister.

„Eines Abends hatten sich die Frauen früher zurückgezogen. Kaum dies geschehen, rückt Schumann geheimnisvoll seinen Sessel ganz nahe, blickt mich tief an und flüstert mir ins Ohr: ‚Ich glaube, die Frau liebt Sie‘!“ —

Als Clara, die Liszt durch die Widmung seiner ‚Paganini-Etuden‘ ausgezeichnet hatte, an die Revision der Werke ihres Gatten schritt, fand sie es nötig, den Namen Liszt auf den Titeln der ihm von Robert gewidmeten Werke zu streichen.

Der Meister aber übte Treue allem Bleibenden, auch wenn es in falschem Gewande auftrat, und das letzte Wort seiner Schumann-Erfahrungen, das ich kurz vor seinem Tode bei der Rückkehr von London vernahm, lautete:

„Im Jahre 1842 spielte ich mit Clara in Leipzig den ‚Hexameron' auf zwei Klavieren. Sie trug damals von mir die Lucia-Phantasie und dann meine Übertragung der Amoll-Fuge von Bach vor, die seither alle Damen spielen. Sie hat seinerzeit auch das Amoll-Konzert Roberts unter meiner Leitung gespielt. Heute ist das anders geworden." „Trotzdem tat es mir leid, neulich in London ihr Konzert nicht besuchen zu können."

„Ein Extra des Ausruhens passiert mir kaum irgendwo — mein Leben ist fortgesetztes Ermüden!" — ruft Liszt einst brieflich aus.

Er fehlte nirgends, wo er bilden, anregen, der Kunst durch seine Anwesenheit dienen konnte.

So sah ihn die Enthüllung des Bach-Denkmals, dessen Fertigstellung im Hinblicke auf das in Deutschland übliche „Schleppando", eine der letzten Sorgen des Meisters gewesen, am 28. September 1884 zum letzten Male in Eisenach.

Auch hierbei hilfreich und anspornend, hatte er an Gille geschrieben: „Das Ritenuto hat schon zu lange gewährt, es ist Zeit, ein Allegro deciso zu begehen! — Gibt es denn keine Eisenacher, die etwas anderes leisten, als Briefe schreiben und herumbummeln?"

Bach gehörte — nebst Beethoven, Schubert und Wagner — zu Liszts heilig gehaltenen Lieblingen.

So sehr er Händels volkstümlichen Geist, seinen lapidaren Stil, den er „groß wie die Bibel" nannte, bewunderte, sehnte er sich doch stets von dessen „erhabenen Dreiklängen" hin zu den „Dissonanzen und polyphonen Spezereien Bachs", deren eigentlicher Fortsetzer er werden sollte.

Viele seiner Schöpfungen, namentlich die monumentale

Phantasie und Fuge über das Motiv BACH, das tiefinnige Präludium und die wundervollen Variationen über den Basso continuo des Crucifixus der Hmoll-Messe (mit dem kindlich vertrauend angeschlossenen Choral: ‚Was Gott tut, das ist wohlgetan' –) reichen an die Größe des echtesten Bach heran im Sinne einer Polyphonie, welche volles Stimmenleben im Widerstreite verschiedener Willenssymbole ausfluten läßt.

Von dem letztgenannten Werke sagte er: „Darauf bilde ich mir etwas ein, es klingt wie ein nachgelassenes Stück Gottschalks, des amerikanischen Beethoven", und als ich die Bach-Fuge, deren ungarischer Teil ihm stets Spaß bereitete, mit ihm studierte, äußerte er beim ‚Quasi Presto' gutgelaunt: „Da kraxelt die ganze Familie Bach mit 24 Kindern auf den Bäumen herum. – Man muß diesem Stücke noch einen Nekrolog beifügen für den armen Komponisten, der von zwei Konservatorien ausgeschlossen wurde und zuletzt im Irrenhause in der Nähe Bayreuths verschieden ist!"

Gewisse gemeinsame Züge seines Schaffens und Lebens mit jenem J. S. Bachs, worauf später noch näher einzugehen sein wird, hob Liszt gerne hervor, und nach der Aufführung der ‚Johannispassion' in Jena äußerte er: „Bach war mein Landsmann, nämlich auch ungarischer Abkunft, als Nachkomme des in Eisenach aus Pressburg eingewanderten Bäckers Johann Bach. Das hat seine Kontrapunkte nicht beeinflußt."

„Auch er hat viel Fremdes auf sein Lieblingsinstrument übertragen und auch manche Jahre in Thüringen verlebt."

Im Dezember 1884 kehrte der Meister wieder in Rom ein. Den Winter vorher war er dort ferngeblieben und hatte bequemerer Weise H. v. Bülow in Meiningen besucht, denn „die Vierteilung seiner kleinen Existenz zwischen Pest, Weimar, Rom und dem Übrigen wurde ihm immer mühseliger."

Dessenungeachtet wollte er „seinem eigensten und teuersten Stolze", wie er Bülow nannte, eine Freude bereiten, weil Bülow „nicht mehr gerne nach Weimar kam."

„Ihn schreckten dort" — sagte Liszt — „die Schatten Dingelstedts und Gutzkows."

Am Vortage seines Eintreffens in Meiningen hielt Bülow, der nicht lange vorher seinem Schwiegervater aus Bewunderung öffentlich den Pantoffel geküßt hatte, eine Ansprache an die Musiker, worin er um Verzeihung bat, daß er zum Empfange Liszts sie ersuchen müsse, so schlechte Musik zu spielen wie dessen symphonische Dichtung: ‚Die Ideale'.*)

Sich weidlich darüber moquierend, begann der jetzt an Meiningitis Erkrankte die Probe dieses Werkes, mit dessen Partitur er sich einst für Liszt hatte photographieren lassen, um unter das Bild, das der Schwiegervater in seinem Pester Arbeitszimmer hängen hatte, die Worte zu setzen: ‚Sub hoc signo vici, nec vincere desistam — seinem Meister, seinem künstlerischen Ideal mit Dank und Verehrung aus vollem Herzen. (Berlin 22. Oktober 1863.)'

Liszt hörte damals die außerordentlichen Beethoven-Vorträge der Hofkapelle unter Bülow, dem „Beethoven-Kenner und -Könner", mit größter Bewunderung und dankte für die gewonnenen Eindrücke mit der Komposition und Widmung seines ‚Bülow-Marsches'. Als Programm fügte er demselben eine köstliche Wortcharakteristik seines Schwiegersohnes bei, der — stets tatbereit — aus dem kleinen Orchester ein europäisches Musterensemble geschaffen hatte, welches für die Reform des Orchesterwesens und der ganzen Dirigierkunst vorbildlich blieb.

---

*) bei deren Berliner Aufführung er 1859 seine erste Konzertrede gegen ‚die Herren Zischer' hielt. —

Das geistvolle Stück — „sein Thema ist nicht weit hergeholt, es kann's aber nicht jeder machen" — sagte Liszt, zeigt Bülow in seinen Maskeraden fein gezeichnet. Es ist sein köstliches Porträt als Fortschrittler, Dozent und Satiriker, — formell so geistreich wie Bülow selbst.

Als dieser bald darauf nach Berlin zog und vom Verleger des Marsches gefragt wurde, warum er solch eine merkwürdige Mephisto-Schöpfung nicht aufführe, antwortete Bülow, ‚weil er nur gute Musik spiele.'

Es war die Zeit, wo derjenige, von dem Liszt sagen konnte, daß er „sozusagen aus seinem musikalischen Herzen gewachsen sei", als ‚Zukunftsmusiker außer Dienst' — wie er sich nun zu nennen liebte — just Brahms und Dvořák für die gottbegnadetsten Tondichter ausgeschrien, die Zeit, wo der aus der ‚Wotan- und Co'-Sansara Erlöste — eben lustig die ‚zehnte Symphonie' entdeckt hatte und einen möglichst ‚expeditiven Schwiegervaterwechsel' betont wissen wollte.*)

Hatte Bülow früher versichert, die Anhänger von Brahms befänden sich auf dem Holzwege, hatte er außerhalb der neudeutschen Schule stehende Komponisten mit der Bemerkung gehöhnt: ‚der Großmeister der ideenlosen, dranglosen Komponiererei (— gemeint war Rob. Schumann in der letzten Periode —) möge ihnen den Brahmsorden verleihen' — so ward er jetzt nicht müde, Brahms als den ‚größten, erhabensten aller Komponisten nach Bach und Beethoven' hinzustellen und sein Schicksal zu preisen, das ihn ‚noch rechtzeitig in diesem den wahren Meister erkennen ließ,' den er an Genie und Herz nun Wagner ebenbürtig hielt!**)

Eines Nachmittags, als wir von Bülows Metamorphosen und seinem Bedürfnisse nach Überraschungsreizen geredet, das

*) Wörtliche Zitate aus dem VI. Bande der von Marie v. Bülow herausgegebenen Bülow-Briefe. Breitkopf & Härtel.

**) Im innersten Herzen jedoch liebte der chevalereske Nervenmensch Bülow Wagner bis ans Ende und hielt es für Ehrenpflicht, dem Bayreuther Festspielfonds eine Riesensumme zu ‚erklimpern'.

ihn immer die Rolle spielen ließ, welche die Welt gerade nicht von ihm erwartet hatte, — erlaubte ich mir, das am Schreibtische Liszts befindliche Bild Bülows umzudrehen. Im jugendlichen Unmute darüber, daß dieser — an Brahms erkältet — eben begann, aus der Langweiligkeit seiner eingebildeten Begeisterungen statt zu Liszt zurück, nunmehr zur Muse Berlioz' zu fliehen, äußerte ich: ‚Er verdient nicht mehr, daß ihn Meister noch ansehen!‘

Liszt drehte den Rahmen säuberlich zurecht und meinte gütig: „Ach, er hat seinerzeit so viel für mich getan, sich für mich so viele Palmen des Mißerfolges geholt, wie Dräsecke zu sagen liebte.“

Höchstens wollte Liszt in der Folge zugeben, daß sich auch Bülows Klavierspiel geändert habe, und er sagte diesbezüglich einst: „Seit Hans ganz in Brahms aufgegangen, metronomisiert er, was er früher nicht getan, mit dem ganzen Körper, wie „Clara, die Musikpäpstin“. „Nur immer schön mit der Nase auf der Tastatur: das ist innig!“*)

Bülow fand es später selbst für gut, seine vielen unglaublichen Lisztsünden durch eine funkensprühende Aufführung der ‚Préludes‘ vor den verblüfften Berliner Brahminen am 25. Januar 1892 zu tilgen, der er später in seinen Programmen auch ‚Tasso‘, ‚Mazeppa‘ und ‚Festklänge‘ folgen zu lassen gedachte.

Die Eigenheiten seines Schwiegersohnes hatte Liszt schon 1862 brieflich mit den Worten entschuldigt: „Seine Individualität ist eine zu ausnähmliche, als daß man nicht auch ihren Singularitäten Geltung einräumen sollte.“

---

*) ‚Was ich im Takte spielen gelernt, das ist unerhört!‘ — ironisiert sich Bülow selbst im Jahre 1884.

Der gewohnte alljährliche Winterbesuch der heiligen Stadt galt nur der Fürstin Carolyne Wittgenstein, der Beschirmerin seines besten Lebens und Wollens bis ans Ende.

Denn Liszt liebte in seinen letzten Lebensjahren Rom nicht mehr und fühlte sich dort nie „Kunstinsaß".

Wie Dante und Beatrice, Wagner und Mathilde — zeigen Liszt und Carolyne eines der idealsten Bündnisse der Menschengeschichte, das freilich nicht mit dem Maßstabe des intakten Philisters gemessen werden kann.

Ein Steppenkind — als Tochter eines polnischen Edelmannes Peter von Iwanowski, am 8. Februar 1819 zu Monasterzyska geboren,*) vom Vater wie ein Junge erzogen, von der Mutter, einer geborenen Gräfin Potocka, an die europäischen Höfe geführt, im April 1836 an den Rittmeister und Adjutanten des Zaren Fürsten Nikolaus Wittgenstein, den sie dreimal abgewiesen hatte, dann aber auf höchsten Befehl heiraten mußte, unglücklich vermählt, — lernte Carolyne Liszt im Februar 1847 in Kiew kennen, wo sie in Geschäften als Gutsbesitzerin weilte.

Anläßlich eines von ihm veranstalteten Wohltätigkeitskonzertes für die Abgebrannten in Odessa, hatte sie ihm eine größere Summe gesandt, wofür er ihr persönlich dankte.

Am 14. Februar sollte sie den Pianisten zum ersten Male hören, und als in der Kirche von Kiew ein ‚Ave Maria'**) Liszts aufgeführt wurde, stand ihr sein Komponistenberuf als religiöser Tondichter für immer fest.

---

*) Vergl. La Mara: ‚Aus der Glanzzeit der Altenburg' und Schorn: ‚Zwei Menschenalter.' Breitkopf & Härtel.

**) Der Meister hat die Melodie dieses Kirchenchores später in das ‚Offertorium' seiner der Fürstin gewidmeten ‚Messe für Orgel' aufgenommen.

Auf ihrem podolischen Besitztume Woronince feierte sie im selben Monate das zehnjährige Geburtsfest ihrer Tochter, der Prinzessin Marie, und lud Liszt, der eben seine Konzertreisen beschließen wollte, um sich in Weimar oder Koburg ganz dem Komponieren zu widmen, hierzu ein.

Sie war damals daran, einen Kommentar zu Goethes ‚Faust' zu verfassen, ihn erfüllte der Plan einer Musik zu Dantes ‚göttlicher Komödie'.

Am Charfreitage 1847 erklärten sich die Herzen.

Vom ersten Augenblicke an, da sie Liszt liebte, fühlte die Fürstin die Sendung, ihm zur schöpferischen Entfaltung seines Genius zu verhelfen.

Im Januar 1848 endlich war sie festen Willens, ihn zu heiraten.

Liszt erschrak zunächst. Wegen seiner Skrupel hinsichtlich ihres außerordentlichen Vermögens behielt sie nur ihre Mitgift und verzichtete auf die Hinterlassenschaft ihres Vaters zugunsten ihrer Tochter.

Unter dem Vorwande einer Badereise floh sie mit dieser – nach Einreichung der Scheidungsklage – im April 1848 aus Rußland und wurde von Liszts bestem Freunde, dem im September desselben Jahres vom Frankfurter Pöbel erschlagenen Fürsten Felix Lichnowsky nach dessen Gute Krzyzanowitz geleitet.

Dort empfing sie Liszt als „seines Lebens strahlenden Morgenstern".

Zwei Wochen später ward auf Schloß Gräz der beiden „Seeleneigenschaft in geistiger Region unzerstörbar".

Nachdem die Fürstin mit Liszt seinen Geburtsort Reiding und Eisenstadt, die erste Wirkungsstätte des Vaters, besucht hatte, stellte sie sich unter den Schutz der regierenden Großherzogin von Weimar, Marie Paulowna, der Schwester des russischen Kaisers, mit der sie in der Jugend am Petersburger Hofe bekannt geworden war.

In ihrer Residenz erhielt sie im Juni 1848 von dieser die jenseits der Ilm auf Waldeshöhe gelegene Altenburg zur Miete.

FÜRSTIN WITTGENSTEIN MIT PRINZESSIN MARIE
aus der Zeit der ersten Begegnung mit Liszt

Nach einem Stiche von Kriehuber

Dort wollte sie die Scheidung ihrer Ehe abwarten, weil für sie ein Religionswechsel unmöglich schien.

Bald zog Liszt, der zuerst im Hotel ,Erbprinz' wohnte, in den Seitenflügel der Altenburg, auf der nun ein oft gepriesener Musenhof sich erschloß, an dem Jahre hindurch alles verkehrte, was in der Geisteswelt – sowohl in Kunst als in Wissenschaft – Namen hatte, oder – noch unberühmt – durch ernstes Streben die Aufmerksamkeit der auf ihr Waltenden erregte.

Ilm-Athen wurde jetzt – wie Dingelstedt gesagt hat: ,der Zufluchtsort der Verbannten, der Tempel der Auserwählten, Hafen und Schutz im Sturm!'

Es trat während dieser Epoche wieder in den Weltverkehr wie zu Lebzeiten Goethes – nur war statt des Frauenplanes das Webicht zum geistigen Mittelpunkte Europas geworden.

Charakteristisch für die Bewohner der Poesieinsel auf der Altenburg blieb, daß im berühmten blauen Zimmer, dem Arbeitsraume Liszts, ein einziges Bild hing: die Melancholie von Dürer – und daß im kleinen Oratorium nebenbei ein gemeinsamer Betschemel stand.

Liszt verschaffte seinen Gästen freien Zutritt zur Oper, zu seinen „Stunden", seinen Konzerten, und nahm sie mit, wenn es galt, zu hervorragenden Premieren Reisen zu unternehmen.

Er stritt für alles Hohe, nur nicht für sich.

Jedes nur irgendwie bedeutende Kunstwerk, alt oder neu, erwartete auf der Altenburg volle Würdigung, die residenzlichen Erbärmlichkeiten aber blieben draußen.

Alle politischen und philosophischen Fragen fanden Duldsamkeit und wurden mit Freiheit erörtert, religiöse Anschauungen blieben unentweiht.

Durch ihren Grundsatz: ,Keine Zersplitterung der Kräfte' – wurde die Fürstin Liszts Behüterin zu einer Zeit, als noch niemand an seine Schöpfersendung glaubte.

Sie ordnete sein ungeordnetes Leben.

„Ohne Unterlaß“ hat sie Liszt „mit ihrem Rate, ihren Ermutigungen beigestanden“ und hat „sich selbst aufgeopfert“, um besser seine „ganze Last tragen zu können“.

Als Liszt die neun ersten ‚symphonischen Dichtungen‘ in die Welt sandte, widmete er sie Jeanne Elisabethe Carolyne als derjenigen, „die ihren Glauben durch Liebe erfüllt, ihre Hoffnung zwischen Schmerzen vergrößert, ihr Glück im Aufopfern erbaut hat,“ – und in seinem Testamente, das er „für Carolyne“ 1859 aufgesetzt und 1860 beim Amtsgerichte Weimar hinterlegt hatte,*) versicherte er: „Ich möchte ein unermeßliches Genie besitzen, um in erhabenen Klängen diese erhabene Seele zu besingen!“ „Ach! mit Mühe bin ich dazu gelangt, einige karge Laute zu stammeln, welche der Wind hinwegträgt.“

„Wenn jedoch etwas von meiner musikalischen Arbeit zurückbleiben sollte, so wären es jene Blätter, an welchen Carolyne durch die Inspiration ihres Herzens den meisten Anteil hat!“ **)

Klein, sehr beweglich, mit dunklen Haaren und Greifenaugen voll zwingenden Feuers war die Fürstin nicht schön und ohne eigentlich weibliche Reize.

Als sich ihre Mutter als glänzende Weltdame einst hierüber betrübte, meinte sie lachend, sie möge doch bis zum Auferstehungstage warten, wo sie dann wunderschön sein werde.

Man hat Fürstin Wittgenstein als die wissenschaftlich gebildetste Frau des 19. Jahrhunderts gepriesen, und Wagner nennt sie ein ‚monstrum per excessum an Geist und Herz‘.

---

*) Ein späteres Testament, das namentlich seine Enkel bedachte, hat Liszt Ende der siebziger Jahre in Budapest entworfen. Obwohl er im Weimarer Testamente bestimmt hatte, bei den Pester Franziskanern begraben zu werden, äußerte er im Frühjahre 1879 in Wien zu Fr. Generalprokurator Henriette v. Liszt den Wunsch, im Grabe mit seinem geliebten Onkel Eduard in Pötzleinsdorf (bei Wien) vereint zu werden.

**) Liszt bezeichnete sich gerne als „Geistes-Zwilling“ der Fürstin und viele seiner Manuskripte zeigen am Schlusse mehrere B zugesetzt: „BBBBB“, deren Geheimsinn war: „Bon Boje benira bons bessons!“ (Der gute Gott wird die guten Zwillinge segnen! –)

FÜRSTIN WITTGENSTEIN
in polnischer Nationaltracht

Als Pflegerin seines inneren Wachstums mußte sie es peinlich empfinden, wenn er als ‚l'homme charmant' seine Zeit vergeudete.

„Sie schlummerte dann niemals auch nur über ein einziges Jota ihrer Verordnungen ein."

Zu disputieren schien ihr Hochgenuß. Ihre Rede war ‚lauter Feuerwerk'. Sie trieb gern in die Enge „wie ein Untersuchungsrichter und fragte einem alles heraus": — „Man is a poor player", zitierte Liszt einmal gegenüber ihrer fabelhaften Geistesschärfe und Willenskraft.

Trotz aller geistigen Verehrung vermochte Liszt nicht immer so zu sein, wie ‚der hochverehrte Magnifikus*)' dachte und so zu komponieren, wie die ‚Frau Kapellmeisterin*)' wollte.

Es war der Fürstin steter Wunsch, daß Liszt auch eine Oper schreibe**) und Mitte der vierziger Jahre hatte der Künstler wirklich daran gedacht, seinen „dramatischen Rubikon ohne Fiasko" mit einer Oper Sardanapal zuerst in Italien „zu passieren", die nach dem Buche eingerichtet war, das Byron Goethe gewidmet hatte.***)

Im Mai 1847 sollte dann das Werk im Wiener Kärntnertor-Theater „ans Brett" kommen.

Schon 1842 — also lange vor Schumann — scheint sich Liszt auch mit einem Manfredplane getragen zu haben und

*) Charakteristische Titel, die Wagner der Fürstin in seinen Briefen beizulegen pflegte.

**) Bekanntlich inspirierte sie 1855 Berlioz zu Text und Musik der ‚Trojaner'.

***) Eine gleichnamige Kantate hat Berlioz komponiert.

als Vierzehnjähriger hatte der spätere Schöpfer der ‚Legende von der heiligen Elisabeth‘ seinen ersten Bühnenerfolg errungen mit der einaktigen, ganz naiv komponierten Oper: ‚Don Sancho oder Das Liebesschloß‘ (Text von Théaulon und Rancé), die in Rhythmus, Declamation und Harmonie schon ein seltenes Geschick für Charakteristik zeigt.*)

Nach viermaliger Darbietung bei größtem Beifalle mußte dieses Werk jedoch damals wegen einer Kulissenaffäre abgesetzt werden.

Der Hauptsänger desselben, Nourrit, hatte bei der ersten Aufführung an der ‚Academie royale‘ am 17. Oktober 1825 Liszt dem jubelnden Publikum auf den Armen entgegengetragen.

Liszt kränkte es tief, daß er sich dadurch vor dem Auditorium als Kind behandelt sah, und er überhäufte deshalb den Sänger mit Vorwürfen.

‚Sie sind doch — — —‘ wollte Nourrit diesem entgegnen — „Ein Mann!“ — fiel Liszt ihm in die Rede. „Fragen Sie Ihre Geliebte, die kleine blonde Noir!“ — worauf der Sänger sich weigerte, in der Oper seines Nebenbuhlers weiter aufzutreten, die so gefallen hatte, daß alle Pariser Regimentskapellen einen Marsch daraus als Lieblingsnummer spielten.

In den vierziger Jahren war Liszt auch mit Plänen von Zigeuneropern umgegangen und schickte sich später an, Roquettes ‚Kahma, la Bohémienne‘ und einen ‚Janko‘ von Karl Beck, dem Sänger der ‚Lieder vom armen Mann‘, zu komponieren.

Noch 1857 bat er Mosenthal um einen national-ungarischen Operntext für Pest,**) wandte sich aber von dieser Lieblingsarbeit ab, weil er durch die unduldsame Art verletzt worden war, mit der seine Landsleute seine ehrlich und gut gemeinte Schrift über ‚die Zigeuner und ihre Musik in Ungarn‘

*) Vgl. die Mitteilungen von Jean Chantavoine im 3. Jahrgange der ‚Musik‘ (Schuster und Loeffler, Berlin).

**) A. Rubinstein benutzte ihn in den ‚Kindern der Haide‘.

aufgenommen hatten, — und weil er sich nun der „Steuerverpflichtung für den ungarischen Ruhm etwas enthoben fühlte".

Als dann R. Wagner nach Herausgabe von Liszts ‚Lohengrin'-Abhandlung den lebhaften Wunsch hegte, Liszt möchte zu einem seiner würdigen Bühnenwerke sein eigener Dichter werden, — als er ihm sogar seinen herrlichen Entwurf: ‚Wieland der Schmied' zur Komposition antrug*) und ihn wiederholt anstachelte: ‚Mach dich ans Drama!' — widerstand der Tieferblickende dennoch der Verlockung des Theaters — wohl erkennend, daß seine Natur ihn nicht in die Nähe des Rampenlichtes verweise.

„Die ‚leichtfertigen, lumpigen Gewänder der Muse,' von welchen Sie mit strammem Edelmute sich abwenden," — schrieb er an Rosa v. Milde während der Elisabeth-Komposition „prunken und gefallen fast allenthalben". „Ihr lüsterner Reiz ist mir nicht unbekannt geblieben, doch glaube ich sagen zu können, daß es mir gegeben war, ein höheres und reineres Ideal zu erfassen und ihm mein ganzes Streben zu geloben!"

Liszt blieb dem Reiche der Schminke dauernd abgewandt. Er war zum ‚Minnesänger der Gottheit' gereift, wie sein Stiefonkel Eduard v. Liszt schön gesagt hat, und schuf jetzt geistliche Werke der Barmherzigkeit.

Bald schon sollten der Fürstin Wittgenstein Zweifel aufsteigen, ob sie den Künstler dauernd beglücken könne, denn Freiheit des Wollens stand auch ihr über alles.

*) ‚Wir zwei werden ein Ganzes ausmachen und gemeinschaftlich auf einen Erfolg lossteuern!' — hatte ihm damals Wagner zugerufen. —

Liszt erwiderte ihren Bedenken: „Ich glaube an die Liebe durch Sie, in Ihnen und mit Ihnen! Ohne diese Liebe will ich weder Erde noch Himmel. Lassen Sie mich an Ihrer Seite. Das ist meine wahre Freiheit.“

Nachdem die Fürstin von ihrem Gatten getrennt gelebt und die Annullierung ihrer Ehe schon beantragt hatte, bevor sie Liszt kennen gelernt, und da sie zur Ehe befohlen worden war, erhoffte sie deren Lösung, die auch deswegen geboten war, damit bei einer Wiederverheiratung ihr Kind nicht für illegitim erklärt würde, bestimmt zu erreichen.

Die Zwangsehe kam damals oft in Polen vor, und es war wiederholt geschehen, daß Väter ihren Töchtern vor dem Traualtare Ohrfeigen gaben, damit sich die junge Frau später darauf, wenn nötig, berufen könne.

Als Fürstin Wittgenstein in Weimar einzog, ahnte sie nicht, welchen Lebenskämpfen sie entgegenging.

Nach wenigen Jahren vollen Glückes kam plötzlich aus Rußland der Befehl, dahin zurückzukehren, und als die Fürstin aus Angst vor einer Trennung von ihrer Tochter und vor Einsperrung in ein Kloster diesem Befehle nicht Folge leistete, wurde die Ausweisung aus dem Vaterlande ausgesprochen, worauf der Weimarische Hof und die ganze Hofgesellschaft sich von ihr zurückzogen.

Ihr Vermögen wurde sequestriert und für die Tochter verwaltet. Der Gatte erhielt den siebenten Teil, darunter das Schloß ihrer Eltern, was sie besonders kränkte.

Liszt stellte in diesen Tagen ihres bürgerlichen Todes voll und ganz seinen Mann und bot ihr in Gleichmut und Zärtlichkeit ritterlichen Trost.

Die sittliche Gewalt ihres Bündnisses hatte die Beiden jedem Tratsche kleinstädtischer Residenzlerei weit entrückt. Alles Leidwesen stellte Liszt der Fürstin dar als „Bühne seines hehren Glückes“.

Doch — wieder dachte sie an Trennung.

Liszts Pietät schien eine solche unmöglich, denn die Fürstin hatte „einem Zerwühlten, von seinen Tränen Ausgedorrten“

FÜRSTIN WITTGENSTEIN

im Kostüm, das sie in der Audienz bei Papst Pius IX. getragen hat

ihre edle Hand gereicht, und abermals suchte er ihre Bedenken wegen der ihr gewordenen Bestimmung zu zerstreuen.

Da endlich — nach zwölfjährigem Ringen — traf aus Rußland die Nachricht ein, die dortigen katholischen Konsistorien billigten die Scheidung.

Liszt meinte mit den in Karlsbad entstandenen ‚Festklängen' seine und der Fürstin ‚ideale Hochzeitsmusik' zu komponieren.

Obwohl Fürst Nikolaus Wittgenstein als Protestant schon 1857 eine neue Ehe — mit einer Tänzerin — geschlossen hatte, erhob der Bischof von Fulda, in dessen Diözese Weimar lag, neue Bedenken, welche die Fürstin nun bei der Kurie in Rom selbst besiegen zu müssen gedachte.

Dorthin eilte sie jetzt am 17. Mai 1860, nachdem sie im Oktober 1859 die Hand ihrer Tochter in jene des Fürsten Konstantin zu Hohenlohe-Schillingsfürst, des ersten Oberst-Hofmeisters des Kaisers von Österreich in Wien gelegt hatte.

Sie hoffte in einigen Monaten zurück zu sein und blieb in Rom 26 Jahre — davon ein Vierteljahrhundert in denselben Räumen einer kleinen Wohnung, — Via del Babuino 89.

Nach langwierigen Kämpfen und Audienzen beim Papste selbst konnte endlich der Tag der Hochzeit festgesetzt werden: — Liszt 50. Geburtstag, der 22. Oktober 1861.

Bevor er zur Vermählung nach Rom zog, befand sich Liszt, nach dem Berichte seiner Tochter*) in einer schweren moralischen Krisis.

Er war todtraurig und sprach, als er Cosima, — „die immer ein gut Teil seines inneren Lichtes war" — den Heiratsplan mitteilte, die Seherworte: „Du wirst mich beerdigen!"

---

*) Siehe Bayreuther Blätter 1900.

Der Traualtar in S. Carlo am Corso ist bereits festlich geschmückt.

Der Sohn eines der Fürstin feindlichen polnischen Vetters kommt zufällig am Vermählungsvortage in die Kirche und hört, die Vorbereitungen gälten der Hochzeit der Fürstin ‚mit ihrem Pianisten'.

Um den ‚Meineid' der Braut zu verhindern, fährt hierauf die Fürstin Odescalchi eiligst in den Vatikan und setzt, da auch materielle Fragen mitspielen, einen Aufschub der Trauung durch.

Noch in der Nacht des 21. Oktober trifft ein Abgesandter des Kardinals Antonelli mit der Botschaft bei der Fürstin ein, der Papst nehme seinen Dispens zurück und wolle die Akten der Scheidung nochmals prüfen. — —

Die Fürstin verweigert es, sie nochmals herauszugeben, aber auf ihr Gemüt macht der Widerruf des heiligen Vaters ungeheuren Eindruck.

Sie deutet ihn als göttlichen Willen gegen eine Verbindung mit dem Künstler, worin sie durch Antonelli bestärkt wird, der diese Verbindung für unnötig hält.

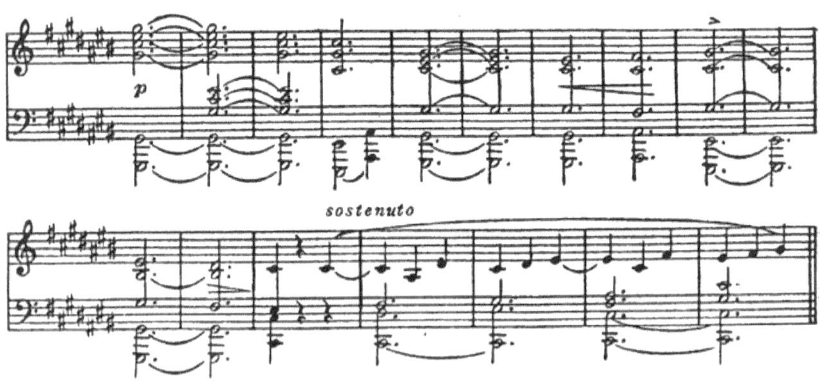

Mit der Zeit hatte sich die Fürstin überhaupt mehr und mehr der Kirche hingegeben und in oft krankhaften Mystizismus versenkt.

Von Jugend an war, wie sie selbst berichtet, ‚Religion die Wohnstätte ihres Geistes und ihrer Tugend' gewesen.

Immer mehr unter den Einfluß der römischen Geistlichkeit geratend, dachte sie jetzt die Unordnung ihrer bisherigen, Ärgernisse erregenden Verhältnisse in der Glorifikation der Kirche sühnen zu sollen, dieser mit allen ihren und seinen Kräften zu dienen erschien ihr nun oberste Pflicht.

Im März 1864 starb Fürst Nikolaus. Man hat erzählt, daß die Fürstin vom Beichtvater angetrieben worden sei, dem drängenden Wunsche des Sterbenden nachzugeben, — und diesem gelobt hätte, Liszt nie zu ehelichen.

Erwiesene Tatsache ist, daß ein Antrag des Kardinals Hohenlohe, die Trauung der nun frei Gewordenen mit Liszt in seiner vatikanischen Kapelle zu vollziehen, ohne Antwort blieb und Liszt ein Jahr später in derselben Kapelle die Weihen nahm.

Ohne Aussprache dürfte die Fürstin im Herzen Liszts gelesen haben.

Da sie in Grausamkeit gegen sich, in edelster Liebe zu ihm, stillschweigend verzichtete, errang sie ihren höchsten Sieg!

Nunmehr ging sie ganz in der Wonne des Leidens und der Entsagung auf.

Doch ‚der Dorn um Liszt' schmerzte ihre Seele, die sich jetzt in eine überirdische Glaubensseligkeit hineinträumte. Sie verlor nicht mehr ihr Gleichgewicht, obwohl sie unheilbar brennende Wunden in sich trug.

Vertrauten gegenüber nannte sie sich ‚eine ihrer Güter beraubte Witwe', aber sie verblieb in Wahrheit die Einzige, die in Liszts Inneres wirklich eindrang, um dort all die weltlichen Dünste zu verscheuchen.

Stets suchte sie ihn so zu führen, daß er sein besseres Ich auferstehen ließ.

Sie vergaß sich selbst in ihm. Der Glaube an seine Zukunft blieb ihr unerschütterlich eingeprägt, aber sie war sich klar, daß mehrere Generationen vergehen würden, bevor er ganz würde verstanden werden.

‚Denn' — sagte sie: — ‚Liszt hat seinen Speer viel weiter in die Zukunft geworfen als Wagner.'

Je reiner sie liebte, desto wahrer, offener mußte sie gegen ihn sein, so hart sie es auch empfand, darob die ersehnte Zärtlichkeit entbehren zu müssen.

Allen, die an ihm hingen, ließ sie ihre Fürsorge angedeihen.

Hatte sie früher seine Mutter und Kinder mit bewundernswerter Hingabe umsorgt, so gedachte sie nun in ihrem abgekehrten tiefen Leben stets freundlichst all seiner abwesenden Freunde, und ihre Hauptleidenschaft bestand immer mehr darin, Verkannte und Traurige zu trösten.

Wagners volle, einzigartige Bedeutung zu erfassen, gelang ihrer, dem deutschen Wesen oft fremdartig gegenübertretenden Individualität nicht ganz. Kränkungen von dieser zu größtem Dank verpflichteten Seite kamen dazu, und in ihrer für Liszt so ehrgeizigen Liebe, erkannte sie früh mit ihrer weiblich sorgenden Seele, daß in dem Verhältnisse der beiden Großen, hingebende Freundschaft nur auf Seite Liszts vorhanden war.

Wagner hat diese Beziehungen gestreift, wenn er brieflich äußert, Liszt ließe sich in ‚ein gründliches Mißverstehen seines Verhaltens zu ihm hineinheiraten' und hielte ihn für unverträglich.

Wagner wollte seinen großen Freund, der gelegentliche Inkognito-Abstecher zu ihn unternahm, stets gerne allein haben. ‚Er verschmachtete oft' nach ihm und es belustigte ihn oft höchlich, daß dieser sich nur in aristokratischer Gesellschaft wohlfühle.

Sicherlich hat die Fürstin Wagner gelegentlich vornehm, aber entschieden, gewisse Dinge, von denen er nichts hören wollte, beim richtigen Namen genannt.

Liszt fand für die großen Einseitigkeiten der Fürstin, die mit der Zeit mehr und mehr das Verständnis für seine künstlerische Natur verlor, das Wort: „Das sieht sie eben durch ihre römische Brille."

Durch den freundschaftlich besorgten, auf Wagner zielenden Zusatz seines Testamentes aber, in dem er der Fürstin die stete Förderung seines Freundes ans Herz legt, hat er taktvoll bekundet, daß er durchaus nicht immer nur der von ihr Gelenkte war.

In Rom hoffte ihr Ehrgeiz später, Liszt, den Pius IX. ‚seinen Palestrina' genannt hatte, an der Spitze der ‚Sixtinischen Kapelle' zu sehen, wo er als Reformator der katholischen Kirchenmusik ein eigenstes Amt zu verwalten gehabt haben würde.

Am 11. Juli 1863 hatte der Papst im kleinen Dominikanerkloster am Monte Mario zur Begleitung Liszts gesungen.

Als ihm der Meister seine eben komponierten, seiner Tochter Cosima gewidmeten ‚Legenden' vorspielte, meinte Pius IX.: ‚Die Justiz sollte sich Ihrer Musik bedienen, um starrsinnige Verbrecher in eine reuige Stimmung zu versetzen. Keiner würde lange widerstehen, ich bin dessen sicher, und der Tag ist nicht mehr fern, da man in unserer Epoche humanitärer Ideen sich derartiger psychischer Mittel bedienen wird, um strafbare Seelen zu bezwingen.'

Der Papst sowohl, wie auch Kardinal Hohenlohe, suchten Liszt eine Ausnahmestellung zur Regelung und Vervollkommnung der Kirchenmusik zu schaffen, beider Vorhaben scheiterte aber an dem Widerstande des höheren italienischen Klerus.

Als auch diese Hoffnung zunichte gemacht war, und der Meister abermals in die Welt hinauszog, um ein Zigeunerleben ‚unter oft unreinen Geistern' zu führen, empfand die Fürstin ihren letzten großen Schmerz.

Ergreifend gedenkt sie der geschehenen Wandlungen in einem Briefe, den sie Liszt am 25. Juli 1867 sendet, an dem Tage, da er Weimar wieder betritt. Sie bittet ihn, ‚die teure Vergangenheit, jede Tanne, den kleinen Wald, jede Welle der Ilm, jeden Kieselstein der Alleen des Parkes zu grüßen, von ihr, die die Seine bleibe ‚in saecula saeculorum'.*)

Rührend erzählt sie, wie sie Woronince Weimar und dieses Rom aufgeopfert habe, wie Liszt ‚tapfer und bewundernswert, treu und lieb' gewesen sei, wie sie jetzt, ‚da ihre beiderseitige Liebe mit den Jahren die Form geändert, aber trotz der Welt fortbestehe, ihn noch unendlich mehr liebe, als vordem.'

Doch die alte Zeit entschwand ihr fern und ferner und sie wurde nicht gerne mehr daran erinnert.

Da sie nach Weimar nicht wieder zurückkehrte, hatte sie an der Ackerwand eine eigene Wohnung gemietet, in der nach Schließen der Altenburg alle Einrichtungsgegenstände daraus aufbewahrt wurden.

Zur Zeit, als letztere noch vereinigt waren, dachte L. Ramann daran, die Altenburg als historische Stätte wiederherzustellen und sie ließ mit großer Mühe nach Erinnerungen von Zeitgenossen Pläne hierzu anfertigen. Als sie in Rom die Fürstin persönlich für diese Idee gewinnen wollte, erwiderte diese, bevor sie darauf einginge, würde sie lieber alles verbrennen.

Dessenungeachtet blieb ihr Liszt ‚anbetungswürdig lieb', — und stolz ruft sie 1879: ‚Sein Genius scheint immer höher zu steigen!' und 1883: ‚Seine neuen Kompositionen sind voll männlichen Lebens! Da sieht man kein Altern!'

Das Wahre, Gute, Schöne gegen alle Mächte, die sie anfechten und vertilgen möchten, rein zu halten, hielt Fürstin Wittgenstein für die Aufgabe, die Gott der Aristokratie gestellt habe.

In unstillbarem Wissensdurste, in unglaublich klarem Erfassen jedes Problems, beschäftigte sich ‚die Vielbegeistigte' — wie sie Humboldt genannt hat — mit allen Fragen der

---

*) Vergl. La Mara: ‚Aus der Glanzzeit der Altenburg.' Breitkopf & Härtel.

Kunst- und Lebensgebiete und wurde zur ‚Sibylle der Via Babuino'.

Leidenschaftliches Interesse weckte ihr stets auch die bildende Kunst.

Mit den Jahren aber wurde es immer stiller um sie, die hatte lernen müssen, ‚ihr Glück aus dem Nichts zu machen'.

Als sie endlich keine Menschen mehr fand, die sie brauchten, für die sie leben konnte, wollte sie nur noch für Gott leben.

Während sie früher beabsichtigt hatte, Liszts Biographie zu schreiben, widmete sie nunmehr ihre ganze Arbeitskraft religiösen Studien und sah ihre Lebensaufgabe darin, die Kirche von allen Schlacken der Zeitlichkeit zu säubern und in idealer Reinheit den Gemütern wieder näher zu bringen.

Sie veröffentlichte zunächst das Werk ‚Buddhisme et Christianisme' und erörterte in ihren Streitschriften auch die Stellung der Frau im heutigen Leben.

Ihre 1875 erschienene Schrift ‚Entretiens pratiques à l'usage des femmes du monde' wurde durch eine Bearbeitung des Franzosen Henri Lasserre unter dem Titel: ‚La vie chrétienne au milieu du monde in deutscher, englischer und spanischer Übersetzung verbreitet.

Was ihr Fleiß zu Papier gebracht, hatte ihr, die zuletzt am liebsten im dunklen, nur von Lampenlicht erhellten Raume arbeitete, eine eigene Druckerei tags darauf gedruckt abzuliefern.

Zwei Setzer vermochten nicht, mit ihrer Emsigkeit Schritt zu halten.

Sie führte zuletzt ein ganz unnatürliches, in Künstlichkeit erstickendes Leben, das ihre Gesundheit untergrub.

Rastlos, bei Ausfahrten sogar im Wagen, arbeitete sie an der Vollendung ihres Hauptwerkes, das sie erst 25 Jahre nach ihrem Tode veröffentlicht wünschte.

Die sich einstellenden körperlichen Leiden kümmerten sie wenig, ‚wenn der liebe Gott nur Ihm das Licht seines Genius flammend hell erhielt.'

Ja, als sie die letzten Jahre fast nur noch im Bette zubrachte, pries sie ihre ‚lieben Krankheiten' – wie sie sich ausdrückte –, weil Liszt sie dabei mit so viel Zärtlichkeit umgab.

Durch die Anstrengungen, denen er sich im vielen Herumreisen während seines letzten Lebensabschnittes unterzog, ‚verpfusche er sich,' meinte sie, was Gott in ihn gelegt.

‚Er sterbe nicht, sondern töte sich für andere!' – sagte sie wahr.

Sein geistiges und leibliches Wohl behütete sie – oft zu seinem Ärgernisse – nun auch in der Ferne, aus der jedes Wort über ihn ‚ihrem armen Herzen Nahrung und Licht brachte,' da sie dann ‚besser für ihn zu beten' wußte.

‚Ist er in der Frühe allein?' – fragt sie mit zartem Sinn, wissend, daß gerade die Augenblicke der Morgenfrühe die göttlichsten waren, die man mit ihm erleben konnte.

Das Beste, was der Fürstin noch beschieden war, bedeutete ihr ein langer, ausführlicher Brief von ihm, – denn mindestens allwöchentlich schrieben sie sich und dies geschah selbst dann noch, als mich der Meister seiner zunehmenden Augenschwäche wegen gebeten hatte, seine ganze Korrespondenz zu besorgen.

Treu bis ans Ende, nahm sie ihm, oft ohne daß er es ahnte (denn so wollte es ihre Feinfühligkeit), jede Last und Sorge ab, wo sie nur konnte.

Manch für den Fernstehenden Unbegreifliches der letzten Zeit ist aus der Heimatlosigkeit Liszt geschlossen, und leider hat die Fürstin recht behalten, wenn sie für ihn stets einen Tod auf der Reise befürchtete, wie bei Gobineau.

Sie haben es eigentlich mit drei Menschen in sich zu tun, die sich zuwider laufen, hatte im Jahre 1843 ein geistreicher Mann zu Liszt gesagt: ‚Dem geselligen Salonmenschen, dem Virtuosen und dem denkend schaffenden Komponisten und Sie können von Glück sagen, wenn Sie mit einem von den dreien ordentlich fertig werden.‘

Liszt hat versucht, alle Widersprüche seines Lebens in seiner tiefen Frömmigkeit zu lösen, und er fand sein Heil in der Erkenntnis, daß das Erden-Leben „eine Krankheit der Seele“ sei.

Schon als Knabe hört er Stimmen, die den Andern schweigen. Seine religiöse Hingabe leuchtet rührend auf.

Da er — ein Fieberkind — mit sieben Jahren elend und siech darniederliegt, so daß schon der Sarg für ihn bestellt ist, bittet er in rührender Inbrunst Gott, ihn wieder genesen zu lassen, er wolle immerdar nur Musik machen, „die ihm gefalle“.

Mit 12 Jahren eine europäische Berühmtheit, hat er mit 16 Jahren die Frühreife eines Kosmopoliten und überlegenen Weltmanns, dessen musikalische Werke religiöse Aufblicke durchzittern, dessen Ideal freiwilliges Opfer und Priesteramt bilden.

Seine Seele „widerstrebt“ schon damals „der gewöhnlichen Freude, wie dem hergebrachten Schmerze.“

„So klein und gering ich bin, ist es mir doch unmöglich, mich mit dem Getriebe der Vulgarität abzufinden, das einen solch unverhältnismäßigen Widerhall in gedankenleeren Köpfen findet!“ — ruft der Reifende aus und klaren Herzens fühlt er sich in Demütigung erhöht.

Schon als Virtuose erkennt er, daß der Künstler nur in Äußerlichkeiten verstanden wird, daß in den höchsten Kreisen, in denen er verkehrt, „nichts seltener ist, als ernstes Studium unserer Meister" — und daß man sich dort „begnügt, von Zeit zu Zeit und ohne Wahl, unter einer Menge erbärmlichen Zeuges, das den Geschmack verdirbt und das Ohr an kleinliche Armut gewöhnt, einige gute Werke zu hören".

„Die Geschäftigkeit des menschlichen Ameisenhaufens" wird dem in sich Gekehrten „ein betrübendes Schauspiel", denn er sucht Eingänge in die Unendlichkeit und fragt den Abée Lammenais, der ihn lehren soll, das Unerforschliche zu erforschen: „Wird mir die Stunde der Vertiefung und des männlichen Handelns denn niemals schlagen?"

In alle Tiefen sich sehnend, wird es ihm innere Notwendigkeit, der Welt des Bedürfniszwanges die Welt freier Geistesbetätigung überzuordnen.

Die Gesetze des Gemütes stehen ihm über Allem!

Rastlos arbeitet er an der Vervollkommnung seines Wissens und Könnens Tag und Nacht, um die engen Formen zu sprengen, in denen sich das Mittelgut der Menschen behaglich streckt.

Überall weiß er das Gute zu finden und zu schätzen, in jedes Wissen taucht er mit dem Herzen, wird stolz für andere, bescheiden für sich.

Da alle Herrlichkeiten der sündigen Erde ihm zu Füßen liegen, errichtet er in tiefer Weltflucht im ungeschmückten Zimmer neben dem Klaviere den Hausaltar mit brennenden Kerzen und Betpult, und der eben vom Beifall der Menge Umschwärmte verschwindet aus der Öffentlichkeit, um zerknirscht seine „sich treu aufopfernde Mutter" anzuflehen, in das Pariser Seminar eintreten und „das Leben der Heiligen führen zu dürfen".*)

---

*) In seine damals oft benützte Bibel hatte er 1830 mit markigen Sahriftzügen die Worte eingetragen:

„Jesus Christ est le

FIN

de la loi!"

JUGENDBILDNIS LISZT'S

Er liebt das erstemal tief, innig und unglücklich. –

Der Anprall der Gemütsstürme wirft ihn in schwere Krankheit, der ‚Etoil' schreibt seinen Nekrolog.

Ganz Paris spricht vom toten ‚Litz'.

Er aber gesundet im frischen Luftzuge der ‚Flegeljahre des 19. Jahrhunderts,' der alle Perücken von den Köpfen weht, alle Grenzen als Tyrannei bezeichnet.

Begeistert wirft er sich in wühlender Unrast dem neuen Geiste in die Arme!

Nun träumt seine romantisch-ästhetische Natur von Arbeitern und Handwerkern, von Burschen und Mädchen, von Männern und Weibern des Volks, die im Liede aus innerlich freier Brust ihr Weh und ihre Lust aushauchen.

Seine absolute Liebe zum Schönen hofft, daß „alle großen Künstler, Dichter und Musiker ihren Beitrag zu einem volkstümlichen, sich wenig verjüngenden Melodienschatze" spenden würden, und der Harmonien-Seher wünscht, daß der Staat für Sammlung eines solchen Belohnungen aussetze, „damit alle Klassen sich endlich in einem religiösen, großartigen und erhabenen Gemeingefühl verschmelzen".

Ihn dürstet nach „Weisen, die für das Volk gedichtet, dem Volke gelehrt und vom Volke gesungen werden", er lechzt nach einer „humanistischen Musik, die zugleich dramatisch und heilig, Gott und Volk als ihre Lebensquellen erkenne, und den Menschen veredle, läutere".

In einer ‚Symphonie revolutionnaire' denkt er als Hasser des toten Buchstabens die politische, soziale, wie religiöse Erneuerung zu besingen; im Streben, das Undurchdringliche zu durchdringen, schwärmt er für die friedliche Ausbeutung der Erdkugel, für Verteilung nach den Fähigkeiten, für sittliche und körperliche Verbesserung der zahlreichsten und ärmsten Klasse. – – – – –

(Die Bibel befindet sich im Besitze von Dr. A. Ritter Klier von Hellwart in Linz, dessen Freundlichkeit ich die erstmalig mitgeteilten handschriftlichen Auszüge verdanke.)

Ein Besuch der Grande Chartreuse veranlaßt ihn zu dem Wunsche, daß das Papsttum eine zahlreich abgesonderte Klasse durch einfache Abänderung der klösterlichen Regeln der menschlichen Gesellschaft wieder dadurch zuführen möge, daß es in den der Industrie erschlossenen Klöstern geistige Arbeiter hege, die ihre Forschungen und Entdeckungen dem allgemeinen Wohle dienstbar machen würden.

Die Kultur des Eigennutzes, den Frost der Selbstsucht kennt er nicht.

Während seiner Virtuosenreisen — einem Dionysos-Zug durch die Welt, wie nur er ihn angetreten — beherrscht er stets die öffentliche Meinung durch das edle Übergewicht eines hochsinnigen Lebens, hält er immer wahre Größe unabhängig von der Aufmerksamkeit der Welt.

Die Tat ist nun sein Weg, den er mit dem Wahlspruche: „Génie oblige!“ beschreitet. —

Schon 1841 wird er zu Frankfurt a. M. in die Loge zur Einigkeit aufgenommen, erreicht dort unter Anwesenheit des nachmaligen Kaisers Wilhelm den dritten Grad und zu Pest 1870 die Meisterschaft, als erster Freimaurer, der sich rühmen konnte, bei den Päpsten Pius IX. und Leo XIII. gut angeschrieben zu sein.

In keinem Verhältnisse jedoch, das er eingeht, zeigt sich sein freier Geist gebunden.

„Ohne albernem Dünkel“ bleibt ihm die Kunst „die sympathische Macht, welche die Menschen eint“ und der Künstler ist ihm friedseliger Mittler zwischen Gott und Welt.

„Die besseren, höheren Ahnungen seiner Kinderzeit“ sind allzeit in ihm lebendig und immer mehr hofft er, sein Leben seinem „klösterlich-künstlerischem Ideale anzunähern“.

LISZT IM JAHRE 1858

Der Kirche wollte Liszt auch äußerlich angehören in dem gläubigen Gefühle, welches das liebende Kind zur sorgenden Mutter treibt.

1856, nach Vollendung der ‚Graner Messe‘ ist es ihm Herzensbedürfnis, in den Orden der Franziskaner zu Budapest als ‚Tertiarier‘ einzutreten. Dort hält er seine Sterbesoutane bereit, und in der Klostergruft will er um 5 Uhr morgens ohne Begleitung und ohne Musik begraben werden.

Seine geistige Zugehörigkeit zu den ‚Brüdern‘ hatte er ja längst in einer Reihe edelster Franziskus-Werke in Kunst und Leben bekundet.

Der universelle Kulturmensch in Liszt zeigte sich indes weder durch den Horizont des ‚Nur-Musikers‘ beschränkt, noch durch das ‚Ordenshabit‘ eingeengt.

Sein „höherer Beruf blieb, frei empfinden und schaffen“, und dazu bedurfte er der endlichen Ruhe und Abgeschlossenheit, die ihm erst Rom gewähren sollte, wo sich im Sinne Wagners, daß das Kunstwerk ‚lebendig dargestellte Religion‘ bedeute, endlich seine „höhere Selbständigkeit breit machen“ konnte.

Hier fand er „den gedeihlichen Abschluß der letzten Periode seines oft getrübten, doch immerhin arbeitsamen und sich aufrichtenden Lebens“.

In der weltfernen römischen Einsamkeit tauchten ihm immer segensvollere innere Werte auf.

Dort rang sich der Komponist vom schwelgenden Beherrscher allen tonalen Könnens der Virtuosenzeit, vom dichtenden Tonphilosophen der Weimarer Epoche durch zum Künder reinster Gotteskunst. –

Ursprünglich hatte Liszt den Plan gehabt, nicht nach Rom, sondern nach Athen zu gehen.

Als die Scheidungsschwierigkeiten jedoch die Fürstin nach Rom getrieben, war die Entscheidung auch für seine fernere Wirkungsstätte gefallen.

Die Fürstin stärkte ihm in der heiligen Stadt den Glauben seiner Kindheit wieder und er dankte es ihr, ohne ihren Hang zu Mirakeln zu teilen.

Freidenkend, wie er stets gewesen, war er — nie ein Orthodoxer, — sich wohl bewußt, daß, wie er sagte, „zum Katholizismus Jugenderinnerungen gehören".

„Nur keinen frömmelnden Firlefanz!" — hat er oft ausgerufen und mir, als ich einst aus der Peterskirche nicht sonderlich erbaut heimkehrte, bemerkt: „Ja, man muß sie eben nehmen, wie die katholische Kirche überhaupt — das Ganze und nicht ins Detail gehen."

Während seiner ganzen Entwicklung erkannte Liszt als unsichtbare Kirche im tiefsten Sinne die Gemeinschaft aller durch hohe Sendung Geheiligten, deren Religion die Anbetung der Wahrheit war — und er dachte stets mit Thomas v. Kempis: ‚Nicht die Kutte, noch der geschorene Kopf machen den Geistlichen, sondern das Herz!'

Immer fühlte er sich als Musiker Bekenner, immer hatte er im Priestertum ein ‚äußeres' Zeichen ernstester ‚innerer' Verpflichtung gesehen.

Die Priesterschaft blieb das Hauptmotiv seines Daseins. Sie war die einzige Würde, welche er, der das innere geistliche Leben empfand, er, dem alle anderen menschlichen Graduierungen eitel erschienen, auf Erden bekleiden konnte.

Auch der sichtbaren Kirche, dem zeitlichen Spiegelbilde jener ewigen Geistesgemeinschaft, seine Zugehörigkeit einzuprägen, wurde ihm, dem von Gott geweihten Priester, zuletzt Bedürfnis.

Vor aller Welt wollte er mit dem Priesterkleide den „Gipfel seiner Entwicklung" betonen, auf dem er der Erde Schein dem Wachstum seiner Seele zum Opfer brachte.

Das geistliche Gewand bedeutete ihm nun den Ausdruck

des Seelenfriedens, den er im Kampfe der ihm wohlbewußten Extreme seiner Natur sich errungen.

So nahm er unter Verzichtleisten auf alle Hebel irdischen Glückes am 25. April 1865 – nahe den Loggien Raffaels – die ‚niederen Weihen' – und es mochte ihn ein beruhigendes Gefühl überkommen, damit auch dem nunmehrigen Wunsche jener Frau zu folgen, die er immer tiefer verehren gelernt.

Es war nicht Altersschwäche, sondern Erfüllung alteingewurzelter Neigungen, welche dem Meister zu einem Schritte den Mut eingab, der in der Alltagsbeleuchtung die unglaublichsten Erklärungen finden mußte.

Solche, welche die ehrgeizigen Pläne der Fürstin für Liszt kannten, meinten, er strebe einer ‚Kardinalswürde' zu, andere Uneingeweihte behaupteten, er wolle dadurch der Fürstin entschlüpfen, die meisten aber ersahen darin nur eine Effekthascherei des Poseurs.

Die Äußerlichen bedachten freilich nicht, daß – wie Byron sagt – ‚der Glaube eines Mannes nicht von seinem bloßen Willen abhänge.'

Die innerliche Kraft eines Glaubens, wie er Liszt durchloderte, der immerdar nur Gefühlsmensch blieb, kann nur der Gleichschwingende begreifen, denn Seele läßt sich nur mit Seele spüren.

Daß man denken konnte, Liszt sei Abbée geworden, um von sich reden zu machen, zählt zu den größten Torheiten einer Zeitgenossenschaft, die schon die Weimarer Konzentration des sich Besinnenden nicht zu deuten vermochte.

Ein Geräuschsüchtiger hätte sich nimmermehr inmitten der glanzvollsten Laufbahn in einem kleinen deutschen Residenzdorfe von damals 10000 Einwohnern freiwillig begraben.

Ein Kluger, wie Liszt, mußte wissen, daß die Zeit seinem Abbée-Schritte nicht günstig sei und aller nichtswürdiger Hohn sich über ihn ergießen würde.

Um den Preis all seiner Popularität aber Reklame für

sich zu machen, dazu war ein Liszt doch wohl zu welterfahren! —

„Meine wahren Freunde,“ schreibt er im Jahre seiner Priesterweihe, „können mein Geistlichwerden nicht mißdeuten.“

„Die katholische Frömmigkeit meiner Kindheit hat sich in ein geordnetes und ordnendes Gefühl gewandelt — überflüssig zu sagen, daß keine Veränderung in mir stattfand. Ich habe nicht äußerlich den Paletot mit dem Meßkleid gewechselt, sondern mit dem Glauben, den ich seit meiner Kindheit empfinde.“

Kurz vor seinem Tode sagte mir Liszt zu Dornburg in einer stillen Abendstunde: „Als ich in den geistlichen Stand trat, wollte ich nie darin avancieren, nur ruhig fortkomponieren können.“

In der klaren Beurteilung aller Weltendinge durch das Herz des Einsam-Unverstandenen, durch seine Christus-Seele, war in den letzten römischen Jahren noch mehr Helle eingetreten.

Der Meister gab sich keiner Täuschung darüber hin, daß seine reformatorischen Schöpfungen „eine Frömmigkeit verlangten, wie sie unseren musikalischen Gewohnheiten ziemlich fremd sind“.

Hing die Fürstin zuletzt starr am Dogma, so ließ er im Gebetbuche von Moufang die Dogmen überschlagen, wenn ich ihm daraus vorlas.

Ihrem theologischen Wissen stand sein kindliches Vertrauen gegenüber und alle Systeme blieben ihm zuwider.

Fühlte sie sich Seelenretterin für Andersdenkende, so blieb er der Tolerante, der offen jedem Offenen die Wange zum Kusse darbot und lechzend jede Flamme nährte.

Als auch die Erfüllung des Traumes seines Alters: „Erneuerung und Wiederbelebung der katholischen Kirhenmusik“ — gescheitert war, als Rom für seine Pläne ebensowenig Bedürfnis zeigte, wie früher Weimar, griff er ergebungsvoll aufs neue zum Wanderstabe, jetzt aber — wie seine

LISZT IM JAHRE 1867

Tochter so schön gesagt hat — ,ohne Täuschung irgend welcher Art!'

„Zur Hälfte Franziskaner, zur Hälfte Zigeuner" nannte sich Liszt der Fürstin gegenüber an seinem Lebensabende.

Zigeuner blieb er hinsichtlich seiner sehnsuchtsvollen Unrast, rhapsodischen Wildheit, schillernden Harmonik und erfindungsreichen Ornamentik, hinsichtlich der Glut seiner träumerischen Farben, hinsichtlich des Stolzes seiner zärtlichen Schwärmerei.

Mit Zigeunerweisen hingen seine ersten Jugendeindrücke eng zusammen.

Ihre Töne erschlossen ihm zuerst die Seele für die Dämonik der Welt, sie blieben seine „alten Lieblinge".

Die Familie Liszt hatte sich stets der Zigeuner erbarmt.

Altadelig — eine der angesehensten im Lande — war sie durch Unglücksfälle aller Art um ihr Vermögen gekommen.

Ihre Glieder hatten versäumt, im Dienste des Staates Schutz zu suchen und wollten sich nicht von ihrem Stande erhalten lassen.

Sie zogen vor, durch eigene Kraft und Arbeit sich empor zu raffen, eine ehrliche, wenn auch niedere Stellung im Leben dünkte sie befriedigender, als eine durch Gnade erreichte hohe und so legten sie freiwillig den Adel*) ab und traten in Dienste.

Liszts Vater Adam fühlte sich stets als ein Helfer der Unterdrückten.

Ein von ihm angenommenes Zigeunermädchen wurde die

*) den Franz Liszt am 30. Oktober 1859 vom Kaiser von Österreich wieder erhielt und der Familie seines Stiefonkels Eduard zuwendete.

Gespielin seines Sohnes, der auch späterhin mit den Stämmen seiner Heimat in enger Berührung blieb.

„Ich war oft im Szegszarder Walde bei den Zigeunern, von deren Weisen ich 5–600 kenne. Früher spielten sie nicht so korrekt und zivilisiert wie heute, sondern wild und ungebunden frei" — erzählte Liszt 1886.

Den Nationalschatz musikalischer Volksdichtung, wie er in diesen Weisen vorlag, für die Kunst zu gewinnen und seinem Vaterlande als National-Epos in Tönen darzubieten, wurde ihm eine Lieblingsidee, der er in seinem phantasievollen Buche: ‚Die Zigeuner und ihre Musik in Ungarn' ein literarisches, in dem Gesamtwerk seiner ‚Ungarischen Rhapsodien' aber, das er als 74-Jähriger mit seiner „Neunzehnten"*) gekrönt hat, ein unvergleichliches musikalisches Denkmal gesetzt hat.

Bei anderen Nationen ist die Volksmusik vokal, beim ungarischen Zigeuner ist sie zu instrumentaler Sprache geworden.

Diese zu studieren war die stete Passion schon des jungen Virtuosen Liszt gewesen.

Eines Morgens in Paris schenkt ihm Graf S. Teleky in Gegenwart Thalbergs einen 12-jährigen Czigány mit der Geige in der Hand, den er extra für den Freund „gekauft" hatte.

Während seiner spanischen Konzertreise übergibt Liszt den Jungen einem Professor des ‚Conservatoire' zur Ausbildung.

Doch dünken den sich stets adonisierenden noblen Burschen, der nur mit Fünffranks-Stücken bezahlt, auf die er sich nicht herausgeben läßt, seine „Griffe" besser, als jene des Lehrers.

Liszt aber schreibt er so liebe Briefe, daß dieser sich ihn nach Straßburg entgegenkommen läßt.

Da er ganz gentlemanlike gekleidet, ruft Liszt aus: „Ei,

*) „Sie ist ganz nach Brahms komponiert" — scherzte er.

Józsi, du siehst ja aus wie ein junger Herr!" — ‚Der bin ich ja auch,' erwidert das göttliche Knäbchen.

Liszt erhofft bessere Erziehung durch die einfache Natur und gibt es zu einem Lehrer am Fuße des Schwarzwaldes — aber auch jetzt fruchtet alle ‚Zwangserziehung' bei Józsi nichts.

Eines Abends besucht Liszt beim ‚Zeiserl' in Wien eine Zigeunerkapelle, und wird gleich beim Eintreten von den braunen Gesellen stürmisch umringt.

Einer der Bande umklammert leidenschaftlich seine Knie. Es ist der ältere Bruder Józsis, der ihm erzählt, daß der Stamm denselben gerne wieder zurück erhielte.

Kurze Zeit darauf, bei einem opulenten Abschiedsmahle, vereint Liszt, des Scheidenden Börse füllend, Józsi der Truppe, die sogleich aus der Stadt verschwindet.

Als er später sein vorgenanntes Zigeunerbuch herausgibt und darin den Wunsch äußert, von Józsi wieder zu hören, erhält er aus Debreczin einen Brief von Joseph Sárai oder der ‚Zigeuner-Józsi' in der ersten Musikkapelle des Boka Károly, worin derselbe seine jugendliche ‚Fremdheit zu alles' bedauert und seinem Schutzherrn mitteilt, daß er als ‚ordinärer Zigeuner' diene, ‚eine hiesige Zigeunerin' geheiratet habe und daß er seinen Sohn auf Liszts ‚wertesten Namen Franz' habe taufen lassen. ‚Seine werteste Erinnerung' bleibe seinem Herzen eingeprägt und ‚Hochdero Porträt' bewahre seine arme Behausung als Heiligtum! — —

Weil Liszt im vorerwähnten Buche einer echten Künstler-Träumerei die Ansicht ausgesprochen hatte, daß die wahre ungarische Nationalmusik Zigeunermusik sei*), weil er darin bemerkt hatte, daß man, wie von einer deutschen, italienischen oder französischen von einer ungarischen Schule

*) eine Frage, die der wissenschaftlichen Entscheidung noch harrt.

in der Musik noch nicht reden könne, sollte er sich den unauslöschlichen Haß mancher nervös-stolzer Landsmänner zuziehen, die als „ungarische Zeitungslenker, der angeborenen Ritterlichkeit sich entäußernd", ihm „die althergebrachten Fünfundzwanzig aufzählten".

Liszts geschichtliche Stellung als Zivilisator der ungarischen Musik, der er — aus den übermäßigen Intervallen der ‚Zigeuner-Tonleiter' die harmonischen Konsequenzen ziehend und die ‚Zigeunerrhythmik' als Atem nationalen Temperamentes erkennend — erst die Basis als Kunst geschaffen hat, bleibt bestehen und von den Schwankungen jeweilig zeitlicher Schätzung unberührt.

Liszt war es auch, der es am 5. April 1871 zum ersten Male wagte, in Budapest ein spezifisch ‚ungarisches Konzert' mit Werken von ausschließlich vaterländischen Komponisten zu veranstalten und damit das Nasenrümpfen solcher zu erregen, die dadurch eine Beleidigung ihrer ‚klassischen' Pose empfanden, die auf ungarische Themen aufgebaute Kunstschöpfungen einer ‚philharmonischen Aufführung' für unwürdig erachtete*).

Mit seiner symphonischen Dichtung: ‚Hungaria', die durch einen Anruf angeregt worden war, den der vaterländische Dichter Vörösmarty an Liszts ungarischen Genius gerichtet hatte, schuf der Meister das größte seiner ungarischen Nationalwerke für Orchester.

Eine Art ungarischer Tell-Dichtung, feiert dasselbe die Befreiung eines ganzen Volkes in Tönen.

In dieser Schöpfung spendete Liszt seinem Vaterlande das erste national-symphonische Kunstwerk, welches überhaupt geschrieben worden ist und die Tonkunst Ungarns fundiert.

Liszt ist seiner Heimat treu geblieben sein lebelang und

*) Siehe die dankenswerte Abhandlung: ‚Die Geschichte der Budapester Philharmoniker 1853—1903' von Coloman d'Isoz, Professor der ungar. Nationalmuseums. (Bei Vikt. Hornyánszky Budapest.)

hat seine Liebe zu ihr in ungezählten öffentlichen und geheimen Taten — bei jeder sich ihm bietenden Gelegenheit — bewiesen.

„Ich hatte vor" — erzählte er mir 1885 — „eine Reise durch Griechenland zu unternehmen. Am Wege dahin erkrankte die Gräfin d'Agoult sehr schwer und wir wurden dadurch in Venedig zurückgehalten."

„Im ‚Café Florian' am Markusplatze las ich in den Zeitungen von der furchtbaren Überschwemmung in Ungarn."

„Früher schon wollte Haslinger, der Wiener Verleger, der Sachen von mir verlegt hatte, die ich kaum öffentlich vortrug, daß ich meine Werke doch spielen solle, um zu zeigen, daß sie überhaupt spielbar seien. Und zwar sollte ich es in Wien tun. Es paßte mir aber schlecht und ich wollte damals nicht."

„Nun, als ich die Berichte von meinen bedrängten Landsleuten las, schrieb ich sofort an Haslinger: ich komme!"

„So kam das erste meiner Wiener Konzerte zustande. In diesem gingen während des Spieles drei Streicherflügel kaput."

„Das Geld für Ungarns Überschwemmte nahm ich keineswegs den Ungarn selber ab, wie man geschrieben hat, sondern ich sandte es von Wien aus als Erträgnis meines dortigen Spiels nach Pest."

„‚Sonnambula-' und ‚Puritaner'-Phantasie, dann ‚Pastoral-Symphonie', Schubert-Lieder und Hummels Septett waren dabei meine Hauptstücke. Schumann war unmöglich damals durchzubringen." — —

Wie sich Liszt mit Stolz ein Ungar wußte, zeigt ein Brief, welcher in jenen Tagen an Lambert Massard nach Paris abging.

Darin heißt es: „Auch ich bin ein Sohn dieser urwüchsigen, ungebändigten Nation, welcher sicher noch bessere Tage bestimmt sind."

„Diese Rasse war immer stolz und herrisch. In dieser breiten Brust haben noch immer starke Gefühle gewohnt, diese stolzen Stirnen sind nicht für Knechtschaft und Geistesarmut geschaffen. – Sie schläft – möge eine mächtige Stimme sie erwecken!"

Aber auch das Vaterland hing in jenen Zeiten mit Liebe an seinem gefeierten Sohne, und als derselbe 1840 – in einem der nationalgeschichtlich denkwürdigsten Momente – in Pest eintraf, huldigte man ihm gleich einem Nationalheros, denn man war sich damals bewußt, daß Liszt der erste Ungar gewesen, der die Musik kunstgültig vertrat.

Am 4. Januar 1840 schmückten ihn kunstpatriotische Zukunftsträumer mit dem Ehrensäbel.

Liszt nahm ihn auf als Kampfsymbol, in friedliche Hände gelegt und rief der Nation zu, nach ruhmreichen Schlachten nunmehr weltbeglückend Kunst und Wissenschaft zu pflegen.

„Köstliches Gestein," sagte er bei der Überreichung, „ziert die Scheide, die nur vergänglicher Glanz, der Stahl ist im Innern – So mögen die Gedanken unserer Werke trotz tausendfach umhüllender Formen – der Liebe, der Humanität, dem Vaterlande, das unser Leben ist, gelten!"

Und als man eine große Summe für eine Lisztbüste subskribiert hatte, meinte er: „Lassen Sie uns lieber das Geld zur Ausbildung eines vaterländischen Künstlers verwenden, der uns gute Büsten anderer ungarischer Geister schafft! Lassen Sie uns daran denken, mit der Zeit ein würdiges ‚Konservatorium für Musik' in Ungarn zu errichten, mit dessen Leitung Sie einst mich betrauen wollen." – –*)

Den ersten Gedanken hat Liszt selbst während der beiden letzten Lebensjahre in Tönen zur Ausführung gebracht durch die Klavierpoesien seiner noch ungedruckten ‚historischen ungarischen Bildnisse': Széchényi, Teleky, Eötvös, Deak, Vörösmarty, Petöfi und Mosonyi, an denen er mit

*) Vergl. „Fr. Liszt als Künstler und Mensch" v. L. Ramann. Breitkopf & Härtel.

LISZT IM UNGARISCHEN NATIONAL-KOSTÜM
mit Fogos

besonderer Hingabe bis zu seinem Tode arbeitete und die er auch für Orchester herauszugeben gedachte.

„Sie sind nach dem Leben gezeichnet" — erklärte er von ihnen.

Die Saat des zweiten Gedankens, für dessen Pflege er sogleich ein Konzert gegeben, keimte erst nach Dezennien — als 1873 die Landes-Musikakademie zu Budapest errichtet und der Meister endlich 1881 — nach 40 Jahren — würdig befunden wurde, das Ehrenpräsidium derselben gegen ein Ehrengehalt von 4000 Gulden aus der Privatschatulle des Königs zu übernehmen. —

Da man ihn bei seinem fünfzigjährigen Künstlerjubiläum — wohl seiner Person, nicht aber seinem Werke huldigend — in der ungarischen Hauptstadt feierlich empfing, dachte Liszt, vom Fenster seiner bescheidenen Wohnung am Fischplatze aus dankend, nicht, daß die Zeit kommen würde, wo ihm, der laut seines ersten Testamentes in heimatlicher Erde ruhen wollte, eine ‚nationale Heimholung' verweigert werden würde, weil er kein guter Patriot gewesen*).

Die neue ‚Akademie' konnte sich nicht nach seinen großen Plänen gestalten (— Liszt hatte gehofft, u. a. Witt und Bülow zu gewinnen —) und sie wurde ihm „keine besondere Lockung, vielmehr eine schwere Sorge", sowie eine Quelle mancher Kränkungen**).

„Gleichwohl," schrieb er, „werde ich meine Pflicht getreu erfüllen und so viel als möglich der musikalischen Kultur in Ungarn dienlich sein." „Die Maxime des ‚großen Fritz' gilt auch für kleine Leute meiner Gattung: ‚il faut prendre son plaisir à faire son devoir'."

---

*) Auf eine Bemerkung von Fr. H. v. Liszt, Ungarn würde wohl nie eine Bestattung Liszts außerhalb des Landes zulassen, meinte der Meister einst: „Ja, das wird wohl so sein!"

**) Trotz des begeisterten Eintretens überzeugter und berühmter Freunde seiner Person, wie seiner Sache, unter denen die tapferen Namen Fr. Pulszky, Kardinal Haynald, Franz Deák, Graf Apponyi, Graf Jul. Andrassy, C. Abrányi u. a. hervorleuchten.

Alljährlich reiste er nun — meist im rauhen Winter aus Italien kommend — nach Budapest, um dort freiwillig einige Monate hindurch eine Klavierklasse für Virtuosen und Lehrer zu leiten und auserwählte Schüler aus Kößlers Orgelklassen zu fördern.

Aber nirgends wurden seine Schöpfungen so wenig aufgeführt, wie in der ungarischen Metropole. Auch hier blieb er — ausgenommen die vielen Ansprüche, die an ihn für den Dienst der Caritas gestellt wurden — ziemlich unbeachtet und aller bedeutenderen Mittel beraubt, sein Wollen manifestieren zu können.

Eine der letzten „Budapester Spezialitäten" bekam Liszt zu genießen, als man ihn 1883 gebeten hatte, zur Einweihung des neuen National-Opernhauses eine ‚Festouvertüre' (!) zu komponieren.

Liszt, dem ein ‚Nein' immer schwer fiel, schuf aus diesem Anlasse das ‚ungarische Königslied', dem er ein altes, durch seinen ungekünstelten Ausdruck ihm besonders passend erscheinendes Nationalthema zugrunde gelegt hatte.

Mit Schrecken entdeckten Übereifrige und Übelwollende, daß dasselbe revolutionären Charakters sei, weil es aus der Rakoczi-Zeit stamme.

Daraufhin wurde Liszts Hymnus abgesetzt — eine Kleinlichkeit, der er mit den Worten entgegnete: „Die Modifikationen sind sowohl in der Kunst, wie im Leben nicht eben Seltenheiten. Aus zahllosen heidnischen Tempeln sind katholische Kirchen geworden, viele weltliche Melodien haben Aufnahme unter die Kirchenlieder erlangt, — später ertönten katholische Antiphonien als protestantische Choräle." —

„Die Musik soll immerdar Musik bleiben, mit Ausschluß jeder überflüssigen und schädlichen Deutung." — —

Liszt war es mit dem ‚Königsliede' ergangen, wie Wagner mit dem ‚Kaisermarsche': die Nation wollte in beiden Fällen von dem ihr durch den Genius zugedachten Geschenke nichts wissen.

Als man später — 1885 — Liszt durch eine Aufführung des ‚Königsliedes' mit dem ‚Tasso' zusammen versöhnen wollte, blieb er dieser Vorstellung des Operntheaters fern.

Sein trautester Aufenthalt in Budapest war die Franziskanerkirche; seine Lieblingsplätzchen und Lieblingsbilder darin hat er mir noch am Tage vor seinem letzten Scheiden aus dem Heimatlande in rührender Pietät gezeigt.

Zum letzten Male kam er mit dem Volke seiner Heimat im Herbste 1884 in engere Berührung bei einem Besuche, den er seinem lieben Schüler, dem Grafen Géza Zichy auf dem Landgute Tetétlen, gönnte.

Für den herzlichen Empfang der Dorfbewohner dankte Liszt damals, indem er vor den einfachen Bauern spielte und nicht müde wurde, sie und ihre Kinder selbst mit Speise und Trank zu bedienen.

Ein schneeweißer Mann sprach dabei gerührt zu ihm die Worte: ‚Wie man dich nennt, hat uns der Graf gesagt, was du kannst, hast du uns gezeigt — was du aber bist, das haben wir erkannt und darum möge dich der große Gott der Ungarn segnen!'

Eine hübsche Illustration der ganzen ungarischen Sachlage hat 1886 eine Bäuerin geliefert, die am National-Operntheater vorüberging und das schöne Monument Liszts, mit welchem Bildhauer Strobl den Eingang geziert, ihrem Kinde mit den freudigen Worten zeigte: ‚Da schau her, da sitzt der Liszt!' — Dann aber bei dem vis-à-vis befindlichen Standbilde Erkels anlangend, in die erstaunte Frage ausbrach: ‚Ja, wer ist denn jetzt das? —

Dabei war Liszt die meiste Zeit seines Lebens außerhalb Ungarns gewesen, der offizielle ungarische Nationalkomponist jedoch fast stets in heimischem Gaue verblieben!

Liszts Natur eignete sich — wie seine Tochter Cosima bemerkte — nicht für ein auf ‚herkömmliche Gegebenheiten erbautes Leben'.

Zu den ersten Aristokraten von Paris, die 1828 den Klavierunterricht Liszts begehrt hatten, zählte die Gräfin Saint-Cricq, die Gattin des Handelsministers Martignac's.

Wenn ihr 1811 (im selben Jahre wie Liszt) geborenes Lieblingskind Carolyne seinen Unterricht genoß, rückte sie gerne zum Flügel heran und lauschte in Sympathie nicht nur seiner Lehre, sondern seinem ganzen Kunstfühlen, so oft er es in Worten aussprach.

Die jungen Herzen der Schülerin und des Lehrers einten sich bald in reiner Kunstbegeisterung, ohne daß sie ihre heiligen Empfindungen sich gestanden hätten.

Als die Mutter im Sterben lag, war es ihr Segen, der das Bündnis weihte.

Da sie gestorben, kettete das gleiche Gefühl der Trauer — Liszt beklagte den eben erlittenen Verlust des Vaters — die Seelen um so fester aneinander.

Der Schmerz löste ihre Lippen.

Doch der nüchterne Vater Carolynens, mit allen Traditionen des exklusivsten Adels verwachsen, wies dem Klavierspieler die Türe und nötigte sein Kind, das im Kloster dem Irdischen zu entsagen gedachte, den Landwirt d'Artigaux, einen reichen Gutsbesitzer in der Nähe von Pau, zu ehelichen.

Beide Seelen konnten die Trennung auf prüfungsreichem langem Lebenspfade nie verwinden!

Als sie sich nach sechzehn Jahren wieder begegnen sollten, hatte sie das Leben wohl gehärtet, ihre innersten Gefühle aber erkannten sie unverändert als jene ihrer Jugendzeit.

Liszt hat damals aus furchtbarer Wirklichkeit heraus die Klänge seines erschütterndsten Liedes: ‚Ich möchte hingehn!' — geboren, eine Klage, die er als sein „jugendliches Testament" bezeichnete.

Das Bewußtsein, Ihm, — an den sie — wie sie sagte — ein Band ‚himmlischer Brüderschaft' knüpfte — nicht angehören zu dürfen, hatte endlich Carolynens Leben geknickt.

‚In der Tränentaufe unendlicher seelischer und körperlicher Leiden' reifte sie der Ewigkeit entgegen.

Liszt war der einzige leuchtende Stern ihres Daseins geblieben.

Den Tod in der Seele, betete sie für ihn: ‚Mein Gott, belohne reichlich seine beständige Unterwerfung unter deinen Willen!' – seine Taten aber bewahrte sie sorgsam in ihrem Herzen.

Fürstin Wittgenstein wurde auch ihr, wie jedem, der Liszt liebte und erkannte, eine treue Stütze.

Seit sie in Paris Carolynens persönliche Bekanntschaft gemacht hatte, verehrte sie ihre Namensschwester, — die ihr wahrlich schreiben durfte: ‚Wir lieben ihn, wie er geliebt zu werden verdient!' — wie eine Heilige.

Liszt, dessen Seele „bei dem Namen Carolyne erzitterte", wünschte in seinem Weimarer Testamente der Freundin einen als Ring gefaßten Talisman zuzuwenden.

Da Carolyne d'Artigaux im Mai 1872 ihren Geist aushaucht, äußert er der Fürstin:

„Sie bedeutete eine der reinsten Offenbarungen des Segens Gottes auf Erden. Die Freude der Welt berührte sie nicht und die Unendlickeit allein war ihrer erhabenen Seele würdig." —*)

*) Siehe La Mara: ‚Aus der Glanzzeit der Altenburg.' Breitkopf & Härtel.

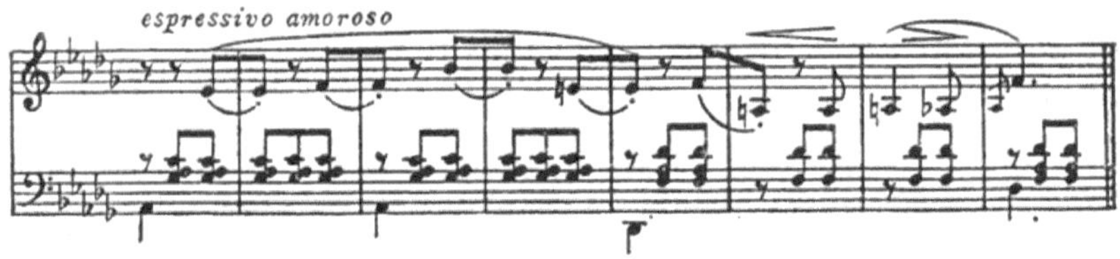

Von seinem ersten Erscheinen in der Öffentlichkeit an bis zum Tode begleiteten edelste Frauen ebenso wie stürmische Bacchantinnen Liszts Lebenslauf, der eine Odyssee von Liebe wob.

Die ersteren hielt er für „die notwendigen Erzieher der Männer, weil sie durch ihre Liebe leicht und sicher erraten, was diesen frommt."

Die letzteren ‚hatte er nicht gerufen', wie ihm sogar Fürstin Wittgenstein bestätigte.

Seine „biographische Seite", versicherte er einst, liege „ganz außerhalb der deutschen Sittlichkeit" und „dem ersten Helden- und Liebhaberfache" konnte er „trotz ehrlicher Versuche" nie ganz entsagen.

Doch nie vermochte seine Leidenschaft sein Edel-Selbst zu verzehren.

An den Triumphwagen seiner Jugend hatte sich begeistert auch George Sand gespannt, die 1835 seine moralische Stütze angerufen.

Sie blieb ihm persönlich unsympathisch und ihr Girren suchte er „kameradschaftlich" mit Pfeifen zu stillen, die er ihr zum Geschenke brachte.

Als er sie kennen gelernt, war er vielmehr der geheime Freund der pikanten, lebensfrohen Komtesse Laprunarède, späteren Duchesse de Fleury, auf deren Alpenschlosse er sich einen Winter lang selig hatte einschneien lassen.

Seiner Gunst sich rühmen zu dürfen, blieb ja der Ehrgeiz der Tagesmode des damaligen Pariser Parketts.

Dessen Narkosen gab er sich in der Saison 1833/34 trotz anfänglichen Widerstrebens ganz gefangen im Salon der Comtesse d'Agoult. — — —

GRÄFIN D'AGOULT

Nach einem Gemälde von Lehmann

Marie, Vicomtesse de Flavigny, wurde am 15. August 1805 als drittes Kind eines Emigranten geboren, der nach Frankfurt a/M. gezogen war, um dort Soldaten für die französische Armee zu werben, wofür er ins Gefängnis geworfen wurde.

Derselbe hatte die glühende Liebe einer achtzehnjährigen Witwe entfacht, die sich mit ihm so lange einsperren ließ, bis ihre Eltern seine Befreiung durchsetzten und die Einwilligung gaben, ihn zum Schwiegersohne zu nehmen.

Der Vater dieser Romantikerin war der reiche Bankier Simon Moritz Bethmann, dessen Vorfahre nach den einen Berichten Schimsche Naphtali Bethmann, ein Frankfurter Handelsmann, nach andern der Patrizier Bethmann-Hollweg gewesen, der zu Beginn des 18. Jahrhunderts seines protestantischen Glaubens wegen aus den Niederlanden vertrieben worden war.

Die Eltern Mariens gingen auf ihr Schloß Mortier nach Frankreich zurück — nach dem Tode des Vaters aber kam das liebreizende Mädchen wieder nach Frankfurt a/M., wo bald Goethe zu den Bewunderern seiner Anmut zählte.

1827 reichte Marie dem um zwanzig Jahre älteren Hofmanne Grafen Charles d'Agoult ihre Hand, — eine Konvenienzheirat, die ihrer phantastischen Eitelkeit in der Pariser Gesellschaft eine erste Stellung versprach.

Als die musikalische Gräfin ihre Salons der Aristokratie der Geburt und des Geistes öffnete, wollte sie auch Liszt in ihre Kreise ziehen. Dieser aber zeigte zunächst vorsichtige Zurückhaltung.

Berlioz hatte ihn gewarnt, und die Gräfin, die durch Liszts anfängliche Kälte noch mehr gereizt wurde, mit den

Worten geschildert: ‚Sie ist eine berechnende Schönheit, die mit den Wogen des Mannes steigt, ihm aber im Unglücke kalt gegenüber steht. Sie hat Geist und Feuer, aber nicht Wahrhaftigkeit.‘

Doch der strahlende Zauber der Gräfin siegte und Liszt blieb durch zehn Jahre ihr Gefesselter.

„Sie war so graziös,“ — sagte er noch in späten Tagen.

Als 1834 die Beziehungen begannen, waren der Ehe mit dem Grafen drei Kinder erblüht, deren ältestes, Louison, jetzt starb.

Die heiß erwachte Leidenschaft schien der Schmerz zu dämmen. Liszt hatte das Gefühl, entfliehen zu müssen und zog 1835 nach der Schweiz.

Eines Tages, als er in Bern an seinem Schreibtische sitzt, wird plötzlich die Tür aufgerissen und die Gräfin fliegt ihm mit den Worten an den Hals: ‚Nun hast du mich ganz!‘ worauf Diener Koffer um Koffer in die Wohnung schleppen. —

Die Mutter, die sie begleitet hatte, fährt allein nach Paris zurück.

Glücklichste Zeiten mit der Gräfin folgen in Genf und Italien.

Ihre „himmelentflammten Reize“ beflügeln Liszts Seele „zur Andacht“.

In Genf wird ihm am 18. Dezember 1835 seine Lieblingstochter Blandine geboren.

Seinem Vaterglücke entstammt das intime Stimmungsbild:

BLANDINE OLLIVIER

Nach einem Gemälde von Lehmann,

„Genfer Glocken“*) und sein erstes Lied: ‚Angiolin dal biondo criu‘ („Englein hold im Lockengold‘ — — —).

Am 25. Dezember 1837 erblickt zu Como eine zweite Tochter das Licht der Welt —: die Frau, für die ein Siegfried-Idyll komponiert werden sollte, — die einstige Erhalterin Bayreuths.

Sie wird Cosima genannt, nach einem nur einmal aufgeführten Renaissance-Drama George Sands, in dem eine Florentinerin zwischen zwei Männern hin und her gezerrt wird.

Zum Schutzheiligen ihres zweiten Kindes erwählen die Eltern den hl. Cosmus, „einen arabischen Arzt des dritten Jahrhunderts, der mit Damianus für Glauben und Taten zuerst ertränkt, dann verbrannt, und als alles nichts fruchtete, endlich geköpft wurde! —“

‚Moucheron‘ — wie Blandine — sein goldig Blondchen — genannt wurde — war im Äußern ganz die Mutter, hing aber besonders am Vater.

Sie hatte „einen Teint von Milch und Rosen und blonde Haare bis auf die Fersen“.

Mit drei Jahren erhielt das entzückende Kind „von gewissen Stellen der Schumannschen ‚Kinderszenen‘ solch starken Eindruck, daß es den Vater, wenn er diese des Abends spielte, „wohl zwanzigmal bat, sie zu wiederholen“. —

‚Cosinette‘, in der Erscheinung mehr der Vater**), war am meisten der Mutter zugetan, die sie zur Künstlerin bestimmt erachtete.

Auf römischem Boden endlich ward Liszt am 9. Mai 1839 ein Sohn, Daniel, geschenkt, „ein edles, liebes Kind“, das beim Mahle oft zum Vater eilte, ihn innig umhalste und ihm Stirn und Lippen zu küssen nie müde wurde.

---

*) mit der Widmung: „à Blandine . . .“ und dem Zitate aus Byrons ‚Childe Harold‘: ‚Sind Berge, Wellen und Winde nicht ein Teil von mir, wie ich von ihnen?‘ ‚Ich lebe nicht in mir, ich bin ein Teil von Allem.‘ —

**) der Vater nannte sie seine „jüngere Linie“ und Wagner bedeutete sie ‚Liszts wiedergeborenes, innigstes Wesen‘. —

Am 9. Juni 1839 schreibt seine Mutter aus Albano an George Sand: — — — ‚Eigentlich hatten wir die Absicht, im Laufe dieses Sommers dem Sultan unsere Aufwartung zu machen. Aus der Reise ist aber nichts geworden: — — — a little fellow, den ich hier in die Welt zu setzen die Laune hatte, hindert unser Vorhaben.‘

‚Der Range verspricht sehr hübsch zu werden — die Milch der schönsten Palestrineserin ist seine Nahrung.‘ — —

‚Leider ist Franz wieder einmal recht melancholisch. Der Gedanke, nun Vater dreier kleiner Kinder zu sein, scheint ihn zu verstimmen.‘ — — — — —

Liszt legalisierte seine Kinder sofort und hinterlegte jedem derselben ein kleines Vermögen, wie er es während seiner Konzertzeit auch für seine Mutter schon getan hatte.

Die vollkommene Sicherstellung des Wohles der Seinen blieb ihm Lebenspflicht.

Nur zu bald mußte er einsehen, daß der theatralisch und heftig angelegten Gräfin die „noblesse de coeur“ fehlte.

Mit zärtlicher Liebe an seinen Kindern hängend, hatte er die Äußerung der Mutterliebe seitens der Gräfin anders erwartet.

Tiefe Seelenklüfte vermochte bisher glühende Leidenschaft zu verhüllen.

Sie wurden immer offenbarer, als sich die Gräfin zur Muse Liszt zu posieren gedachte, — sie, die einst ausgerufen: ‚Ich verstehe gar nicht, wie man auch nur glauben kann, daß man glaubt!‘ —

Der innerlichen Trennung der beiden Naturen, die unaufhaltsam fortschritt, entsprach die äußerliche, durch Liszts Konzertreisen gebotene.

Sehr zu seinem Schaden hatte es die Gräfin zwar noch durchgesetzt, Liszt 1841 auf seiner verunglückten englischen Reise zu begleiten. Die Entfremdung ward dadurch gesteigert

Einem Aufenthalte auf Nonnenwerth waren die spezifischen d'Agoult-Lieder: ‚Die Zelle von Nonnenwerth‘, und ‚Vergiftet sind meine Lieder!‘ entsprossen.

COSIMA UND BLANDINE LISZT IM JAHRE 1846

Zeichnung von Henri Lehmann, einem in Paris seinerzeit sehr angesehenen Maler, der viel bei der Gräfin d'Agoult verkehrte — vielleicht mehr, als Liszt angenehm war. Als deren Pamphlet ‚Nelida' (— der Titel bildet ein Anagramm ihres Schriftsteller-Namens ‚Daniel'—) erschienen war und Liszt darin in einen Maler ‚Guermann' verwandelt wurde, frug ihn ein indiskreter Freund, was er zu dem sensationellen Buche sage. Liszt antwortete mit gewohnter Schlagfertigkeit: „Ce pauvre Lehmann!"

Ersteres zählte zu Liszts liebsten Werken — seinem romantischen Zauber gab er sich bis ans Ende gern gefangen. Das letztere aber war den Zerwürfnissen mit der Mutter seiner Kinder entsprungen, die als gescheiterte Muse Liszts seine ‚Hugenotten-Fantasie‘ als Krone seines Schaffens betrachtete und sich auf der poetischen Rheininsel nun vom Fürsten Lichnowsky als Rheinnixe hatte feiern lassen.

„Ihre schönen Augen blieben immer dieselben, — auch im Zorne. Ich hatte so viel von ihnen erwartet und sie erwiesen sich als ganz triviale, herzlose Alltagsaugen“ — hat Liszt später gestanden.*) Ihm war es eine Beruhigung, die herrlich aufblühenden Kinder unter dem Schutze der Großmutter zu wissen. — Die Gräfin erklärte, deren bürgerliches Haus nicht als das ihre ansehen zu können, worauf ihr der Sohn erwiderte: „Da haben Sie recht, Madame, denn das Haus meiner Mutter ist ein Heiligtum, in dem sich meine unschuldigen Kinder wohl fühlen werden.“ Sie aber meinte, man kenne doch den ‚ungarischen Dorfburschen‘ ‚trotz der französischen Glasur‘ immer wieder.

Damit vollendete sich der Bruch.

Zudem war die Gräfin, die es bisher geduldet, daß Liszt von den 300 000 Francs, die sie jährlich verausgabte, 280 000 allein trug und ihren intimen Verpflichtungen aus der Zeit vor seinen Beziehungen in der diskretesten Weise nachkam, — durch den Tod ihrer Mutter in den Besitz eines großen Vermögens gelangt und gefiel sich jetzt darin, als Novellist ‚Daniel Stern‘ wieder ein eigenes Heim zu gründen. —

Ihn grundlos einer Neigung zu George Sand und eines Verhältnisses zu Lola Montez bezichtigend, verkündete sie Liszt eines Tages hochmütig ihre Lossagung.

Was ihr mehr Spiel schien, war ihm voller Ernst.

In stolzen Worten nahm er die Absage an — trotzdem für sie bis an ihr Ende in zartester Weise besorgt bleibend.

*) Ein Habitué ihres Salons sagte von ihr: ‚Sie hat einen deutschen Blick und ein französisches Lächeln.‘ Als sie Trisonow in seiner Liszt-Biographie ‚eine vollkommene Schönheit ohne gleichen‘ nannte, setzte Liszt die Randbemerkung zu: „Sie war nur schön.“ —

Mit seinen Kindern verknüpfte den Vater stets das innigste Herzensband, wie dies einige Briefe bezeugen, deren Mitteilung Frau Wagner zu danken ist.*)

Am 5. März 1845 bittet er die Kleinen aus Gibraltar, sie möchten sein Namensfest „nach Herzenslust" feiern, geschmückt mit Blumen, die ihnen Großmütterchen geben würde und seiner in der Kirche St. Vincent de Paule gedenken, wo er oft gebetet habe.

Wenn sie noch nicht so weit in der Kalligraphie wären, möchten sie ihm schreiben lassen, wie sie den Tag verbracht hätten.

Er werde, wenn er selbst nicht nach Paris könnte, sie mit seiner Mutter zu sich kommen lassen, da er es kaum zu erwarten vermag, sie wiederzusehen.

Aus Schloß Kryzanowitz ruft er ihnen am 25. Mai 1846 zu:

„Kinder, ich bin müde, müde — — laßt mich Euch sagen, daß in der reinsten Tiefe meines Herzens Euer Bild beständig lebt. Eine feste Zuversicht in Eure Zukunft verläßt mich nie! Ihr werdet lieb, gut, vernünftig handeln und wandeln! Ihr werdet mich einst lieben und verstehen — — — — und wenn ich dann nicht mehr unter Euch sein kann, so wird Euer Gebet noch meinem Grabe Versöhnung und Ruhe bringen."

„Seid gut unter Euch, seid drei mit einem Herzen, einer Hoffnung!"

*) Vergl. ‚Bayreuther Blätter' 1900.

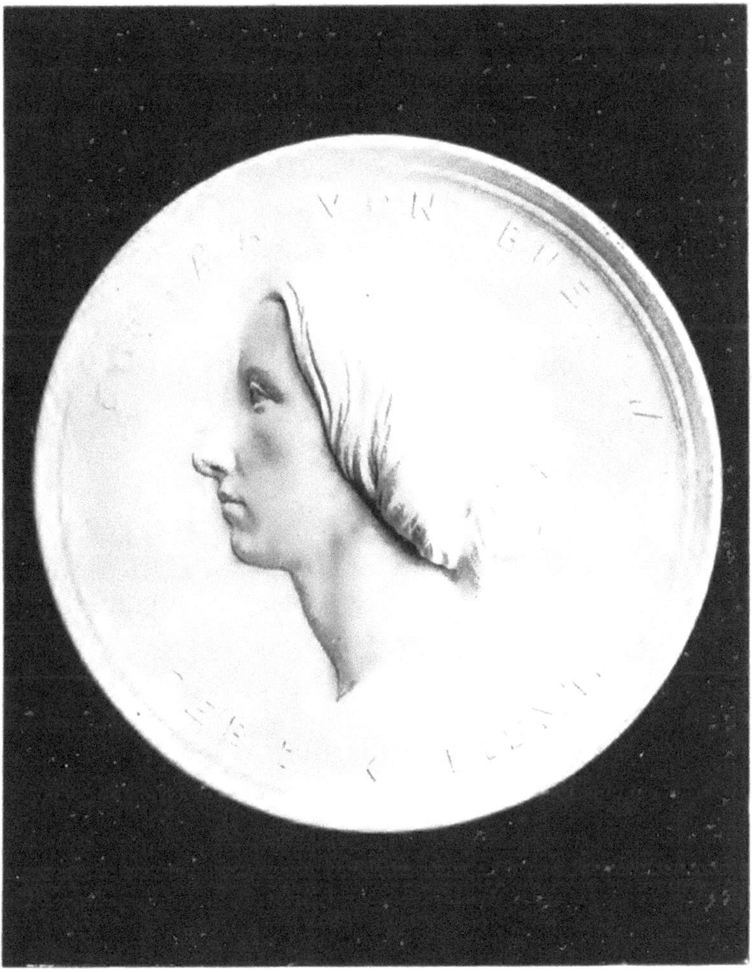

COSIMA V. BÜLOW

Am Tage ihrer ersten Kommunion, im Juni 1849, segnet er die Kinder „in tiefster Seele“ und ermahnt sie: „Betet für Eure Mutter, Großmutter und für mich, der Eures Gebetes am bedürftigsten ist.“

Nach dem Bruche mit der Gräfin – 1844 – zog sich Liszt nach la Chênaie zu seinem väterlichen Freunde Lamennais zurück.

Die Töchter gab er zunächst in das Institut der Mme Bernard in Paris, Daniel blieb bei der Großmutter, bis er in das Lycée Bonaparte dortselbst eintrat.

Später wurde seinen Kindern die Fürstin Wittgenstein – wie Liszt in seinem Testamente bekundet – „unter den schwierigsten und mühseligsten Umständen, in Gedanken, Worten und Werken eine Mutter nach seinem Herzen“*).

Liszts Wunsch, seine Töchter in der Folge im Hause der edlen Freundin Julie Ritter zu Dresden unterzubringen, konnte leider nicht erfüllt werden und die Mädchen kamen im Jahre 1855 in Obhut der Mutter Bülows nach Berlin, wo sie Hans als ihr musikalischer Lehrer zu ‚guten Propagandisten der Zukunftsmusik‘ erzog, wie er selbst erzählt hat.

Am 13. Juni 1856 berichtet derselbe an Frau Laussot:**) „Diese wunderbaren Mädchen tragen ihren Namen mit Recht. Voll Talent, Geist und Leben sind sie interessante Erscheinungen, wie mir selten vorgekommen. – – Mich geniert ihre offenbare Superiorität und die Unmöglichkeit, ihnen genügend interessant zu erscheinen.“

---

*) Sie erwählte ihnen zur Erzieherin Mme Patersi, jene Frau, der sie die Pflege ihrer eigenen Jugend dankte.

**) Siehe H. v. Bülows Briefe u. Schriften. (Herausgeg. v. M. v. Bülow) 3. Bd. Breitkopf & Härtel.

Cosima wurde Kompositionsschülerin von Weitzmann und in ihrem Klavierspiele unter Bülows Leitung, wie dieser sagt: ‚Liszt in eigenster Person.‘

Freunde fanden, daß Cosima ‚noch schöner spiele, als Herr v. Bülow‘.

Berlioz bedeutet sie ‚eine Persönlichkeit von seltener Vornehmheit, deren Verehrung für Liszt jedes ihrer Worte offenbare.‘

Wagner bezeichnet sie als — ‚unerhört seltsam begabt, Liszts wunderbares Ebenbild.‘

Nietzsche war sie ‚die bestverehrte Frau, die es in seinem Herzen gab‘. —

Der Vater nennt sie: „ma terrible fille“ und meldet befriedigt von ihr: „in Sachen des guten Geschmackes erkennt man meine Tochter überall als Autorität an.“ Mit Stolz weiß er in seinen Briefen manch geistvollen Ausspruch der Tochter mitzuteilen. So hebt er an die Fürstin Wittgenstein besonders die Äußerung derselben hervor: ‚Nach welcher Seite man auch die Fackel drehe — die Flamme richtet sich empor und steigt gegen Himmel.‘

Am 18. August 1857 reichte Cosima Liszt in der Hedwigskirche zu Berlin Hans von Bülow die Hand, der sie in seinen Mitteilungen als ‚einen Engel an Geist und Herz‘ bezeichnet.

Blandine heiratete am 22. Oktober 1857 (Liszts Geburtstag) zu Florenz den Staatsmann und Schriftsteller Emile Ollivier, späteren Justiz- und Kultusminister unter Napoleon III.

Ihre Briefe zeugen von liebevollster Anhänglichkeit an den Vater.

COSIMA V. BÜLOW

Sie spricht von ihm — wie Berlioz berichtet — ‚stets mit einer zärtlichen Bewunderung, die alle entzückt, die dessen Zeuge sind.‘

Als sie einem Kinde, Daniel (— jetzt ein geschätzter Pariser Advokat —) das Leben schenkt, berichtet sie dem Großvater rührend schlicht, wie sie aus Linnen, die Liszt getragen und die ihr seine Mutter gegeben, dem Kindlein Hemdchen nähe, um ihm Glück zu bringen.

In ihrem letzten Schreiben zu seinem Namenstage — sie starb am 11. September 1862 auf ihrem Landgute bei St. Tropez — nennt sie Liszt ‚die Inkarnation des Ideals‘.

Daniel Liszt sollte zuerst Maler werden, widmete sich aber krankheitshalber dem Rechtsstudium und wollte sich zur diplomatischen Laufbahn in Wien vorbereiten, wo ihn die Familie Ed. v. Liszt's treu umsorgte und Peter Cornelius sein Freund wurde.

„Er war von allen geliebt, die ihn kannten“ — und Liszt so sehr ähnlich, daß seine Mutter im Anblicke des Jünglings die Gefühle wieder erwacht fühlte, die sie einst dem Vater geeint hatten. — —

Als er in Paris den ersten Geschichtspreis errungen, schreibt ihm Liszt am 22. August 1852 aus Weimar:*) „Du würdest nicht mein Sohn sein, wenn Du nicht von aufrichtiger Liebe zur Arbeit erfüllt wärest.“

„Sage Dir immer, daß nur fortgesetzte Arbeit, immerwährendes Streben dem Manne Freiheit, Moral, Geltung und Größe erringen.“ —

*) Siehe Bayreuther Blätter 1900.

„Sie ist unser Beruf auf Erden, unser Ruhm, unser Heil!"

„Mache Dich daran, im nächsten Jahre zwei erste Preise zu erringen, und sei gesegnet für die Freude, die Du mir bereitet."

In einem Briefe an Daniel vom 20. April 1854 bedauert der Vater den eigenen Mangel an regulären Studien und sagt:

„Vom 12. Jahre an war ich verpflichtet, meinen und meiner Eltern Lebensunterhalt zu verdienen, wodurch ich musikalischen Studien obliegen mußte, die meine ganze Zeit bis zum 16. Jahre in Anspruch nahmen. Nun begann ich Klavier, Harmonie und Kontrapunkt zu lehren und mich so gut es ging als Virtuose in den Salons und in der Öffentlichkeit zu produzieren."

„Wirklich gelang es mir, in kurzer Zeit eine einträgliche Stellung zu erringen und eine Spezies künstlerischer Persönlichkeit darzustellen."

„Dessenungeachtet taugte es mir bald besser, mich der Ausbildung meines Geistes zu befleißigen und auf diese Art mich auf das Niveau der Kenntnisse jener auserlesenen Männer zu stellen, mit denen zu verkehren ich in sehr jungen Jahren den Vorteil hatte, und deren mehrere mich ihrer Freundschaft würdigten."

„Ich lernte über verschiedene Materien nachdenken und vervollkommnete mich durch aufmerksame Lektüre, so daß ich meinen Mangel an positiven, regelmäßigen Studien ersetzte und mich dadurch von anderen Leuten meines Berufes unterscheiden konnte, die, statt auf große Dinge nur auf ihre Sechzehntelnoten bedacht sind und in der Kleinheit des bürgerlichen Lebens dahintrollen."

„Für Dich, mein lieber Daniel, der Du die besten Beziehungen hast, ziemt es sich, daß Du viel länger und mehr lernst, als Dein Vater in diesem Alter lernen konnte!" —

Der Jugend seines tiefsinnigen, bald von seelischen Konflikten zerwühlten Sohnes „fehlten die schönen Seiten".

Im Jahre 1859 dachte Daniel als Universitätsstudent die Weihnachtsferien bei seiner Schwester Cosima in Berlin zu

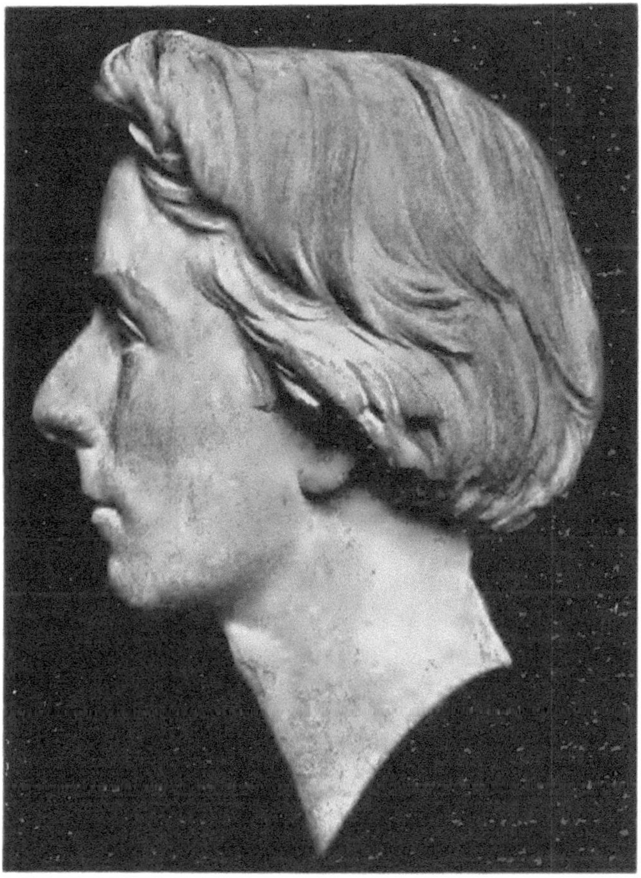

DANIEL LISZT

verbringen, wo er schon 2 Monate früher 8 Wochen hindurch krank gelegen, erkrankte dort aber an seinem Brustleiden neuerdings und starb am 13. Dezember, nachdem der Vater durch sein eiliges Kommen ihm die letzte Lebensfreude bereitet hatte.

Der Tod kam zu ihm — wie H. v. Bülow berichtet hat — ‚nicht in seiner christlichen Mißgestalt, sondern als griechischer Jüngling mit ausgelöschter Fackel'.

Ohne Todeskampf, mit vollem Bewußtsein nicht seines Todes, sondern seines neuen Lebens — war Daniel erloschen.

Die letzten Worte des Scheidenden zu seinen Angehörigen lauteten: ‚Ich gehe, Eure Plätze vorzubereiten!'

Charakteristisch für Liszts Denkungsart ist, daß er, trotz des Drängens der Fürstin Wittgenstein, seinem Sohne die letzten Stunden des Aushauchens nicht durch die letzte Ölung erschwerte. „Denn," schreibt er ihr, „Daniel ist längst für den Himmel vorbereitet gewesen." — —

Liszt hielt sich verschlossen, würdig, wie immer, wenn er am tiefsten empfand, wenn das Herz ihm überfloß, und er von seinem Schmerze nur in Musik, seiner „Muttersprache", reden konnte.

Er schuf den ‚13. Psalm' und gedachte des Verklärten in der zu seiner Erinnerung geschriebenen Oration: ‚Les Morts', welche diesen Blättern beigegeben ist.

Als er derselben später eine zweite ‚Trauer-Ode' — eine Ausgestaltung seines ‚Penseroso' unter dem Titel ‚La Notte'*) folgen ließ, eine Tonpoesie, deren träumerisch verklärter zweiter Teil wie in seliger Kindheitserinnerung Grüße der ungarischen Heimat bringt (er zeigt die Worte beigesetzt: „Dulces moriens reminiscitur Argos!" — —**) fügte er im Juni 1864 der Partitur folgenden Wunsch bei: „Falls bei meiner Beerdigung Musik stattfinden sollte, bitte ich dieses Stück und

*) auf die gleichnamige Schöpfung Michel Angelos in der Mediceergruft zu Florenz sich beziehend.

**) vergl. das Motiv auf S. 123.

etwa eine von mir früher komponierte Oration, „Les Morts“ betitelt, vorzutragen.“ — —

„Weinen“ blieb „seine Seligkeit in dieser Welt.“

Während es Liszt durchgesetzt hatte, die Gräfin d’Agoult mit ihrer Familie zu versöhnen, suchte sie nach dem Bruche ihm bei seiner Rückkehr nach Paris eine künstlerische Niederlage zu bereiten.

Da dies nicht gelang, schrieb sie 1845 ihren berüchtigten Roman: ‚Nélida‘, in welchem sie den traurigen Mut zeigte, ihr Verhältnis zu Liszt (Guermann) zu entblößen und den ritterlichen Charakter des Vaters ihrer Kinder zu erniedrigen.

Liszt ließ sich dazu nur vernehmen: „Zum Glücke bleibt ihre Überlegenheit als Staatsrechtkundige unverletzt!“ —

Als der eifersüchtigsten Nebenbuhlerin G. Sands trotz aller Pikanterien die erhofften Roman-Lorbeeren ausgeblieben waren, hatte sie sich nach der Februar-Revolution auf das Gebiet der Politik geworfen. Nunmehr als Demokratin ins Fach der gelehrten Damen übergegangen, errang sie mit ihrer ‚Geschichte der Anfänge der Republik in den Niederlanden von 1581—1625‘ einen Preis der französischen ‚Akademie der Wissenschaften‘.

Da H. v. Bülow im Jahre 1858 seine Schwiegermutter kennen lernte, frappierte sie ihn durch ihre ‚unverkennbar große Ähn-

GRÄFIN D'AGOULT

lichkeit mit Liszts Profil und Ausdruck', so daß ihm 'Siegmund und Siegelinde unmittelbar in den Sinn' kamen. —

Im Juni 1861 sah Liszt die Gräfin in Paris wieder.

„Nélida" — wie er nunmehr zu sagen pflegte — machte ihm damals aufs neue zum Vorwurfe, daß er Cosima verhindert hätte, ihrem innersten, wahrsten Berufe, der Künstlerlaufbahn, zu folgen, die sie immer noch für ihre Tochter am geeignetsten hielt.

Liszt war anderer Meinung, und sogleich offenbarte sich der tiefeingewurzelte Gegensatz beider Naturen aufs neue, namentlich das auf Seite der Gräfin unbegründete Mißtrauen in Liszts beste Absichten.

Er zeigte ihr, wie er — entgegen ihrer Voraussage — seinen Idealen treu geblieben war, um „ohne Anhänger und Zeitungen" seinen Weg fortzusetzen.

„Sie war von der freiwilligen Absonderung, in der ich mich halte, von der seltsamen Folgerichtigkeit, welche sich in meinem künstlerischen Leben in der Tat findet, betroffen und fühlte sich von der konsequenten Fortdauer meines Ichs, das sie so hassenswert gefunden, plötzlich so gerührt, daß sich ihr ganzes Gesicht mit Tränen bedeckte" — berichtet Liszt der Fürstin Wittgenstein.

„Ich küßte sie — zum ersten Male seit langen Jahren — auf die Stirne und sagte zu ihr: Bitte, Marie, lassen Sie mich zu Ihnen in der Sprache der Bauern reden: Gott segne Sie! Wünschen Sie mir nichts Böses!"

„Sie konnte mir in diesem Augenblicke nichts antworten, aber ihre Tränen flossen reichlicher."

„Indem ich die Treppe hinabging, erschien mir das Bild meines armen Daniel! — — Es war in keiner Weise die Sprache von ihm gewesen während der drei oder vier Stunden, während welcher ich mit seiner Mutter geplaudert hatte!!"*)

1866 las Daniel Stern dem Meister seine Memoiren vor und bat ihn um einen passenden Titel hierfür. Liszt fand

*) Siehe La Mara: Liszts Briefe an Fürstin Wittgenstein, 2. Teil, Breitkopf & Härtel.

ihn nach den ersten 30 Seiten in den Worten: „Poses et mensonges". —

Eine Fortsetzung ihres geistigen Verkehrs erschien ihm nach alldem zuletzt „eine Immoralität". — —

Am 5. März 1876 verschied die Gräfin nach kurzem Krankenlager an einem Brustleiden.

Die Augenblicke des Scheidens bewachte ihr letzter Freund Louis Ronchaud.

Am Père Lachaise hielt ihr, wie sie wünschte, Pastor Fontanès die Leichenrede*).

Ihren literarischen Nachlaß vermachte sie ihrem Enkel Daniel Ollivier.

Als sie geschieden war, wußte Liszt „sie nicht mehr zu bedauern, als zu ihren Lebzeiten", denn, „von Hypokrisie möge er nichts wissen", versicherte er darauf bezüglich.

Sie hätte, sagte er, „besondere Vorliebe für das Falsche" gehabt, „außer in Momenten der Ekstase, an die sie sich später nicht mehr habe erinnern wollen".

„Das Gedächtnis, welches ich ihr bewahre" — gestand er — „ist ein schmerzliches Geheimnis, das ich Gott anvertraue, ihn bittend, der Seele der Mutter meiner drei Kinder Frieden und Licht zu verleihen."

„Daniel Stern" — bemerkt Liszt weiter — „schreibt in seinen ‚Esquisses morales': die Verzeihung sei ‚nichts als eine Form von Verachtung.' Das ist anmaßend und falsch. Die Wahrheit von der Süße des Vergebens predigt uns vielmehr das Evangelium."

„Laßt uns also beten: Vergib uns unsere Schulden, wie auch wir vergeben!"

---

*) Beim Tode Henriette Smithsons, der ersten Gattin Berlioz', hatte Liszt an diesen geschrieben: „Sie begeisterte Dich, Du hast sie geliebt, Du hast sie besungen, ihre Aufgabe war erfüllt!" (Siehe G. Prod'homme-L. Frankenstein: Berlioz' Leben und Werke, deutsche Verlagsaktiengesellsch. Leipzig.)

Schon der Dichter Beck klagte, daß ihm Liszt oft im besten Gestehen durch rosige oder betagte Frauen von der Seite gerissen würde.

So blieb es bei dem faszinierenden Wundermanne zeitlebens. Sein dyonisisches Wesen berauschte. –

Wo er sich zeigte, umschwärmten ihn vermeintliche „Schutzgeister“, (die er ängstlich mied, weil man sie, wie er sagte, „wohl estimieren“ müsse, ihnen „aber nichts nachzumachen“ brauche –), liebestolle Circen oder dräuende Weiber.

Die Fürstin Wittgenstein hat tief gesehen, wenn sie von Liszt gesagt hat: ‚er kann nicht nur in der rohen Gesellschaft der Männer leben, – seine Seele, wie sein Körper brauchen weiblichen Umgang und Pflege. Seine Seele ist zu zart, zu künstlerisch, zu empfindungsvoll, um ohne Frauenverkehr zu bleiben. Er muß in seiner Gesellschaft Frauen haben und sogar mehrere, wie er im Orchester viele Instrumente, mehrere reiche Klangfarben braucht.‘

Kurz vor seiner Begegnung mit der Fürstin hatte Liszt vergeblich um die Hand der Nichte Lamartines, Gräfin Valentine Cessiat geworben.

Im Jahre 1849 war er durch Jules Janin im Ambigu-Theater mit Madame Alphonsine Du Plesis, dem Vorbilde von Dumas' ‚Cameliendame', bekannt geworden.

Dieselbe verliebte sich so in Liszt, daß sie ihn zu seiner nicht geringen Verlegenheit durchaus nach Weimar begleiten wollte, was er nur dadurch zu verhindern vermochte, daß er ihr für 1850 eine gemeinsame Reise nach Konstantinopel in Aussicht stellte, vor welcher die Dreiundzwanzigjährige starb.

Als er nach seinem Scheiden von Weimar beim Fürsten von Hohenzollern-Hechingen zu Loevenberg in Schlesien fast ein Jahr verbrachte, besuchte ihn eines Tages ein junger Engländer, in dem sich eine der berühmtesten Sängerinnen Europas barg, die ihm – obwohl von dem eifersüchtigsten Gatten bewacht – nach zwei Jahren in derselben Verkleidung abermals entgegentrat, um den Einsiedler vom Monte Mario bei Rom wiederzusehen.

„In Liebessachen muß man sich glücklich preisen, wenn sie ein schönes Ende nehmen" – scherzte Liszt gelegentlich.

Zur Zeit, da er im Kloster Francesca Romana wohnte, mietete sich nahebei eine Kosakin ein, Gräfin Janina, die als seine Schülerin in Tivoli, Weimar und Budapest nicht mehr von seiner Seite wich.

Sie kompromittierte ihn künstlerisch, wie persönlich in jeder Weise.

Als er sich endlich Luft zu machen suchte, drang sie mit dem Revolver bei ihm ein, der zum Glücke fehl ging. –

Schließlich wollte sie ihn zu Budapest vergiften, – da ihm dies aber nicht paßte, nahm sie allein Gift und Gegengift.

Sodann fühlte sie nach dem Muster Daniel Sterns das Bedürfnis, zwei gegen Liszt gerichtete Pamphlete zu schreiben: ‚Les mémoires d'une Kosaque' und ‚Réponse d'un Pianiste'.

In den Tagen vom 28.—31. Mai 1885 präsidierte Liszt der Tonkünstlerversammlung zu Karlsruhe, wobei er sich als Einleitung zu seinen ‚Prometheuschören' eine Prometheus-‚Ouverture' von Bargiel vorspielen lassen mußte und zum ersten Male mit bewunderndem Befremden ein symphonisches Werk Anton Bruckners, das Adagio der VII. Symphonie, unter Mottl hörte.

Bruckner war ihm stets als Inbegriff der kompositionellen Pedanterie, als eine Art barocker Bauern-Komponist hingestellt worden und von den lapidaren Kirchenwerken des weltabgewandten Wiener Meisters, die den Fein-Reflexiven am sichersten zur Anerkennung des Wild-Naiven geführt haben würden, sollte der Meister von Weimar leider nie eine Note kennen lernen.

Zudem hatte sich Bruckner selbst bei Liszt, der alle Kriecherei haßte, wenig günstig eingeführt, weil er ihn stets devotest mit der Anrede: ‚Euer Gnaden, Herr Kanonikus' begrüßte.

Ihn eigentlich ernst zu nehmen mochte Liszt schwer gelingen, da ihm Bruckner kurz vorher, als er ihn von einer Soiree beim Fürsten Hohenlohe in Wien heimgeleitete, plötzlich mit den Worten auf die Achsel geklopft hatte: ‚Lassen Sie's nur guat sein, Herr Abbé — Sie san halt do der erste, der sich d'Quarten und d'Quinten*) 'traut hat!'

Um so erstaunter war Liszt nun, da ihm in weihevoller Darbietung (— die damals auch R. Pohl und L. Nohl ganz gefangen nahm —) ein Vollerguß Brucknerscher Klangwelt entgegentönte.

---

*) d. h. die verbotenen Folgen solcher.

Von da an schirmte Liszt auch die Muse Bruckners und setzte gelegentlich der nächsten Tonkünstlerversammlung deren Würdigung beim Direktorium des ‚allgemeinen deutschen Musikvereines' durch.

Nach Karlsruhe besuchte der Meister Aachen, Brüssel und Antwerpen, wo überall große Liszt-Konzerte gegeben wurden.

Der Sommer sah ihn wieder in der Hofgärtnerei zu Weimar.

Einer der denkwürdigsten Nachmittage dort war jener des 18. Juni, an dem das Quartett Kömpel Smetanas Streichquartett-Dichtung: „Aus meinem Leben" vorführte, über die Liszt tief ergriffen urteilte: „Das ist ganz einfach sehr schön!"

Vorher war ein rührender Dankesbrief seines vielgeförderten, — von ihm einst aus ärgster Not geretteten Schülers verlesen worden, in dem Smetana das hohe E der ersten Violine im letzten Satze als jenen Lokomotivpfiff deutete, den sein Ohr zu Beginn der Taubheit empfunden hatte.

Liszt gedachte auch des herrlichen Klaviertrios von Smetana und meinte: „Was Smetana verdiente, hat Dvořák geerntet."

Als A. Kömpel, der letzte Schüler Spohrs, hierauf mit seinen Genossen Liszts ‚Angelus' gespielt und mit Beethovens C dur-Quartett geschlossen hatte, kam das Gespräch auf Spohr und Beethoven, der Liszts musikalischer Gott geblieben war.

„Spohrs ‚Faust' habe ich zweimal dirigiert. Er hat etwas furchtbar Fades und Schwerfälliges und ist die schrecklichste Verballhornung Goethes" — äußerte der Meister.

Da Lassen meinte, das Thema der eben gespielten Streichquartettfuge Beethovens sei aus der Egmont-Ouverture, glossierte er — durch Reminiszenzensucht stets geärgert —: „Gar nicht! Es ist aus der C moll-Symphonie oder aus der Cdur-Etüde von Cramer" – dabei spielte er die letztere gleich auf dem Klaviere.

„Dann ist ebenso," fuhr er fort, „auch der Adur-Dreiklang aus ‚Lohengrin', und der Cdur-Akkord mit dem gleichen Rechte aus ‚Freischütz', von dem der Komponist Böhner stets behauptete, das Liebesthema der Ouverture sei ihm von Weber gestohlen worden."

„Gegen Beethoven," rief er, „sind Alle arme Kerls!"

„Oft sing ich mir in schlaflosen Nächten die Adagios seiner letzten Sonaten."

„Er bezeichnete ungeheuer genau. Berlioz war darauf ganz erpicht."

Das Gespräch kam auf die Klavierpartituren der Beethoven-Symphonien, deren Herstellung mit Wiedergabe der geheimsten Züge ihrer geistigen Wirkung Liszt besondere Sorgfalt gewidmet hatte.

„Sie sind in jeder Hinsicht sehr nützlich zu spielen," meinte er. „Man muß diese Werke überhaupt sehr genau kennen!"

„Die ersten Symphonien gelangen mir ganz passabel, nur bei Nummer neun scheiterte ich zuerst. Ich half mir dann mit zwei Klavieren – später hab ich es doch auch für eines fertig gebracht. Ursprünglich dachte ich auch an die Übertragung der Streichquartette, von denen Taussig so klug war, nur einzelne Sätze zu setzen."

„In Paris habe ich schon 1837 mit Urhan und den Brüdern Batta Beethoven-Trio- und Quartettabende gegeben."

„Die Vorschläge Wagners für die Instrumentationsunterstützung bei der IX. Symphonie finde ich ganz süperb."

„Auch ich wollte mir bei diesem und anderen Werken seinerzeit einige Nachhilfe erlauben, da ich aber mit so viel Schikanen und ekelhaften Dingen zu kämpfen hatte, ließ ich's sein."

„Die Beisteuer zum Bonner Denkmal, plauderte er weiter, war auch von seiten der hohen und höchsten Herrschaften eine schäbig geringe. Ich war entrüstet, als ich von den armseligen Sammlungen las und schrieb 1839 von Pisa aus an das Komitee, ich wollte für das Fehlende einstehen. Zugleich sandte ich von Italien aus 7000 Taler."

„Auf der Reise komponierte ich dann 1845 im Waggon meine erste Beethoven-Kantate. Raff schrieb daran 8 bis 10 Stunden täglich."

„Erster Dirigent beim Bonner Feste war Spohr, der die ‚Solemnis' und ‚IX. Symphonie' dirigierte, die er früher noch nicht gekannt hatte, und auf deren Aufführung ich gedrungen hatte."

„Ich war zweiter Dirigent, trotzdem aber ‚Regent von Bonn', wie es hieß."

„Ich spielte das ‚Es dur-Konzert' und dirigierte meine Kantate, die Berlioz sehr gefiel, sowie die ‚Cmoll-Symphonie' und das ‚Fidelio-Finale'.

„Auf meine Veranlassung und meine Kosten wurde der unbrauchbare Reitschul-Saal kassiert und durch Zwirner, den ich aus Köln kommen ließ, in zehn Tagen ein neuer Saal in Gestalt eines Bretterbaues fertig gestellt."

„Schließlich schenkte man mir einen Grund in dem Glauben, ich würde mich in Bonn ansiedeln."

„Für Wien wollten sie mich auch zum Denkmal haben. Dort spielte ich dann ohne den vierten Finger der rechten Hand das ‚Es dur-Konzert', weil mir vormittags der Raseur denselben verletzt hatte. Es sind an 10 000 Gulden eingegangen."

Am Morgen des 18. Juli 1885 begrüßte mich Liszt mit den Worten: „Heute also werden wir Franzen*) sehen."

Auf der Fahrt nach Halle zur Aufführung einer Messe von Grell unter C. Riedel erzählte er manch drolliges Erlebnis aus seinen Verleger- und Konzerterfahrungen.

Von einem bekannten „Reichs-Schmutzian", wie er einen besonders titulierten, deutschen Verleger nannte, berichtete

*) thüringische Ausdrucksweise für ‚Franz'.

er, daß er starb, als er anständig wurde. Über eine einst verbreitete, damals unzulängliche Musikzeitung sagte er, sie erscheine nun „in Quart und Quark".

„Schuberth" — fuhr er fort — „wollte die Robert-Fantasie, nachdem ich sie das erstemal öffentlich gespielt, nicht drucken. Ich hatte sie nämlich nicht gekonnt, auf der Reise schnell geschmiert und die Passagen nicht einstudiert. Es war ein kleiner Durchfall gewesen."

Deshalb tröstete ich Schuberth: „ich werde Ihnen was anderes geben." — ‚Ja, wenn Sie wollten!' — atmete er erleichtert auf. Das zweitemal aber, als ich die Robert-Fantasie spielte, konnte ich sie und hatte damit großen Erfolg. Schuberth griff sich an den Kopf und sagte: ‚oh — —, war ich ein Esel!' —"

„In Paris wurde ich — was damals ganz unerhört war — bei der Stelle, wo ich in der Robert-Fantasie die beiden Themen zusammenbringe, durch einen zehn Minuten währenden Applaus unterbrochen."

„In Leipzig war man bei meinem ersten Auftreten außer sich, weil ich, um den Anschein zu vermeiden, als wolle ich die Presse beeinflussen, keine Freiplätze ausgegeben hatte. Da die Preise verdoppelt waren, lag meine Habgier offen zutage." —

„Nur Mendelssohn und Schumann benahmen sich damals ausgezeichnet. — Später ging dort Brendel für mich durch dick und dünn."

„Belloni, mein seinerzeitiger Konzert-Sekretär, wollte mich stets an den Leuten, die mir Schlechtes getan hatten, rächen. Ich sagte ihm aber: es ist menschlich, — nein, lassen Sie das; so was tue ich nicht."

„Nachdem ich im Leipziger ‚musikalischen Kirchhofe'*) Mitte der fünfziger Jahre die ‚Préludes' und ‚Mazeppa' dirigierte, kam Barthold Senff zu mir und fragte mich, ob es

---

*) So benannte Liszt gerne das alte Gewandhaus mit seinen starren Traditionen.

mir behagen würde, wenn der Flötist Lobe, den ich auf seinen Wunsch von Weimar nach Leipzig gebracht hatte, den Bericht schreiben würde. Statt Lobes Arbeit brachten indes die ‚Signale' einen miserablen Bericht von Bernsdorf, der dann von Ambros etwas verändert in die ‚Wiener Zeitung' aufgenommen wurde. Lobe zeigte mir sein abgewiesenes Manuskript.

„Das war von Senff der Dank dafür, daß ich seinem Verlag meine Mazurka und Rhapsodien geschenkt hatte."

„Später wollte er auch noch das Eigentumsrecht für diese Sachen. Das tat ich aber doch nicht, und heute könnte sie jeder drucken."

„In Berlin gab ich in zwei Monaten 20 ausverkaufte Konzerte und ein Gratiskonzert für die Studenten. Bin noch zehn Mark davon jemandem schuldig, den ich nicht wieder ausfindig machen konnte."

„Der König von Preußen hatte mich persönlich gerne."

„Nach der ‚Somnambula-Fantasie' kam ein Zuhörer zu mir und bat mich, ihm den 6. Finger zu zeigen, den ich, wie verbreitet war, zwischen 4. und 5. Finger haben sollte, um mit ihm den berühmten Triller auszuführen."

„Die Studenten machten einen furchtbaren Tumult und verlangten stürmisch meine Ernennung zum Ehrendoktor. Ich hatte auch im Professorenkollegium eine große Majorität für mich – es war aber Stimmeneinheit erforderlich. Drei Professoren, die gegen mich gestimmt hatten, kamen zu mir und sagten: ‚wir wären im Grunde sehr dafür, aber der Tumult verbietet uns, den Willen der Studenten zu erfüllen'."

„Im selben Jahre wurde ich dann Haydns Kollege als Ehrendoktor der Universität Königsberg."

„Als ich nach Kaschau zu einem Konzerte fuhr, traf ich unterwegs auf der Fahrt einen Wurstfabrikanten, der mit mir darüber verhandelte, ob er nicht seine Fabrikate bei meinem Konzerte in Anwendung bringen könnte. Ja, sagte ich, wir werden freies Entree ansetzen und den Cerclesitzen Schinken, den weiteren Reihen feine Wurstwaren und auf der Galerie Krenn-Würsteln geben."

„Zu Glogau hatten sie ein neues Theater gebaut, das ich durch ein Konzert einweihen sollte. Als ich ankam, führten mich die Honoratioren in den Saal und sagten: ‚o, wir haben gestern schon Probe gehabt.' Ich frug ‚wieso'? — Denn ich spielte zumeist allein. — Ja', antworteten sie, ‚die Leute konnten's nicht erwarten, und da hielten wir eine Sitz-Probe'."

„Mein letztes Konzert zu meinen Gunsten gab ich 1847 in Elisabethgrad."

„Während meiner ganzen Reiseperiode benützte ich den Paß, den mir 1840 die ungarische Hofkanzlei zugestellt, und auf dem der damalige Kanzler Baron Majlath das Signalement meiner Person: ‚Celebritate sua sat notus est' — zugesetzt hatte."

Als wir uns Halle näherten, bemerkte der Meister: „Ich bin der Taufpate von Franzens Sohn."

„Einige seiner ersten Lieder gab Franz als ‚Oeuvres posthumes' heraus und antwortete auf meine Frage warum: ja, ich habe das bei ‚Webern' gefunden."

Bei der Einfahrt in Halle wurde am Perron in ehrerbietiger Empfangsstellung der schlichte Sänger sichtbar, den auch erst Liszt der Welt erschlossen hatte, da er für ihn begeistert eingetreten zu einer Zeit, als die Schätze seiner edel-tiefen Lieder in der Öffentlichkeit noch ganz ungehoben waren.

Franz gegenüber erschien Liszt damals noch als der Rüstigere.

Größere Gegensätze, wie diese beiden Erscheinungen konnte man sich nicht denken. Auch im Äußeren.

Franz machte, halb Pastor, halb philiströser Schulmeister, nimmermehr den Eindruck des Dichters so inniger Herzensweisen.

Der Verkehr mit ihm war mühsam, da ihm jedes Wort nur schriftlich übermittelt werden konnte.

Als Liszt nach Tische sich zur Ruhe begeben hatte, versicherte mir Franz, da wir beim schwarzen Kaffee allein geblieben: ‚Ihm danke ich alles!' — und er schilderte in ergriffenen Worten, wie unermüdlich Liszt seit dem Augenblicke für ihn gesorgt habe, als Nerven und Gehör ihn zwangen, seine Ämter niederzulegen.

Er erzählte von der ihm 1871 durch Liszt und die Großherzogin von Weimar bereiteten Weihnachtsgabe, von seiner Sicherstellung durch Sammlung des Franz-Fonds, vom Ehrensold der Beethoven-Stiftung, welche Unterstützungen sämtlich Liszt für ihn zustande gebracht habe.

‚Ohne ihn', bemerkte er unter Tränen, ‚hätte ich verhungern können!' —

Eben war ein kleines, inniges ‚Albumblatt für Klavier' von Franz herausgegeben worden. Er erklärte diesbezüglich: ‚Glauben Sie es oder nicht — ich habe das Ganze geträumt, bin aus dem Bette aufgestanden und habe es gleich nachts niedergeschrieben.'

Seinen Standpunkt auf dem Gebiete des Liedes präzisierte der Treuherzige damals kurz und bündig mit den Worten: ‚Schumann war mir zu geistreich und Schubert jodelte mir zu viel — da habe ich mitten zwischen Beiden meinen Weg gesucht*).'

Am Kirchentore verabschiedeten sich die beiden Meister fürs Leben. Franz, dem das Anhören von Musik damals Schmerzen bereitete, herzte Liszt innig gerührt mit den Worten: ‚Dank für alles, alles!'

Nach der sehr gelungenen Aufführung des 16stimmigen Grellschen Werkes durch den Riedel-Verein aus Leipzig, meinte Liszt: „Für a capella-Gesang bin ich sehr eingenommen und habe seine Einführung im Römischen auch sehr unterstützt."

*) Vergl. hierzu Liszts Charakteristik Schuberts als „dramatischen Lyriker" und Franz' als „psychischen Koloristen" in seinem Aufsatze über Rob. Franz. (‚Gesammelte Schriften.')

„Messen mit Orchester sind dann vielleicht mehr für außerordentliche Feste geeignet."

„Die Anwendung des älteren kontrapunktischen Stiles halte ich beim liturgischen Gesang ohne Begleitung für zweckmäßig."

„Grell ist mit seinen 16 Stimmen noch gar nichts! Raimondi, der an der Peterskirche in Rom gewirkt, hat drei Oratorien komponiert: ‚Jakob', ‚Josef' und ‚Potiphar', die man beliebig kombinieren oder zusammen aufführen kann. Am ersten Abend gab man sie in Rom einzeln. Am nächsten Abend gleichzeitig."

„Raimondi hat auch alle 150 Psalmen in Musik gesetzt. Außerdem schrieb er Werke, die 4-, 8-, 12- oder 16stimmig gemacht werden können."

„Sie sind eminent in der Arbeit — ich mache mir aber nichts daraus!"

Einen unvergeßlichen Genuß bot der 20. Juli 1885, da Liszt mit der nachmalig so unglücklichen Geigenspielerin Arma Senkrah, die ‚Kreutzer-Sonate' Beethovens fast auswendig spielte, einen noch intimeren der Vormittag des 31. Juli, als er mit derselben Künstlerin beim Hofphotographen Held die F dur-Sonate vortrug.

Am 3. August hatte Liszt die Herzensfreude, in der Hofgärtnerei seine liebste Pester Schülerin, Frau von Pászthory-Voigt, zu begrüßen, deren Spiel er besonders vorzog und deren Vortrag der ‚H moll-Sonate' ihn zu heißen Tränen rührte.

„Von wem haben Sie sie gehört?" fragte er. — ‚Von Bülow', lautete die Antwort.

„Ah, pah — — —," erwiderte er mit leichter Handbewegung. —

Als ihn tags darauf die Künstlerin, die er stets durch besonders feierlichen Empfang auszeichnete, mit dem Vortrage seines ‚Konzertsolos' erfreute, bemerkte Liszt: „Mit meinen Widmungen hatte ich meist Unglück."

„Kullack war über ‚Scherzo und Marsch‘ ganz desperat. Er hatte ja immer etwas Klebriges, Kleinliches.“

„Taussig ist einige Male mit diesem Stücke durchgefallen, und erst Bülow reüssierte etwas besser damit.“

„Als ich Henselt das ‚Konzertsolo‘ schickte, meinte er: ‚Nein, höre du, so was kann man nicht spielen, das geht über die Möglichkeit.‘ Auch hier war der erste, der sich daran wagte, Taussig.“

„Später setzte ich das Stück als ‚Concert pathétique‘ für zwei Klaviere, wozu Bülow eine scharmante Kadenz geschrieben hat, die ich der zweiten Ausgabe beigab.“

Da ich des Umstandes gedachte, daß von dieser Originalkomposition mehrere Ausgaben existierten, erklärte der Meister: „Ja, ich finde es sehr notwendig, daß man Revisionen seiner älteren Werke einführt.“

Dieser Anschauung Liszts ist es zu danken, daß der musikalischen Welt noch in seinem letzten Lebensjahre eine seiner tiefsten Schöpfungen in entsprechender Gestalt geschenkt worden ist.

Ed. Reuß hatte ihm ein Arrangement des ‚Konzertsolos‘ für Klavier mit Orchester eingeschickt, welches ihm solches Interesse abgewann, daß er der Bearbeitung dieses Werkes den größten Teil seiner letzten Arbeit in Rom widmete.

Dies neue ‚Concert pathétique‘ erschien 1896 in Partitur bei Breitkopf & Härtel. Es zählt zu den modernen Pianistenunbegreiflichkeiten, daß dasselbe bis heute brach liegengelassen wurde.

Der Nachmittag des 25. August brachte den Besuch des russischen Cellovirtuosen Davidow und seiner Gattin.

Liszt spielte mit ihm in unnachahmlichem Aplomb die ganze Cellosonate von Anton Rubinstein.

Diesem bewahrte Liszt bis ans Ende besonders freundliche Gesinnung und trotz seiner enormen Sonderlichkeiten stets gerechte Anerkennung, die in schönstem Gegensatze stand zu den übelwollenden und kleinlichen Beurteilungen der Lisztschen Kunst und des Lisztschen Spieles, die mir Rubinstein noch kurz vor seinem Tode in förmlichem Neidesgroll geäußert hat.

Als Rubinstein auf der Altenburg geweilt, überraschte ihn Liszt mit der Zueignung des wundersamen Präludiums ‚Weinen, klagen, sorgen, zagen' nach Bach, in seinen alten Tagen aber widmete er ihm die wie mit Brüsseler Spitzen umwobene Übertragung des Liedes: ‚Ach, wenn es doch immer so bliebe!'

Deren Vortrag durch meine Frau elektrisierte Rubinstein in seinem Nürnberger Salon 1896 derart, daß er mit dem Vortrage dreier seiner Klavierstücke stürmisch dankte.

So sehr sich Liszt für Rubinstein eingenommen zeigte, war er doch gegen das Tartarische, Lärmgeneigte seiner Werke nicht blind. In freundlicher Satire illustrierte er gerne durch einen Allegro-Beginn der ‚Mondschein-Sonate' Beethovens Antons Tempofreiheiten, oder er zeigte im letzten Satze dieses Werkes, wie Rubinstein „die Wachtparade aufziehen" ließ.

„Oft," sagte er, „bin ich ganz erschrocken, wie er spielt und glaube, das Instrument geht in Fransen." – „Aber", fügte er hinzu, „es steht ihm gut an."

„Meine Erlkönig-Paraphrase," versicherte Liszt, „spielt er besser wie ich."

„Obwohl Antons ‚Variationen' viele Maccaroni-Passagen haben, gefallen sie mir sehr gut, und noch 1880 nahm ich mir die Mühe, sie einzustrudeln, – sie verlangen jedoch einige Schnitte."

„Mein kleines ‚Valse-Impromptu', ein ziemlich leichtes Stück, spielt er als große Konzertnummer, quasi als Pendant zu seinem ‚Watschen-Walzer*).'

„Er hat eine ganz erstaunliche Arbeitskraft und bringt oft gleich Zwillinge und Drillinge zur Welt, wie in den Manègen, ohne Zeit zu finden, um Korrekturen vorzunehmen."

*) Valse caprice, Es dur.

„Ich bedauerte kürzlich in Wien, daß er seinen ‚Nero' so angefaßt hat und meine, der Stoff hätte sich dankbarer behandeln lassen." –

Nachdem Davidow einige Cellosoli vorgetragen, dankte Liszt dadurch, daß er sich unaufgefordert an den Flügel setzte und als verkörperter Klaviergenius mit unbeschreiblicher Gefühlsintensität seinen zweiten ‚Liebestraum' „für Monsieur" und danach eine freie Fantasie über polnische Themen Chopins und über seine ‚Glanes' „für Madame" spielte.

Große Freude bereitete Liszt in diesen Tagen die Übersendung der Oper ‚Der faule Hans' seines geliebten alten Schülers und Freundes Alexander Ritter, des Treuesten und – neben Reubke und Cornelius – Tiefsten aus der ersten Weimarer Epoche.

Am 20. Mai 1885 wurde sogleich in der Hofgärtnerei eine Leseprobe der in Wort und Ton gleich genialen Schöpfung mit Göpfart als ‚Hans', Liszt und Lassen in den andern Partien, Friedheim, Ansorge und mir am Klaviere veranstaltet.

Der ersten Darbietung des Werkes im Münchener Hoftheater auf seiner Reise nach Rom beizuwohnen, hatte sich der Meister herzlichst gefreut.

Ein widriger Zufall brachte Ritter um diese Genugtuung. Justizrat Gille hatte einen falschen Anschluß der Züge notiert, und Liszt kam ins Theater, als eben die Aufführung des ‚faulen Hans' beendet war. –

Ritter, einer der wenigen Menschen, die den Begriff der Meisterschaft ganz zu fassen und zu üben wußten, blieb bis ans Ende eine völlige Ausnahmeerscheinung; – der Einzige der alten Liszt-Glanzzeit, der nicht im später alleinseligmachenden Brahms-Schoße gelandet war, um junge Komponisten vor der Beschäftigung mit Liszt gebührlich zu warnen. –

Nach einem kurzen Besuche bei meiner Mutter sollte ich den Meister in Rom wieder treffen. In frohem Kreise erhielt er dort das Telegramm, das ihm meine Ankunft meldete. Diese war, da ich Lästiges dem Meister stets fernzuhalten suchte, Manchem nicht genehm.

‚Ach, der will sich doch bei Ihnen, lieber Meister, nur einschmeicheln' – platzte eine Dame heraus, als Liszt mein Kommen bekanntgab. –

„Nun, liebe L. . ." erwiderte der Meister – „wenn er das wollte, das ist ihm auch gelungen!"

Nahe der Fürstin Wittgenstein, im Hotel d'Alibert, Vicolo d'Alibert, wo er seit 1880 wohnte, hatte Liszt wieder seine Wohnung aufgeschlagen. Dort „hausierten" auch seine letzten Schüler.

Die benachbarte Piazza d'Espagna, wo die „Frau Fürstin" zuerst gewohnt hatte, mochte er nicht leiden, und er vermied es stets, den Platz zu passieren. Noch zuwiderer war ihm die Statue, die zur Erinnerung an die Verkündigung des Dogmas von der unbefleckten Empfängnis Marias nahe dabei errichtet worden war.*)

Wie einst Raffael zog auch er – der ‚Signore Commendatore,' wie er in Rom allgemein genannt wurde – stets mit

*) Die auf dieses Dogma bezüglichen Stellen ließ er in seinem Gebetbuche stets überschlagen. –

einer Cortège von Schülern, Anhängern und Gestalten aus dem Volke durch die Straßen, und überall neigten sich seiner gebietenden Erscheinung die Begegnenden. Vor jedem Ausgange mußte ich ihm beruhigend versichern, daß die Taschen genügend mit Kleingeld gefüllt seien.

Am Tage nach meiner Ankunft wurde der letzte Besuch der Villa d'Este unternommen, wohin Liszt früher oft „emigriert" war, um dem Schwarm seiner Besucher auszuweichen.

Denn immer mehr drängte es ihn, seine alten Tage nicht mehr „dermaßen zu vergeuden", wie ehemals und „möglichst wenig Schales von draußen zu hören zu bekommen".

Auf der Fahrt mit der Tramway nach Tivoli erwähnte er, wie unbequem er früher oft, um das Fuhrwerk zu sparen, im elenden Postwagen mit schmierigen Campagnolen zusammengepfercht gesessen habe, und wie ihm Kardinal Hohenlohe in der Villa d'Este Aufmerksamkeiten zu bereiten gesucht hätte, wo er nur konnte.

Dort waren für diesen Freund einige der poetischsten Kleinkunstwerke für Harmonium oder Orgel entstanden, mit denen Liszt seine großen, epochalen und deshalb kaum gewürdigten Orgelwerke ausklingen ließ, die, sich weit über die ‚Lieder ohne Worte'-Sentimentalität hinausschwingend, das Bedeutendste darstellen, was neben den Orgelkompositionen von Schumann, Reubke und Dayas der Königin der Instrumente seit Bach geschenkt worden ist*).

In der Reihe dieser intimsten Seelengebete des Meisters nimmt die Orgelmesse für die Fürstin Wittgenstein, die ich am ersten Jahrestage des Todes Liszts zur stillen Gedenk-Messe in der Bayreuther katholischen Kirche spielte, den obersten Rang ein.

Allerdings eignen sich diese in den Mitteln so sparsamen Klangpoesien mit ihren feinsinnigen Tonalitätswundern nicht für „vollen Bauch und volles Werk"! —

*) Die neuesten Errungenschaften auf dem Gebiete des Orgelbaues werden die Bedeutung auch dieser Seite des Lisztschen Schaffens erst im rechten Lichte erscheinen lassen.

Oft begrüßte die Kapelle von Tivoli Liszt mit gutgemeinten Ständchen, und er war auch dort durch sein Wohlwollen so populär, wie überall, wo sein Herz waltete.

Kehrte er doch eines Abends ohne Überrock heim, weil er bei kaltem Sturme mit dieser Gabe die Blöße eines Frierenden bedeckt hatte. –

Zu den gerngesehenen Gästen der römischen Stunden des letzten Jahres zählten Esperanza von Schwartz (Elpis Melena, die Freundin Garibaldis, welche zu Liszts besonderer Freude auf Kreta ein Asyl für kranke Tiere errichtet hatte), Donna Laura Minghetti, Gräfin S. Revitzky, Fürstin Orsini, Frau Professor Helbig, der Herzog von Sermoneta, Graf Seilern, Alma Tadema und Liszts feinsinniger Schüler Sgambati*).

Unter den Kompositionen, die der Meister in den letzten römischen Stunden vornahm, gewannen ihm von eigenen Werken ‚Tassos Trauertriumph', ‚Benediction et Serment' aus ‚Benvenuto Cellini' von Berlioz, die ‚Robert'- und ‚Hugenotten'-Phantasie, die ‚Paganini-Etüden', sowie das ‚Obermann-Tal' besonderes Interesse ab.

Letztgenanntes Werk zu hören, hatte Liszt wiederholt abgelehnt.**) Aus einer Aufführung von Spontinis ‚Olympia' in der ‚Salla Dante' am 12. Dezember heimgekehrt, verlangte der Meister noch nachts, daß ich es spiele. Er brach dabei in Tränen aus***).

Während der Pausen des vorgenannten, ziemlich langweiligen Konzertes erzählte er: „Spontini, der sehr steif war, konnte Berlioz, den ich immer verteidigte, nicht ausstehen. Als dieser aber von der ‚Vestalin' – die ich mir übrigens nie verlangte – der Deklamation wegen ganz entzückt schrieb,

*) dessen ausgezeichnete Tondichtungen der gebührenden Beachtung leider noch harren.

**) Es wurde unter dem Eindrucke von Sénancourt's Roman: ‚Obermann' komponiert, von dem Liszt sagte: „Obermann ist das Monochord der unerbittlichen Einsamkeit menschlicher Schmerzen." –

***) Das im Nachlasse befindliche Trio: ‚Tristia' für Violine, Cello und Klavier ist aus den gleichen erschütternden Erinnerungen geboren.

war er für Spontini ‚immer ein vortrefflicher Kritiker' gewesen."

„In ‚Ferdinand Cortez' gefällt mir die meisterliche Stelle, wo der Held den Soldaten zuruft: ‚Flieht, flieht!' ganz außerordentlich. Wenn ich der König von Bayern wäre, ließe ich mir diese Oper aufführen."

„Rossini machte sich sehr lustig über Spontini, der in ihm die Verderbnis sah."

„Rossini spielte hübsch Klavier und hatte mich gern. Ich habe ihm teilweise die ‚Graner Messe' vorgeklimpert. Er war aber nicht sehr erbaut davon."

In der Stunde am 26. November bereitete es dem Meister Freude, seine erste ‚Beethoven-Kantate' durch „Stradalus" *) und mich in der vergriffenen und leider nicht wiedergedruckten Ausgabe für Klavier zu vier Händen zu hören.

Seit der einmaligen, unzulänglichen Aufführung in Bonn (1845) klang diese Schöpfung zum ersten Male wieder an sein Ohr.

Sie zählt zu seinen denkwürdigsten Tondichtungen, wegen der ersten Anwendung des ‚historischen Leitmotives', und der glücklichen Inspiration, Beethoven durch das überirdische Andante seines ‚Bdur-Trios' zu zeichnen. Daß diese späterhin in vielen seiner Werke prinzipiell durchgeführte Idee als Verlegenheitsbehelf seiner Erfindungsarmut ausgelegt wurde, hinderte Liszt nicht, der demütigen Empfindung, Beethoven könne nur durch seine eigenen Klänge verherrlicht werden, auch in seiner zweiten Beethoven-Kantate aus dem Jahre 1870 (deren erlesene musikaliche Schönheiten durch einen neuen Text zu retten wären) den gleichen Ausdruck zu geben, indem er ihr als Einleitung dasselbe ‚Andante cantabile' für Orchester allein vorgesetzt hat — ein Instrumentationswunder mit köstlichsten Aufgaben für einzelne

*) Kosename für seinen Schüler Aug. Stradal.

Solo-Instrumente, das sich merkwürdigerweise unsere Konzertleiter*) bisher entgehen ließen.

Auch in den römischen ‚Stunden' spielte der Meister oftmals selbst: — am 1. Dezember mit unvergeßlich rätselvollem Anschlage seine Übertragung des Schubertschen Ständchens: ‚Leise flehen meine Lieder', die er mit einer improvisierten, noch ungedruckten Kadenz schmückte, am 10. Dezember voll vergeistigster Tonreize die ‚Bmoll-Nokturne' von Chopin.

Eines Abends war Liszt von einem bekannten Aristokraten zu einem Souper eingeladen, sein Schüler C. Ansorge jedoch bloß zu einer Tasse Tee nach demselben. Kaum hatte der letztere diese absolviert, wurde er schon ans Klavier gebeten, worauf sich Liszt blitzschnell erhob, zum Flügel schritt und mit den Worten: „Ich allein bin der Schuldige" den Verblüfften sein Spiel gönnte.

Am 24. Dezember gefiel sich der Meister als mein „Cicerone" in Rom. Er führte mich zum besten, „gesündesten" ‚Vermouth di Turino', dann in das Haus, wo er nahe der Casa Mendelssohn die ‚Elisabeth-Legende' vollendet hatte und zeigte mir am Pincio beim Obelisken oberhalb der spanischen Stiege den Anblick Roms, hierbei im Gleichnisse hervorhebend, wie von hier gesehen die nahe Kuppel S. Carlos die wirkliche Größe der fernen Peterskuppel zu überragen scheine.

Die liebste Kirche außer S. Carlo, wo er fast täglich die Mittagsmesse hörte, war ihm in Rom S. Andrea della Fratte, wo er ein Bild seines Namenspatrones Franz von Paula besonders schätzte. Der gotische Stil, bemerkte er einst bei einem Kirchgange, sei ihm lieber, wie der romanische, und der Stimmung nach erinnere ihn der Markusdom an Bach, die Peterskirche an Mendelssohn.

Die Aussicht von der Villa Mellini dünkte ihn „die allerschönste".

---

*) mit Ausnahme Hans Richters.

Das Christfest war lustig im ‚deutschen Künstlerverein‘ begangen worden. Bildhauer Ezekiel, der eine Büste Liszts verfertigt hatte, feierte ihn zu seinem höchlichsten Ergötzen als denjenigen, dem es zu danken sei, daß heute in jedem Hause nicht nur ein, sondern mehrere Klaviere vertreten seien. (!)

Am Sylvesterabende spielte der Meister einem gewählten Kreise in verklärter Weise das ‚Ave verum corpus‘ von Mozart aus seiner Oration: ‚In der sixtinischen Kapelle‘.

Das erdentschwebende Werk zählte mit dem ‚Dies irae‘ und ‚Lacrymosa‘ aus dem ‚Requiem‘ zu seinen besonderen Lieblingen.

„Die Sequenzen des ‚Ave verum‘ gehören zum allerschönsten, was Mozart geschrieben,“ bemerkte er. „Ich glaube nicht, daß er gegen meine Fortspinnung derselben was gehabt hätte,“ setzte er hinzu.

„Selbst der klassische Mozart hat allerlei Effekt und Tonmalerei manchmal nicht verschmäht. Der deutsche Michel aber hat sich einen ihm ähnlichen Mozart fabriziert.“

„Das ‚Dies irae‘ des ‚Requiem‘ zählt zum Himmlischsten, was es gibt, aber die Musikanten scherren das immer erbärmlich geschäftsmäßig herunter, — die Schufte!“ — —

Das alte Jahr wurde mit einer intimen Whist-Partie beschlossen. Eine sonst munter tickende Uhr im Arbeitszimmer des Meisters war während des Spieles so plötzlich stehen geblieben, daß wir unwillkürlich alle aufhorchten. „Das ist ein schlechtes Zeichen,“ sagte Liszt, „da stirbt im nächsten Jahre einer von uns ganz sicher!“

Am Neujahrsmorgen begrüßte mich der Meister mit den Worten: „Sie werden sehen, dies Jahr ist mein Unglücksjahr, denn es fängt mit einem Freitag an.“ —

Am 2. Januar spielte er zum letztenmal in den römischen ‚Stunden‘ seine ‚Valse mélancolique‘ und den Anfang seines ‚Lucia-Parisina-Walzers.‘

LISZT IM LETZTEN LEBENSJAHRE

Die letzte offizielle ‚Stunde' zu Rom fand am 12. Januar 1886 statt und brachte folgende Vorträge:

J. S. Bach: Chromatische Phantasie und Fuge, gesp. v. B. Stavenhagen.
Herbeck-Liszt: Tanzmomente, gespielt von . . . A. Göllerich.
Liszt: Erster Mephisto-Walzer, gespielt von . . . L. Schmalhausen.
Liszt: Robert-Phantasie, gespielt von . . . . . . A. Stradal.

Am 13. Januar hatte mich der Meister vor meiner Neapler Reise zu einem solennen Abschiedsfrühstücke eingeladen. Er wußte, es sei mein geheimer Wunsch, Neapel zu sehen, und fühlte, ich wolle ihn auf der Reise nach Budapest nicht im Stiche lassen.

„Ich war dreimal am Bahnhof, um nach Neapel zu fahren, immer aber kam was dazwischen. Sie indes sollen es sehen —" hatte er mir freudig erklärt, und es war rührend, wie er es endlich dadurch zur Erfüllung meines Herzenswunsches brachte, daß er mich bat, ihm in Neapel eine besonders vorgeschützte, private Mission zu erfüllen.

Das letzte Wort, das ich in Rom von ihm hörte, war als Erwiderung auf eine auf einen Abwesenden sich beziehende, wegwerfende Bemerkung einer beim Frühstücke anwesenden Dame: „Merken Sie sich, man soll nie hart sein!"

In der Zeit seines letzten Budapester Aufenthaltes lebte der Meister ganz zurückgezogen, meist an der Instrumentation seiner Ballade ‚Die Vätergruft' arbeitend, die er dem Sänger Henschel in London versprochen hatte.

Es waren die letzten Noten, die er niederschrieb, nachdem er den Schlußchor des ‚Stanislaus' am 31. Dezember 1885 in Rom vollendet hatte.

Am 18. Februar 1886 begann er wieder den Unterricht an der ungarischen ‚Landes-Musikakademie'. Während desselben durfte ich seine letzten, eben im Drucke erschienenen Klavier-Transkriptionen: die ‚Tarantelle' von Cui („re - Cuit par Liszt" — wie er scherzte) und den ‚Konzert-Walzer' von Vegh spielen, in denen noch einmal alle Glanzseiten seiner schöpferischen Übersetzungskunst leuchten, und neue Lichter blitzen, die das musikalische Gesichtsfeld auf weite Strecken hin erhellen. Ihr Klanggeistiges erscheint der Natur des Instrumentes gegen alle Gesetze der Materie abgerungen.

„Ich hoffe," sagte er mir darüber, — „Sie werden die Geschichten mit Erfolg im Konzertsaal brauchen können. ‚Nur schade' — wird die Kritik sagen —, daß der Pianist so ein Werk zum Vortrage wählte!"

Zweimal zeigte sich Liszt während seines letzten Aufenthaltes in seinem Heimatlande in der Öffentlichkeit: — bei einem Festabende des Schriftstellervereins*) — seinem wackeren alten Freunde Abranyi zuliebe, und im Konzerte seines Schülers Thoman, nach dem er noch nachts nach Wien fuhr.

Am 6. März hielt er die letzte ‚Stunde' an der ‚Akademie', wobei ich als Schluß auf seinen Wunsch die schwungvolle Transkription des Cornelius-Lassenschen Liedes: ‚Löse Himmel meine Seele', und die ‚Romance oubliée' spielen mußte.

„Ach ja," schloß Liszt in Ungarn, „ich habe lauter vergessene Sachen."

Als wir am 12. März nach einer kleinen Abschiedssitzung im Hôtel vor der Abfahrt nach Wien ins Coupé stiegen, flüsterte er mir zu: „Vereinbarungen bei Bier sind mir ebenso unsympathisch wie die Quartette mit Bierbaß." Und mit der noch vom Coupéfenster hinuntergerufenen Antwort auf die Frage Gobbi's nach einem Wiedersehen in Bayreuth: „Nein,

*) Da man ihm dabei vorhielt, daß er nicht Ungarisch verstehe, meinte er: „In meiner Jugend sprach man in meiner Heimat nur deutsch, und jetzt bin ich wohl zu alt, um noch eine Sprache zu erlernen." —

diesmal gehe ich nicht hin, ich habe es satt, als Pudel aufzuwarten!" — fuhr er davon.

Während der Nachtreise mit Stradal und mir schloß er kein Auge, sondern war unermüdlich im Erzählen.

„Es ist sehr schade", — plauderte er u. a. — „daß Volkmann so wenig komponiert hat. Er verschwendete zu viel Zeit bei der Kaffeemaschine."

„Graf Széchenyi gebrauchte immer gern das Wort ‚Gentleman'; wenn man ihn fragte, was verstehen Sie eigentlich darunter, antwortete er: ‚Konseqenz'!"

„Als ich dem Könige von Holland auf Schloß Belvedère Lassen als Hofkapellmeister vorstellte, sagte er kurz: ‚Ja, ich habe erst neulich einen solchen fortgeschickt'."

„Grillparzer machte aus Überzeugung ein Gedicht auf Radetzky, das sehr populär geworden ist. Dafür wurde er Hofrat. In diesem Falle ist es ganz hübsch — aber sonst diese Kriecherei! — Pfui!"

„Die Fürstin Metternich konnte mich nie leiden. Als sie mich nach der bekannten Pariser Geschichte*) wieder einmal hörte, sagte sie zu mir: ‚Freut mich, daß Sie unseren Erwartungen so gut entsprochen haben.' Einmal wollte sie mich sogar hinauswerfen lassen, nur der Fürst setzte es durch, daß sie mich später wieder einlud."

„Die Wiener sind halt verflixte Kerls! 1852 haben sie die ‚Tannhäuser-Ouvertüre' ausgezischt." —

„Als Knabe sah ich Raimund im Verschwender. Er

*) Siehe die später mitgeteilte Zurechtweisung, welche die Fürstin durch den vermeintlichen ‚Geschäftsmann' Liszt erfuhr. —

war ein Genie. Schwermütig und tief komisch, während Nestroy mehr äußerlich derb erschien."

„In Wien waren seinerzeit bei Haslinger stets um die Mittagsstunde die Musiker versammelt. Das war auch die einzige freie Zeit, die sich mein Lehrer Czerny gönnte; sonst komponierte er fortwährend."

„Als sein Vater starb, den er anhänglichst liebte, schrieb er gleichwohl in seiner ernstlichen Bekümmernis an Simrock: ‚Das Einzige, was mir dieses Ereignis Gutes bringt, ist, daß ich nun mehr Zeit zum Komponieren erübrige.' Dabei war er damals schon über op. 600 angelangt." — —

In Wien harrte als Einziger der treue Bösendorfer frühmorgens der Ankunft des Meisters am Bahnhofe. Ein gemütliches Frühstück bei „Frau Generalissima", der verehrten Witwe seines ebenso geistvollen als großherzigen Stiefonkels, des Generalprokurators Eduard von Liszt, folgte.

Desselben Abends war Soiree im Schottenhofe, wo sich Liszt bei seinen treuen Verwandten auch nach dem Tode des geliebten „Cousins" besonders behaglich fühlte*).

Dabei mußte ich zu Ehren Adalbert von Goldschmidts**) Liszts merkwürdige Phantasie über Motive seines Oratoriums: ‚Die sieben Todsünden' vortragen.

Am nächsten Tage verabschiedete sich der Meister von Wien an einem Sonntag-Nachmittage bei Goldschmidts mit einer Improvisation über das von ihm so zärtlich gepflegte ‚ungarische Divertissement' von Schubert, das er stets „ein Juwel" nannte.

In bester Stimmung trat er seine Triumphreisen nach Lüttich, Paris, London und wieder Paris an, wo man überall nun dem Komponisten Liszt huldigte, wie früher dem Virtuosen.

*) Über das ideale Verhältnis zu seinem Stiefonkel, welchen er gerne „Vetter" zu nennen liebte, vgl. die Schrift: Dr. Ed. Ritter v. Liszt. Salzburg bei A. Pustet.

**) dessen hochbegabtes Schaffen Liszt stets besonderes Interesse abgewann. —

Montag, den 17. Mai 1886 abends ½ 8 Uhr, betrat Liszt wieder den Boden Weimars, zum letzten Male die Stätte seines deutschen Wollens und Ringens.

Pauline hatte des Meisters Heim mit seinen Lieblingsblumen geschmückt, die sie bis heute treulich im Liszt-Museum hegt.

Am nächsten Tage, als ich meinem Jubel, ihn wieder heil in Weimar zu wissen, Ausdruck gab, erzählte er:

„Alt-Weimar war an dem Tage begraben, da man Marie Paulowna, die Mutter der deutschen Kaiserin Augusta, zur Ruhe gebettet hatte. Ich habe ihrer in meiner ‚Stern-Konsolation' gedacht, deren Thema von ihr herrührt."

„Wie jetzt, war auch damals der weibliche Teil der eigentlich kunstsinnige am Hofe, der andere dilettierte mehr."

„Da die Großherzogin mich in Weimar wissen wollte, ließ sie sich ganz von mir leiten. 1841 besuchte ich sie das erstemal."

„Der Herzog von Gotha hätte mich auch gern gehabt. Würde er mir's früher gesagt haben, wäre ich hingegangen. Wer weiß, ob's nicht besser gewesen wäre."

„Meine Beziehungen zu Weimar datierten dann von den Jahren 1843 und 1847*)."

„Von November 1842 an hatte ich mich verpflichtet, wenn ich in Weimar wäre, in außerordentlichen Diensten die Hofkonzerte zu dirigieren."

*) Mit Dekret vom 2. Nov. 1847 faßte Großherzog Carl Friedrich ‚die gnädigste Entschließung, den Virtuosen Dr. Fr. Liszt in Anerkennung seiner uns zu besonderem Wohlgefallen gereichenden Kunstleistungen' zu seinem Kapellmeister zu ernennen.

„Zu Beginn des Jahres 1848 traf ich zu dauerndem Aufenthalte ein. Erst 1849 übernahm ich freiwillig die Leitung der Oper."

„Wir führten bald nach der Wiener Aufführung ‚Martha' in Weimar auf und vielleicht besser als in Wien, mit sehr guter Besetzung. — Dieses Werk, das Wagner, wie er mir erzählte, in Dresden unter Reißiger zum Revolutionär gemacht hatte, war die erste Oper, die ich in Weimar — ohne Taktstock — dirigierte."

„Es war noch eine glückliche, zufriedene Zeit, die durch Machwerke ihre Signatur erhielt, wie Haslingers: ‚Napoleon', ein Festspiel, dessen Komponist sich zu Tode aß, und das mit den Worten schloß: ‚Das Leben hört am Grabe auf'."

„Als ich nach Weimar kam, war im Großherzoglichen Theater noch der ‚Bürger'- und der ‚Aristokraten'-Balkon. Die Großherzogin befahl Hrn. v. Watzdorf auf die Bürgerseite. Das war der Anfang der Änderungen."

„Ich brachte bald ‚Norma' und ‚Ernani'."

„Jedes Jahr war ich ein paar Wochen wegen drei bis vier auswärtiger Konzerte weg."

„In Hannover sagte mir da einmal Marschner, der sehr ungeschliffen war: ‚Nun, Sie sind jetzt in Weimar! Da gibt es wohl sehr wenig zu tun?'"

„Oh," erwiderte ich: „ich mache mir schon zu tun."

„Wagner hielt etwas zu viel von ihm."

„Nur vom deutschen Standpunkte aus mag er recht gehabt haben, ja; — aber mir ist z. B. der Soldatenchor ‚Rataplan' der ‚Hugenotten' viel lieber, als viele Themen Marschners."

„Wagner wollte aber von all diesen Sachen nichts wissen — nun, da waren auch viele persönliche Geschichten mit im Spiel!"

„Ein Werk, wie den ‚Robert' zu schreiben, da können sich alle deutschen Kapellmeister zusammentun und bringen's nicht fertig."

„Für Auber, der damals sehr en vogue war, habe und hatte ich keinen Geschmack. Es wurden deshalb gleich Stimmen laut, ich verdürbe das Repertoire."

„Sr. Exzellenz Goethe hatte einmal Eberwein, der ihm vorgeigte, zu beloben geruht. Ich setzte ihn ab, denn er kratzte schrecklich. Darob großer Rummel in ‚Deutschland'."

„Obwohl ich zu Anfang manches Hübsche erlebte — so rief einmal Frau Hummel, als sie mich das Hmoll-Konzert ihres Gatten spielen hörte, mit Tränen aus: ‚So hat's halt do mein Alter net g'spielt!' — erhob sich doch bald das leidige Plauschen und Schwabeln."

„Da ich mich für Weimar entschied, hatte ich teilweise auf Mendelssohn gehofft, der ziemlich hellsehend war — und gerne nach Weimar als Hofkapellmeister gekommen wäre. Er hatte hier den ‚Paulus' dirigiert, man wollte ihn aber nicht als Israeliten."

„Aus demselben Grunde mußte ich später auch wegen Joachim manche Schwierigkeiten besiegen."

„Nach vielen Bemühungen ermöglichte ich endlich das Engagement eines Harpisten. Selbst in Leipzig besaßen sie damals keinen."

„Als ich den Großherzog deswegen bat, zeigte er mir eine eben erworbene Sammlung von Minnesänger-Harfen und frug, ob ich denn keine derselben brauchen könne. Ich erwiderte: ‚durchaus nicht, aber eine neue Harfe!'"

Nachdem ich ‚Tannhäuser' gebracht hatte, der in Dresden durchgefallen war und Intendant Hülsen bei diesem Werke absolut nicht anbeißen wollte — sagte ich zu ihm gelegentlich eines Soupers am Gothaschen Hofe: „Es ist so, wie im Evangelium des zweiten Sonntags nach Pfingsten beim Gastmahl, wo die hohen Gäste absagen und die Krüppel und Lahmen — wir in Weimar nämlich — kommen."

Trotz der „engen und stumpfen Zustände" Weimars hatte Liszt seine große Idee der „Erneuerung der Tonkunst durch ihre innigere Verschmelzung mit der Dichtkunst" und einer „freieren, sozusagen dem Geiste unserer Zeit entsprechenderen Entwicklung derselben" aufrecht erhalten.

Umbrandet von den Wogen des Unverstandes blieb er ein unberuhigter Fels — mit dem Herzen deutend und verstehend.

Ihn dünkte ein Aufblühen der Kunst nicht von Äußerlichkeiten abhängig — er schuf es im bescheidenen Ilm-Städtchen von Innen heraus.

Dem neuen Wollen sollte der 1854 von Liszt gegründete Fortschritts-Verein „Neu-Weimar"*), dessen erste Ehrenmitglieder Wagner und Berlioz waren, sowie eine große Revue mit Beiträgen der ersten Kräfte aller Länder dienen.

Die Opposition, der die jungen Ideen zu begegnen hatten und „die Hindernisse, die man ihnen von allen Seiten bereitete, konnten sie nur in Gang bringen und fördern."

„Obgleich man sie bekämpft," — schreibt Liszt am 16. November 1860 —**), „werden sie unwiderleglich triumphieren, denn sie sind ein integrierender Teil der Summe richtiger Grundgedanken unserer Epoche, und ihnen gedient zu haben, ist mir ein Trost."

„Hätte ich mich zurzeit meiner Festsetzung in Weimar der Partei der Nachgebornen, der posthumen Musik, verschrieben, ihren Heucheleien angeschlossen, ihren Vorurteilen geschmeichelt, so wäre mir bei meinen früheren Verbindungen mit den Führern dieser Seite nichts leichter gewesen, als mich sicher zu verankern."

„Ich hätte gewiß nach außen an Ansehen und Annehmlichkeit gewonnen und dieselben Journale, die sich jetzt verpflichtet halten, mir starke Sottisen und Injurien zu sagen, würden mich um die Wette herausgestrichen und berühmt gemacht haben, ohne daß ich mir große Mühe hätte geben müssen."

---

*) Seine Zeitschrift hieß: ‚Die Laterne'.

**) Briefe an eine Freundin, herausgegeben v. La Mara, Br. u. Härtel.

„Kleine Fehler meiner Jugend hätte man dann unschuldig hingestellt, um die Manieren des Zeloten der guten, heiligen Traditionen von Palestrina bis Mendelssohn zu loben.“

„Aber solches sollte nicht mein Schicksal sein.“

„Meine Überzeugung war zu aufrichtig, mein Glaube an die Gegenwart zu eifrig, an die Zukunft der Kunst zu bestimmt, als daß ich mich den eitlen Formeln unserer Pseudo-Klassiker hätte anbequemen können, die mit allen Kräften schreien, die Kunst sei durch Fortschreiten verloren.“

„Die Wellen des Geistes sind nicht denen des Meeres gleich und zu ihnen ist nicht gesagt worden: ‚ihr geht bis hieher und nicht weiter!‘ — im Gegenteil: der Geist weht, wohin er will und die Kunst unseres Jahrhunderts hat ebensogut ihr Wort zu sagen, wie jene der vorhergegangenen Zeiten — und sie wird es unfehlbar sagen.“

„Doch verhehle ich mir nicht, daß meine Stellung eine der schwierigsten ist, und mein Versuch — wenigstens auf lange Jahre hinaus — sehr undankbar erscheint.“

Kleinlichste Ränke sollten Liszt endlich doch aus Weimar vertreiben.

Die Literaten hatten es von Anfang an als Gewerbestörung empfunden, daß durch ihn die Oper dominierte.

Chélard, der „ordentliche“ Hofkapellmeister, und Stör, der auf Liszt folgende Hofkapellmeister wühlten tapfer, Dingelstedt, der den Meister 12 Jahre hindurch um die Intendantenstelle gebeten hatte, die er ihm 1857 auch wirklich verschaffte, war der Dirigent aller Gegnerschaft. Sein Betreiben wurde ein Vertreiben Liszts, denn er empfand bei dem Gedanken Seelenangst, Liszt könnte es erreichen, Wagner in Person an die Hofbühne zu bringen!

Ihm, der indessen nach seinem unehrerbietigem Benehmen gegen König Ludwig in München, Weimar nur als „Unterschlupf“ ansah — war es endlich gelungen, Liszts Stellung bei Hofe zu erschüttern.

Dort hatte man Liszts Fortschritts-Bestrebungen immer kühler zugesehen.

Schon mit der Thronbesteigung Carl Alexanders im Jahre 1853 wurde vieles verändert.

Der neue Großherzog hegte vor allem den Wunsch, Weimar literarisch wieder in Ansehen zu bringen, erntete aber Absagen auf Absagen von Seite Berufener.

Verstimmt brachte ihn Liszt dazu, den steckbrieflich-verfolgten Hoffmann von Fallersleben in Weimar aufzunehmen und die Herausgabe des ‚Weimarischen Jahrbuches' zu subventionieren. Als dieses unbeachtet blieb, fiel Hoffmann in Ungnade, und nur die Altenburg blieb ihm treu.

Dort war die Fürstin, deren Musenhof den Spott der Kleinstadt bis zum Verlachen auf offener Straße herausgefordert hatte, ziviltot gemacht, seit sie die Verbannung aus Rußland und Einziehung ihrer Güter ruhig über sich hatte ergehen lassen.

Als Hofprediger war nach Weimar Prof. Dittenberger, der Busenfreund von David Strauß berufen worden, der Liszts Pianofortespiel und die Opern ‚eines gewissen Wagner' gründlichst mißbilligte, durch seine Predigten aber rasch das Entzücken der Residenz entflammte.

In einer Soiree des sächsischen Gesandten v. Carlowitz ersuchte Fürstin Wittgenstein die Hausfrau, ihr Dittenberger vorzustellen. Dieser lehnte ab. Auch dem Hausherrn und dem Staatsminister v. Watzdorf gegenüber weigerte er sich mit den Worten: ‚es ist unmöglich mich einer Dame vorstellen zu lassen, gegen die ich, wenn sie zu meiner Gemeinde gehörte, amtlich einschreiten würde.' — —

Der Hof war durch diesen Vorfall aufs peinlichste berührt.

Liszt und die Fürstin brachen nun ihre Beziehungen zur Weimarer Gesellschaft, der ja die ‚Zukunftsmusik' längst ein Gräuel gewesen, fast ganz ab.

Liszt, von dem man ganz ungerechtfertigterweise annahm, daß er dem Hofe zu viel koste — war jetzt jeder Schritt, den er vorwärts tat, von den traurigsten Erfahrungen mit vermeintlichen Freunden begleitet.

Jedes neue Beginnen schuf ihm Niederlage auf Niederlage.

Als in Verhinderung Liszts einer seiner Schüler ein Hofkonzert mit ‚nur deutschem Programm' dirigierte, mißfiel es ganz und gar, weil ‚nichts Italienisches' dabei war.

Zur Zeit des größten Kummers wurden ‚die Seligkeiten' des ‚Christus'-Oratoriums Trost und Anker der Weltflüchtigen auf der Altenburg*).

Als man Liszt am 15. Dezember 1858 bei der Direktion des ihm von Cornelius gewidmeten Kleinods — des „ganz einzigartigen" ‚Barbier von Bagdad' — „vom Parterre her" ausgezischt hatte, schien es ihm „ein gebietendes Verhängnis, von Weimar scheiden zu müssen" und noch nachts meldete er dem Großherzog, der ihn im entscheidenden Momente im Stiche gelassen hatte, seinen Rücktritt von der freiwillig übernommenen Leitung der Oper.

Der Meister schilderte mir die damaligen Erlebnisse mit folgenden Worten: „Dingelstedt war ein Faiseur. Er hielt sehr viel auf Meyerbeer. Ich wollte früher im ‚Propheten' eine elektrische Sonne, bekam sie aber nicht und gab die Oper deshalb auch nicht. Dingelstedt aber bekam sie sogleich anstandslos, trotz der Armseligkeit der hiesigen Mittel, denn er war bei Hofe sehr gut angeschrieben und intrigierte weidlich gegen mich, dem das immerwährende Ausleihenmüssen von Partituren immer mehr zuwider geworden war."

*) „Les Béatitudes" tragen in ihrer Handschrift die Worte beigesetzt: „Pour Carolyne!" — „Elle est l'inspiration, la liberté et le salut de ma vie et je prie Dieu que nous fructifions ensemble pour la vie éternelle." — 15. Okt. 1857.

„Stör zeigte sich als richtiger Störenfried. Dingelstedt konnte solche Canaillen brauchen!“

„Jede Woche war in der Zeitung ‚Deutschland‘ eine Klage gegen mich annonciert.“

„Ich ließ wahrlich gar keine Protektion herrschen.“

„Das Orchester verwendete ich nur bei Proben zu meinen eigenen Werken und habe diese nie bei Aufführungen poussiert.“

„Die ganze ‚Barbier‘-Geschichte war im letzten Grunde eine Hofintrige, die Dingelstedt geschickt eingefädelt hatte.“

„Am Tage nach der Pfeiferei dirigierte ich noch, weil ich es früher versprochen hatte, das Orchester bei Beethovens Adur-Symphonie. Dann blieb ich noch ein Jahr ganz ruhig in Weimar – meine bisherige Tätigkeit hatte mich die Vorzüge der Absonderung gelehrt.“

„Acht Tage nach dem Skandal sandte mir Dingelstedt seinen ‚babylonischen Turm‘ (nach Kaulbach) zum komponieren. Ich hab's aber nie gemacht, weil mir's zu prunkend war.“

„Beim Fortgehen arrangierte mir dann Dingelstedt einen Fackelzug der Bürgerschaft, bei dem viele der Hauptschreier mitmachten.“

„Ich war froh, den ewigen Intrigen entronnen zu sein und sagte ihm: ‚Du hast mir, ohne es zu wollen einen Dienst erwiesen‘.“

„Ein Jahr darauf erhielt ich viele Zustimmungen und sollte die Stellung und alles wieder übernehmen. Ich war aber zu aufrichtig glücklich wegzukommen, und wurde jetzt zum Kammerherrn ernannt.“

„Als ich wegging, war ich es so satt, daß ich ihnen keine einzige Note von mir zurückließ. – Sie mußten sich alles neu kaufen.“ – – –

So sah sich Liszt endlich von Allen verlassen, mit seinem besten Wollen gescheitert, aus der Reihe derer, die man aufführte, überall ausgestoßen – und die Altenburg wurde geschlossen. –

LISZT'S MUTTER IN DER JUGEND

Wenn alle Welt ihn auch verstieß, fand er sich geborgen am Mutterherzen.

Dort hatte sich schon der Knabe am wohlsten gefühlt, dort sein deutsches Empfinden genährt. Bei der gemütvollen Mutter fand auch das unendlich weiche Gemüt des feurig ins Leben hinausgetretenen Jünglings, des schicksaltrotzenden Mannes Zuflucht.

Anna Laager war deutscher Abkunft — das 14. Kind eines einfachen Kurzwarenhändlers zu Krems in Niederösterreich, geboren 1791 im Hause No. 332, jetzt Theaterplatz 5,

In Wien lernte sie Adam Liszt bei Geschäftsfreunden kennen und reichte ihm im Herbste 1810 die Hand.

Warmes Gemüt, friedvoller Sinn, sonnten aus den blauen Augen der Blondine, ihr gesundes Urteil, ihr liebenwürdiger Humor wurden gerühmt von jedem, der sie kannte.

Vier Monate vor der Geburt ihres Sohnes fiel die Mutter Franz Liszts beim Wasserholen in einen Ziehbrunnen, ohne daß ihr trotz Tiefe und Wasserreichtum desselben ein Leid geschehen wäre. Sie hielt dies Geschehnis für ein gutes Zeichen. —

Mit Kummer hatte die ungemein wirtschaftliche Hausfrau gesehen, daß der Vater ihrem sechsjährigen Wunderkinde zuliebe seine feste Stellung aufgegeben, gerne aber die häuslichen Ersparnisse von 1200 Gulden für die Ausbildung desselben in Wien hingegeben — denn sie glaubte unerschütterlich an den Beruf ihres Sohnes.

Als sie das Schicksal bestimmte, alleinige Wacht zu halten über dessen Entwicklung, suchte ihre Verstandeskraft ihn geistig zu befruchten, ihre unermüdliche Liebe, ihn seelisch zu erwärmen. Unablässig strebte sie in Paris zu lernen, um nachzuholen, was ihrer Bildung fehlte, damit sie dem Sohne würdig zur Seite stehen könne.

Dabei verloren ihre unvergleichlichen Herzenseigenschaften das einmal erkannte Ziel nie aus dem Auge.

Ihr fester Wille hatte mit Unterstützung des Beichtvaters Bardin, Liszt 1830 abgehalten, ins Kloster zu gehen, ihr zärtlicher Zuspruch hatte ihn der Kunst erhalten.

So oft sie den geliebten Sohn von den Stürmen der Weltstadt umbraust und gefährdet sah, rief sie, wenn man ihr gegenüber Bedenken äußerte, in felsenfestem Vertrauen aus: ‚Mein Franz'l wird's schon recht machen, ich weiß, was er ist.'*)

Als Liszt Vater geworden, und die privilegiert-Intakten sich im Tadel seiner ihr wohlbekannten Fehler ergingen, äußerte sie: „Man kann es ihm verzeihen wegen seiner großen Güte."

Die Erziehung ihrer lieben Enkel bildete ihr höchstes Altersglück. – Jeden Sonntag führte die Gutherzige die Kinder ihrer Mutter zu. – Des Sohnes Aufsteigen gewährte ihr innigste Genugtuung.

„Seine herzensgute Mutter" liebte auch der reife Mann „von ganzer Seele" und hoffte einige Zeit, sie in Weimar haben zu dürfen. Sie fand aber hier nicht Ruhe vor Sehnsucht nach ihren Enkeln, ihrem Hündchen und ihren zwölf Kanarienvöglein in Paris.

Stolz adressierte sie von dort in folgender Mélange: „A Mr. F. de Liszt, chambellan de Seiner Altesse le Grand duc de Weimar."

Briefe ihres Sohnes bedeuteten ihr immer Freudenfeste, sie las sie entzückt wieder und wieder und war glücklich, dieselben Auserwählten mitzuteilen.

Oft drückte sie den Wunsch aus, daß ihm alle Mutterfreuden, die er ihr bereitet hatte, vergolten werden möchten!

---

*) Aus dieser Zeit stammt ein von der Mutter eigenhändig durchschlagenes Eichenblatt, auf welchem sie Haare ihres Lieblings mit einem kunstvoll hergestellten Kranze weißer Vergißmeinnichtblüten umschlungen hat.

LISZT'S GEBURTSHAUS IN RAIDING

Als Liszt am 27. April 1865 der Mutter seinen Eintritt in den geistlichen Stand angezeigt und sie deswegen um Vergebung gebeten hatte, antwortete sie ihm am 4. Mai: — — ‚Alle guten Eingebungen kommen von Gott. Dieser Entschluß ist nicht ein Entschluß vulgaire — Gott gebe Dir die Gnade, ihn zu Seinem Wohlgefallen zu erfüllen. — — Tu me demande pardon! Oh, ich habe Dir nichts zu verzeihen! Deine guten Eigenschaften übertrafen viel, viel deine Jugendfehler. Du hast Deine Pflichten immer streng, in jeder Hinsicht erfüllt — wodurch Du mir Ruhe und Freude gewährtest. Ich kann ruhig und ohne Kummer leben, was ich nur Dir zu verdanken habe. — Lebe nun glücklich, mein liebes Kind. Wenn der Segen einer schwachen sterblichen Mutter bei Gott etwas bewirken kann — so sei von mir tausendmal gesegnet. Ich befehle Dich dem lieben Gott und verbleibe Deine treue Mutter.‘*)

Ihr vorzügliches Gedächtnis, ihre graziöse Liebenswürdigkeit setzten Anna Liszt instand, viele Züge der mit ihrem Sohne in Verkehr getretenen Persönlichkeiten treffend festzuhalten und durch Erzählung köstlicher, unversehens geißelnder Anekdoten ihre Plaudereien zu würzen.

Als sie in Weimar 1860 durch einen Unfall nacheinander beide Füße gebrochen hatte, blieb sie auf Krücken an ihre Wohnung in der weltverlassenen Rue de Guillaume gefesselt.

Vom Nachbargarten reichten zu ihrem Fenstergesimse Blütenzweige herauf. Mit ihnen und zugeflogenen Vögelchen hielt sie in ihrer Einsamkeit stundenlang Zwiegespräche, unter Tränen ihres einstigen kleinen Häuschens in Reiding gedenkend mit dem lieben Blumengarten, den Obstbäumen, den Haustieren — die alle in der glänzenden ungarischen Sonne so frisch gediehen waren**).

*) Vergl. Liszts Briefe an Fürstin Wittgenstein Bd. III (Br. u. H.)

**) Diese Mitteilungen, welche ich der Liebenswürdigkeit des Custos des ungar. National-Museums Professor Stefan Kereszty danke, stammen von Sandor de Bertha, einem persönlichen Freunde der Mutter des Meisters (vgl. die Nummer des Budapester Sonntagsblattes: ‚Vasárnapi Ujság‘ vom 31. Mai 1891).

Noch 1862 war sie eine so rüstige Frau, daß Blandine wiederholt ausrief: ,Wie bist du hübsch, Großmama!'

Zuletzt im Hause Ollivier's sorglich behütet und wie eine Heilige verehrt, erkrankte sie am 31. Januar 1866 an Bronchitis und hauchte am 6. Februar ihren Geist aus, während Liszt in Rom weilte.

Ollivier hatte Anna Liszt, wie er dem Meister berichtet, die Augen zugedrückt und zwei Scheideküsse gegeben, ,einen im Namen Liszts, einen im Namen Blandinens.'

Ihre Hülle ruht am Friedhofe von Mont parnasse. Der Mutter letzte Worte bewahrte der Sohn „in geheimer Herzenszelle und sie gewährten ihm Trost."

Seinen lieben Toten sang Liszt die sanft wehmütigen Verklärungs-Klänge seines noch kaum bekannten, ergreifenden ,Requiems.'

Ein letztes Aufflackern des früheren Liszt-Glanzes sah Weimar bei der Tonkünstlerversammlung im August 1861, der Wagner — zum ersten Male wieder unter deutschen Künstlern — beiwohnte und bei welcher der allg. deutsche Musikverein mit seiner ersten Tat hervortrat. Hätte man damals Liszt in Weimar ,Tristan und Isolde' aufführen lassen, er wäre vielleicht wieder in die frühere Stellung getreten.

Das geschah nicht, doch der Enkel Carl Augusts fühlte das Bedürfnis, das geschehene Unrecht zu sühnen.*)

Nach einer sehr freundlichen Korrespondenz folgte Liszt dem versöhnenden Rufe des Großherzogs edelsinnig und ohne

*) ,C'est un joli service, que nous à rendu là Monsieur de Dingelstedt' hatte er ausgerufen, als er Liszts Rücktritts-Erklärung erhalten.

ANNA LISZT (FRANZ LISZT'S MUTTER)

Im Alter

Groll nach Schloß Wilhelmstal und versprach ihm endlich, seinen zeitweiligen Aufenthalt wieder in Weimar zu nehmen. Doch blieb er sich bewußt, daß eine Rückkehr in die alten Verhältnisse, wie sie der Großherzog und der allgemeine deutsche Musikverein wünschten, nimmermehr frommte. „Soll ich wirklich wieder nach Weimar, wo ich mich inkrustiert fühle," schrieb er in dieser Zeit, „so kann es doch nur besuchsweise geschehen."

Vom 12. Januar 1869 an kehrte er dann wieder regelmäßig in Weimar ein und weilte dort jedes Jahr einige Zeit „als altes Inventarstück" — wissend, „daß er nie einen Ruheplatz finden werde, so lange er auch lebe."

Trotz der anfänglichen entschiedenen Weigerung Liszts, denn er wollte wie bei seinem ersten Eintritte in Weimar wieder im ‚Erbprinzen' seine Wohnung aufschlagen, richtete die Großherzogin Sophie für den Meister, zur steten Sorge der Fürstin Wittgenstein, welche dies Logis zu feucht und unwohnlich fand, das Stöckchen der ‚Hofgärtnerei' ein. Dasselbe bestand — ohne Küche — aus einem größeren und einem kleineren Zimmer als Arbeits- und Speiseraum, sowie einem Kabinette als Schlafgemach.*)

Dieselbe Gärtnerwohnung, jetzt Liszt-Museum, hatte vor Liszt Preller innegehabt und dort die ‚Odyssee' gemalt.

Jeden Morgen nach der Ankunft des Meisters in Weimar pflegte die Großherzogin Sophie das Ehrengeschenk von 3000 Mark — sein „Zigarrengeld", wie er im Hinblick auf seine Gewohnheit, reichlich Zigarren zu verschenken, scherzte — durch den Hof-Courier zu senden. —

Für die Bedürfnisse des Meisters sorgten ein Kammerdiener und die Haushälterin Pauline Apel, die kunstfertige „Transcripteuse der Klöpse und Scheel-Rippchen" — eine treue Seele, die noch heute als Beschließerin des Liszt-Museums

*) Über dem Kopfende von Liszts Schlafstätte hing ein uneingerahmtes Bild: ‚Die Verzückung des hl. Franz v. Assisi' — an der Langseite derselben ein solches des Schweißtuches der hl. Veronica mit dem Christus-Antlitz.

gerne erzählt, wie Liszt ‚so was Liebes im Auge' hatte, — womit sie trefflich die in Liszt lebendig gewesene Ausdrucksmischung des Blickes Bismarcks und Wagners zeichnet.

Trotz fortwährender Schikanen des eifersüchtigen, im Parterre hausenden Hofgärtners, der sich durch Liszt beengt fühlte und wütend war, daß in seiner Küche mit Konserven für Liszt gekocht wurde, trotz der vielen Unbequemlichkeiten dieses ‚Heims' fühlte sich der Meister doch zuletzt in dem weinumrankten, luftigen Häuschen, in dessen Schaffensstube sonnenumgoldete Baumzweige hereinnickten, von denen manchmal fröhlicher Vogelsang erscholl, am wohlsten und ungestörtesten, sorgloser und weniger geärgert als in Rom und Pest.

Ein entzückend poesie-umsponnener Weg führte mich vom Hotel ‚Zum Elefanten' durch den Park zum Hofgarten, zu dessen Hinterpförtchen mir der Schlüssel eingehändigt war, damit ich täglich früh 5 Uhr so schnell wie möglich zum Meister eilen konnte.

Der Morgen des 18. Mai 1886, mit welchem die trauten Weimarer Stunden mit dem Meister für mich wieder beginnen sollten, war strahlend hell.

Dem Frühlingsdufte, der den Blüten des Parkes entströmte, schien sich ein Hauch aus der geistigen Welt zu vermählen,

LISZT

zur Zeit seiner letzten Pariser Triumphe

welche die Stätten vom Frauen-Plane bis zur Altenburg und Hofgärtnerei umfloß, und Ehrfurchtsschauer durchzitterten mich, als mir von weitem Liszt vom Fenster aus freundlich zuwinkte, während aus dem allüberall emporglänzenden Verklärungsschimmer die Melodien von ‚Waldesrauschen' und ‚Vogelpredigt' mein Ohr umkosten. –

Väterlich lieb kam er mir in fröhlichster Stimmung schon auf der Treppe entgegen.

Lustig plauderte er von seinen letzten „Komponistensensationen" namentlich von dem Riesenerfolge der ‚Graner Messe' in Paris, die 1866 dort durchgefallen war, während sie nun 42 000 Francs eingetragen hatte. Ihre volle Wirkung war ihm jetzt bloß dadurch beeinträchtigt erschienen, daß nur Knabenstimmen in den Pariser Kirchen zugelassen werden.

„Doch mindestens in den Soli sollten Frauenstimmen singen, damit sie das Ganze dominieren, aber ich wollte nicht um besondere Erlaubnis ansuchen und für mich auch keine Ausnahme verlangen," berichtete er.

„In Paris ist man klug und verkauft die Kirchenplätze – die Geldeinnahme ist ja der erste Maßstab des Erfolges in unserer Zeit. Kassa und Effekt sind die Schlagworte von heute."

„Übrigens heißt es in Paris nicht: ist das Orchester oder der Chor gut, oder wie ist die Aufführung selbst, sondern in erster Linie: wer singt die Soli, singt Faure oder einer der anderen Künstler, die gerade en vogue sind? – Faure will immer 500 Francs mehr als die anderen Solisten und die Proben sind enorm teuer, sie kosten viele Tausende – tout comme chez nous."

„In der ‚Elisabeth' staunten die Hörner ob der übermäßigen Dreiklänge. Das wollte ihnen nicht munden. Dann aber brachten sie's doch passabel."

„Mit Rubinstein spielte ich bei Munkacsys in den letzten Pariser Tagen drei Robber, das einzige Whist auf der ganzen Reise, zu dem ich extra aus dem Bette aufstand."

Liszt beschrieb weiterhin die lustige „Komponistenhochzeit“ der Tochter Gounods und betonte, wie dieser und Thomas sich gut gegen ihn benommen hätten; er erzählte von der Büste, die ihm, der 45 Jahre nicht in London gewesen, Königin Viktoria am 7. April in Windsor geschenkt hatte, von den „Rauchkonzerten“ des Prinzen von Wales und scherzte über eine damals viel besprochene Persönlichkeit: „Er ist wie der Mann unterm Bett, den die Frau mit einem Besen hervorkehren will und der auf ihre Frage: ‚Willst du nicht gleich hervorkommen?‘ — sagt: ‚nein, ich will zeigen, daß ich der Herr im Hause bin‘!“

Gelegentlich der Besprechung der ihm gewordenen Auszeichnungen erinnerte er sich: „Der Herzog von Mecklenburg war so generös, daß er seinerzeit sagte: ‚Ach was, Orden! — Das können wir mit goldenen Dosen abmachen‘!“

„Später aber,“ setzte er hinzu, „mußte er doch auch nachgeben. Die Mecklenburger zeichnen sich dadurch aus, daß sie nicht knickerisch sind — eine, bei fürstlichen Häuptern nur sehr ausnahmsweise vorkommende Eigenschaft!“

„In Lüttich, wo ich seinerzeit auf offenem Platze mit Fêtis durch den Leopoldorden geschmückt wurde,“ fuhr er fort, „waren wir im hintern Salon, als sie vorne die Fenster einschlugen. Alle zehn Minuten kamen Botschaften über den Arbeiteraufstand an den Bürgermeister, der, nachdem er seine zwölf Austern gegessen hatte, fort mußte.“

Beim gemütlichen Mittagmahle zu zweien äußerte Liszt, als wir auf seine Gesundheit zu sprechen kamen: „Der Arzt Munkacsys hat mir die tröstlichsten Versicherungen gegeben. Er untersuchte mich, fand, daß Lunge, Magen, Herz ganz in Ordnung seien und befriedigte mich außerordentlich, als er meinte: ‚Etwas Kognak dürfen Sie schon trinken, Sie brauchen das!‘ ‚Oh!‘, rief ich aus, ‚Sie sind ein ganz vortrefflicher Mann!‘ — Madame Munkacsy pflegte mich wie ein Kind und räumte mir ihr Schlafzimmer ein. Ein kleines Hündchen schlief dort oft zu meinen Füßen. Eines Tages kam es abhanden und wurde gebissen wiedergefunden. Der arme Kerl, ein allerliebstes Tier, schwärzlich mit grauem Gesicht, muß nun drei Monate zur Beobachtung in einem Spitale bleiben, wo täglich drei Francs für ihn gezahlt werden. — Sogleich nach meiner Ankunft hier mußte ich meinem Versprechen nachkommen und Frau Munkacsy telegraphieren, wie es mir ergeht."

Während dieser Schilderung kam ein Telegramm Madame Munkacsys an den Kammerdiener Miska: ‚Wie befindet sich Meister heute?'

Gleich danach eines von Frau Wagner, das mir der Meister innig erfreut mit den Worten zeigte: „Denken Sie! — meine Tochter besucht mich!"*)

Um 3/4 7 Uhr abends fuhren wir zur Bahn, wo sich auch eine Deputation des Leipziger Liszt-Vereins verabschiedete, die Liszt den Winterfeldzugsplan des damals von Martin Krause so erfolgreich geleiteten Vereines unterbreitet hatte.

„Seit man seine fünf Mark für den Liszt-Verein zahlen muß, ist alles anders geworden," scherzte der Meister.

Um 1/4 8 Uhr traf Frau Wagner ein, die Liszt seit dem Abschiede in Venedig nicht mehr gesehen hatte, außer — ohne sie zu sprechen — „mit Mühe im Dunkel eines ‚Parsifal'-Endes." —

Es war ein ergreifender Augenblick, als — da die Wittwe Wagner's in Trauerkleidung dem letzten Wagen entstieg — ihr der Vater mit tief entblößtem Haupte die ganze Zuglänge entgegeneilte und sie voll Rührung zweimal küßte.

Liszt hatte, wie erwähnt, fest vorgehabt, dies Jahr den Bayreuther Festspielen ferne zu bleiben. „Cosima verlangt nicht nach mir", meinte er. Nachdem ihn aber seine Tochter, welche die Nacht in der „Hofgärtnerei" verbrachte, andern Tags um 1/2 2 Uhr verlassen hatte und wir vom Bahnhofe heimfuhren, verkündete er mir seinen Entschluß, den

*) „Cosima est venue me retrouver" — berichtet der Fürstin Wittgenstein ihr „Umilissimo Sclavissimo". —

ersten Bayreuther ‚Tristan'-Vorführungen nunmehr doch assistieren und der Vermählung seiner Enkelin Daniela am 3. Juli in Bayreuth beiwohnen zu wollen.

Der Meister sollte auf Wunsch von Frau Wagner mit mir in Wahnfried wohnen. – Er lehnte es aber nach früheren Erfahrungen ab und mietete sich wieder bei Forstrat Fröhlig ein, wie in den letzten Jahren seit 1883.

1882 hatte er das letztemal in Wahnfried, im jetzigen Empfangszimmer gewohnt.

Als er dort eines Tages während der Abwesenheit Wagners (bei Proben im Festspielhause) einige Pianisten hörte, kehrte Wagner unerwartet früher heim und es kam wegen der ‚ewigen Klavierklimperei' zu unangenehmen Szenen.

Zu dieser Zeit bildete die Goethe-Versammlung vom 2. Mai 1886 das Tagesgespräch.

Liszt meinte hierzu: „Den Goethe-Götzendienst mache ich nicht mit."

„Ich habe meinen ganz eigenen Goethe-Kram, in den ein paar Briefe Goethes passen, die man wohl nicht in die neue Ausgabe aufnehmen wird, da sie sich über Weimar in nicht ganz angenehmer Weise auslassen und Sachen enthalten, die ganz zu meinen Weimarer Erfahrungen stimmen."

„In der Schrift Vogels über Frau v. Stein ist alles verpatzt, da man aus den Briefen Goethes gar manches entfernt hat, was unangenehm berührte."

„Meiner Ansicht nach hat Stahr das Beste über Frau v. Stein geschrieben, obwohl es damals hier allgemeinste Indignation hervorrief, weil es ganz richtig war."

„Meine Meinung über die Frau ist keine sehr hohe. Sie hat Goethe weidlich ausgenützt und ihm auch noch ihren Sohn an den Hals geschickt."

„Natürlich! – Frau v. Stein als Schutzengel Goethes, das wird bei Hofe gern gehört, dafür ist es aber auch nicht wahr!"

„Vor der Einschließungswut der Erben Goethes habe ich gar keine Ehrfurcht. Im Gegenteil, es sind Philister." –

Am Freitag, den 21. Mai, hielt der Meister wieder die erste offizielle ‚Stunde' in Weimar, nach der ‚Mors et vita', das damals neue Oratorium Gounod's, durchgenommen wurde, welches Liszt aus Paris mitgebracht hatte.

„Gounod muß irgendein verborgenes ‚Requiem' gehabt haben, das er hier untergebracht hat," meinte Liszt. „Das könnte auch Schneider in Dessau oder Lachner in München komponiert haben." —

An einem Morgen, als ich später wie sonst gekommen war, empfing er mich am Arbeitstische mit den Worten: „Nun, gewünschter Partner und Gegner, wo steckt man? Als ich dies hier komponierte, habe ich an Sie gedacht. Es gehört ganz Ihnen ‚zum Repertoire der Totenkammer'."

Dabei übergab er mir das Manuskript des ‚Trauer-Vorspieles und Trauer-Marsches', durch dessen Widmung er mich auszeichnete, weil er meine Vorliebe für seine Trauerdichtungen kannte.

„Oh!" fügte er bei, „ich habe oft solche Friedhofstimmungen. Nur zu oft!" *)

Der 30. Mai brachte zu Liszts besonderer Freude den Besuch seiner verehrten Biographin L. Ramann, die er sonst alljährlich in ihrer Nürnberger Schule am Dürerplatze aufzusuchen pflegte.

Nachmittags wurde bei lustiger Bowle — der letzten vom Meister gegebenen — ein neues ‚Quintett' von Urspruch durchgespielt, worauf ich die ‚Variationen' über ‚Weinen, klagen'

*) Während eines Konzertes, dem Liszt in der Londoner ‚Princess-Hall' beiwohnte, empfing er ein in London aufgegebenes Telegramm, welches ohne Unterschrift die Worte enthielt: ‚Etes vous prêt à mourir? La mort vient vite!' Es wurde ihm von der Begleiterin, die er gebeten hatte, es zu öffnen, vorenthalten. —

und den Anruf: ‚An die Zypressen der Villa d'Este' vortragen mußte.

Den Beschluß der musikalischen Darbietungen machte der Meister selbst mit einer Etüde von Keßler, dem zweiten seiner ‚Liebesträume', und der zweiten Poesie seiner ‚Glanes de Woronince.'

Tags darauf führten Neitzel und Urspruch neue Opern vor und Sophie Menter erschien — herzlichst begrüßt — mit ihrem Kater Klex. „Von den vielen eingebildeten Kindern, deren Vater ich sein soll, ist sie das einzig legitime!" — scherzte Liszt.

Sein Befinden war in dieser ganzen Zeit schwankend. Augenschwäche und Anschwellen der Füße verursachten stets mehr Beschwerden, so daß er, begleitet von Baronin Meyendorff, am 1. Juni um 7 Uhr morgens zur Konsultation der Professoren Volkmann und Gräfe nach Halle fuhr.

Am Morgen des nächsten Tages fand ich ihn ganz hinfällig, — dennoch aber am Schreibtische.

„Nun, ich glaubte besser wegzukommen!" — empfing er mich erschüttert. „Denken Sie — ich habe Wassersucht!"

„Ich frug Dr. Volkmann: was ist das in den Füßen? Er war verlegen und meinte, ‚das sagt man nicht gern'. Ich erwiderte: ‚Also Wasser?' — Er nickte: ‚ja'!"

„Das Augen-Leiden habe ich mir ja verdient durch vieles Lesen und Notenschreiben bei Licht und im Waggon auf meinen Reisen. — Das andere aber" — zitterte er zerknirscht, „glaubte ich vielleicht nicht verdient zu haben." — —

Nachdem ich den Meister auf andere Gedanken zu bringen versucht hatte, klangen um 9 Uhr plötzlich dunkle Moll-Orchesterklänge vom Garten herauf.

Die feierlichen Akkorde von Liszts ‚Goethe-Festmarsch', dessen dreiteiliger Takt dem Meister sonst viel Spaß bereitete, ergriffen mich heute tief und ich mußte mich gewaltsam fassen, um nicht merken zu lassen, wie mich dabei das Bild des siechen Meisters rührte!

Er bat mich, hinabzusehen.

Es waren vor der Haustüre etwa 40 junge Leute der großh. Orchesterschule aufgestellt, die unter Leitung Müller-Hartungs dem Meister ein Morgenständchen darbrachten. Als Liszt am offenen Fenster erschien, betonte der Dirigent in bewegter Ansprache, wie in fernsten Tagen noch jeder Teilnehmer dieser Stunde gedenken werde, worauf sich der Meister von mir hinab zur Jugend führen ließ, im Verkehre mit ihr wieder mehr Haltung gewinnend.

Als die bisher ungedruckte zur Vermählung der Fürstin Reuß komponierte ‚Festpolonaise' vom Jahre 1876 angestimmt wurde, die der Meister zu wiederholen bat, weil ich sie noch nicht gekannt hatte, sagte er mir: „Die Klaviergeschichte davon*) sandte ich der Baronin Meyendorff und Lassen instrumentierte sie. Solche Sachen noch zu instrumentieren habe ich keine Zeit und Lust mehr."

Um ½ 2 Uhr desselben Nachmittags schon ging es nach Sondershausen und Liszt blieb zu bewundern, wie ihn der Wille, seine Pflicht als Haupt des Allg. deutsch. Musikvereins zu erfüllen, wieder Stimmung und festen Halt gewinnen ließ.

Auf der Fahrt wurden im Salonwagen, der bunten Gesellschaft entsprechend, die verschiedensten Themata gestreift.

„Der alte Fürst von Sondershausen war der Regierungsgeschäfte müde und dankte ab" — plauderte der Meister. „Seither trommelt er mit Vorliebe. Er hat mindestens sechs Trommeln und hat mir schon einmal vorgespielt. — Sondershausen ist der angenehmste aller Kapellmeisterposten, den es gibt. — Stein und Erdmannsdörfer haben im ‚Loh' zu allererst meine ‚symphonischen Dichtungen' ganz famos aufgeführt. Anderwärts wollte man von den Sachen nichts wissen. Es machte mir damals Spaß, die neun ersten derselben sehr rasch zusammen erscheinen zu lassen und ich mußte die ganze Serie je in 30 Exemplaren Breitkopf & Härtel abkaufen. — Ich sandte dann die Dinger allen möglichen

*) Siehe Beilage.

Orchestern und Musikanten zum Geschenk. Man ließ sie aber in den Archiven unangesehen verschimmeln. — Zuerst schickte ich ‚Tasso' und ‚Orpheus' an die Firma. Alle neun gleichzeitig herauszugeben, hätte damals kaum ein anderer Verleger getan. — Nur die ‚Berg-Symphonie' machte mir sehr lange zu schaffen. Der Ausführung nach war ‚Prometheus' die erste Nummer. Die ‚Héroïde funèbre' und ‚Hamlet' habe ich nie im Orchester gehört und erst vor kurzem durch Göllerich und Stradal das erstemal auf zwei Klavieren."

„Die ‚Festklänge' wurden zuerst zum 50jährigen Jubiläum von Marie Paulowna's Einzug in Weimar aufgeführt."

„Die Frau Fürstin wollte seinerzeit, daß ich eine Symphonie: ‚Das Drama der Geschichte' nach Kaulbach komponiere. Ich bin aber nur zur ‚Hunnenschlacht' gekommen*)."

Als ich das Gespräch auf A. Bruckner lenkte, teilte Liszt mit: „Für diesmal — habe ich Riedel gesagt — mögen im Programm der Tonkünstlerversammlung die russischen Komponisten wegbleiben und das Schwergewicht solle auf Bruckner gelegt werden."

„Ich wollte deshalb auch, daß mein ‚Christus' gestrichen werde. Schröder will aber nicht davon lassen."

„Bruckner leidet an einem schleichenden Fieber von Symphonien."

Da ich hierauf für Bruckners Schaffensvermögen eintrat und auch die imperatorische Kunst seiner ‚Orgel-Improvisationen' pries, erwiderte Liszt: „Ich halte nicht besonders viel vom Improvisieren — immer kommen dabei viele Floskeln und Gemeinplätze zur Anwendung und es ist kaum

*) Ein Skizzenbuch des Liszt-Museums enthält Liszts Notiz: „Weltgeschichte in Bildern (W. Kaulbach) und in Tönen (Liszt), dem Andenken S. M. des Königs Friedrich Wilhelm IV. gewidmet. 1857 hatte Kaulbach eine Zeichnung: Liszt als Orpheus entworfen, in den Höhen umkreist von Scharen horchender Geister, aus der Tiefe Ochs, Esel und anderes Getier zu sich emporziehend.

möglich, im Momente wirklich Sinnvolles in richtiger Ordnung und Übersicht zu bringen."

Um 4 Uhr erfolgte die Ankunft in Sondershausen. Wir wohnten in der ,Tanne'. Kaum dort angelangt, mußte ich Liszt Grimms Schrift über die Vernichtung Roms vorlesen.

„Ich habe gar nichts dagegen," illustrierte der Meister die damaligen Proteste gegen die Modernisierung der ewigen Stadt, „wenn daselbst einige Misthaufen weniger sein werden."

Er erinnerte sich wohlig der eben genossenen englischen Bequemlichkeit im Gegensatze zur südlichen Lässigkeit und betonte mit kostbarer Geste: „Die englischen Häuser sind so stilvoll gebaut wie eine Sonate." –

„Was wirkliche Bequemlichkeit betrifft, sind sie in England weit voraus gegen andere Nationen. Die Häuser sind nicht sehr hoch und die Küchen nur im Parterre – nicht wie in Paris und Wien, wo man in jedem Stock den Küchengestank hat."

Am selben Abend war zur Vorfeier der vom 3. bis 6. Juni tagenden Tonkünstlerversammlung gesellige Zusammenkunft im Hôtel ,Tanne'.

Obwohl Liszt „Schmausereien nie gemocht", ließ er es sich nach diesem anstrengenden Tage doch nicht nehmen, auch hierbei in leutseligster Weise den geistigen Mittelpunkt zu bilden. Es waren die letzten Opfer, die er dem ,Allgemeinen deutschen Musikvereine' gerne darbot.

In der Überzeugung, daß zwischen Kunstwerk und Publikum die richtige Vermittlung das Wichtigste sei, hatte er schon beim Leipziger Musikfeste des Jahres 1859 diesen Verein gegründet als Zufluchts-Stätte jenes im Sinne einer fortschreitenden Entwicklung Neuen, das unter den Verhältnissen alltäglichen Musikbetreibens nicht zum Leben erwachen konnte.

„Die Lebenden zuerst!" war stets sein Losungswort. „Ohne für sie die Verherrlichung der Apotheose zu verlangen" — schreibt er in seinem Aufsatze über R. Franz — „fordern wir ein ihrem Verdienst gemäßes Bürgerrecht ohne ewige Verdammungsdekrete, welche sie als gefährliche Brandstifter, als schuldig an dem Verfalle der Kunst der Volksrache bloß darum überweisen, weil sie es anders machen, als die früheren Meister und, auf andern Wegen nach andern Idealen strebend, auch Meister werden." —

Brendel, Gille, Riedel und Ad. Stern waren die seitherigen Jahre hindurch im Direktorium des Vereines seine getreuen Helfer und Pfleger gewesen. Nicht nur aufführen, sondern auch herausgeben sollte die neue Vereinigung ungehobene Schätze alter und neuer Zeit. Liszt dachte hierbei zunächst an die Werke von Schütz.*)

Zur Förderung alles künstlerisch Echten und Guten endlich, war nach Schumanns Tode die ‚Neue Zeitschrift für Musik' als Vereinsorgan ausersehen, dessen Leitung Peter Cornelius übernehmen wollte.

---

*) Bezüglich seiner Grundgedanken über die Verpflichtung der Vergangenheit, Gegenwart und Zukunft vergl. sein Essay über Webers ‚Euryanthe'. (Gesammelte Schriften.)

LISZT AM NOTENPULT

Behufs Unterstützung verdienter Tonkünstler veranlaßte Liszt 1871 in Erinnerung an Beethovens Säkularfeier die Gründung der Beethoven-Stiftung des Vereines. Mit den von Ort zu Ort wandernden Versammlungen verbundene Musikertage, deren erster 1869 in Leipzig stattfand, sollten die Lage der Tonkünstler beraten, ihre soziale Stellung, ihren Einfluß befestigen helfen.

Wie wäre der Meister erfreut gewesen, hätte er das mächtige Wachstum des heute über 1000 Mitglieder zählenden, durch Männer wie R. Strauß und M. Schillings reorganisierten Vereines erleben und sehen dürfen, wie in unsern Tagen seine eigenste Absicht darin verwirklicht wird, daß die universalen Programme der Tonkünstlerfeste ein getreues Abbild des zeitgenössischen Kunstschaffens, auch auf musik-dramatischem Gebiete, zu geben versuchen, insoferne dasselbe ausgefahrene Geleise im Sinne wirklichen Vorwärtsschreitens verläßt! –

Wo es nur möglich war, suchte Liszt die Beethoven-Stiftung zu bedenken, durch sich und andere! Wie oft war er bemüht, die Defizite der Tonkünstlerversammlungen persönlich zu decken! –, bei Aufstellung ihrer Vortragsordnungen aber seine eigenen Werke möglichst auszulassen. –

Dem ‚Allgemeinen deutschen Musikvereine' zuliebe verließ er seine römische Ruhe und reiste 1864 zur Tonkünstlerversammlung in Karlsruhe wieder nach Deutschland, damit der Großherzog von Weimar, „der sein Protektorat des Vereines nicht als müßig leichtfertiges ansah", seiner Lieblingsschöpfung Hilfe und Stütze leihe.

Als es mir bei der Vorfeier in der ‚Tanne‘ um 9 Uhr endlich gelungen war, den Meister in sein Stübchen zurück zu bringen, war er in bester Laune. Ich mußte ihm zuerst noch das Himmelfahrts-Evangelium mit ‚Epistel‘ und ‚Hymnus‘ vorlesen, zum Schlusse aber — als er schon zu Bette — einige ‚geflügelte Worte‘ aus der Sammlung von Büchmann zum besten geben, die ihm besonderes Vergnügen bereiteten.

Um $^{3}/_{4}$10 Uhr endlich schlief der Meister ein.

Daß ich am 3. Juni nach seinem Wunsche — „so bald als möglich“ — schon gegen $^{1}/_{2}$5 Uhr morgens bei ihm war, bereitete ihm außerordentliche Freude, die er mir auf die rührendste Art zu bezeigen suchte.

Die Vorlesung einer Einführung zum ‚Christus‘ von B. Schrader in der ‚Nordhausener Zeitung‘, die ihm sehr gefiel, entlockte Liszt die Bemerkungen: „Der ‚Christus‘ ist wohl ehrlichst gemeint und niedergeschrieben. Die Pläne hiezu reichen bis Anfang der 50er Jahre zurück. 1853 sprach ich Wagner in Zürich davon sehr eingehend. In Francesca Romana*) und am Monte Mario*) habe ich das Werk 1864 innigst empfunden, vermochte dies aber leider nur sehr dürftig auszudrücken. 1866 war ich fertig. Die erste teilweise Aufführung geschah 1867 in Rom in der ‚Salla Dante‘ unter Sgambati und fiel durch. Gleich am Anfange patzten damals die Trompeten.“

„Nach der Tonkünstlerversammlung in Baden-Baden ließ sich die Kaiserin Augusta die ‚Seligkeiten‘ und das ‚Pater noster‘ wiederholen.“

„Bei der ersten Aufführung des ‚Weihnachtsoratoriums‘ in Wien 1871 unter Anton Rubinstein vermochte im ‚Stabat

*) den beiden römischen Klöstern.

mater speciosa' der Chor die Stimmung absolut nicht zu halten, bis ich ein Harmonium hineinstellen ließ. Mit Ihrem Freunde Bruckner an der Orgel war ich damals gar nicht zufrieden. Der Erfolg war passabel."

„Einige Tage später ließ sich jedoch Hanslick vernehmen, ich hätte das Hauptthema dem ‚Schatten-Walzer' aus ‚Dinorah' von Meyerbeer entlehnt, sei sonst aber ein achtbarer Mann und unübertroffener Klavierspieler. — Das brachte damals viele Freunde von mir ab. Bruckner war voll Mitleid wegen Hanslicks. — Dieser tat bei unseren Begegnungen immer sehr nett. Wir spielten einmal das ‚ungarische Divertissement' von Schubert miteinander vierhändig und er war einst nahe daran, mir das ‚do-ti = tu-ti' der II. Rhapsodie vorzumachen — ich winkte aber ab."

„So oft ich Herrn Hanslick sehe, werde ich ganz ruhig. Ich habe übrigens die Hanslickiaden nie verletzend genommen und sagte ihm eines Tages, als seine Frau mir vorsang: ‚Es muß ein Wunderbares sein!': ‚ich bin wohl der Schleifstein, an dem Sie Ihr kritisches Messer wetzen'?"

„Auf die beiden ‚Stabat mater' hat mich mein Schwiegersohn Ollivier aufmerksam gemacht. Er meinte, sie entsprächen meiner Kompositionsart ganz besonders und ich würde sie popularisieren."

„Am ‚Stabat mater dolorosa' schreckt sich stets Alles. ‚Diese Länge und diese Dürre', heißt es."

„Die ersten Aufführungen des ganzen Werkes fanden statt zu Weimar, Pest und München."

„In Weimar hatte man 1873 zu wenig Zeit zum Einstudieren, denn man war besorgt, gleichzeitig eine komische Oper herauszubringen."

„Trotzdem hat Wagner nach dem ersten Hören des ‚Christus' in unvergeßlicher Weise über die Komposition zu mir gesprochen, in Worten, die ich nicht wiederholen mag, die aber zu den tiefsten Genugtuungen meines Lebens zählen."

„In München gab Hoffbauer das Werk mit opferwilligster Begeisterung, aber unzulänglichen Mitteln. Als König

Ludwig davon hörte, ließ er Levi seine Unzufriedenheit darüber melden, daß er das Werk nicht im Hoftheater gegeben. Er befahl sogleich eine Separat- und eine öffentliche Aufführung dortselbst."

„Die erste gelungene Wiedergabe, die Furore machte, brachte Kniese in Frankfurt a. M. zustande."

Zur Vorfeier des 76. Geburtstages seines Ehrenpräsidenten hatte es sich das Direktorium des ‚Allgemeinen deutschen Musikvereines' trotz aller Proteste des Meisters nicht nehmen lassen, zum ersten Male ein eigenes Liszt-Konzert im Hoftheater unter Leitung Carl Schroeders anzusetzen.

‚Die Ideale,' ‚Totentanz' (mit Siloti), ‚Was man auf den Bergen hört', ‚Hunnenschlacht' und die erste Darbietung von vieren der eben vollendeten ‚historischen ungarischen Porträts' in der Instrumentation von A. Friedheim waren die Höhepunkte des stolzen Programmes. Charakteristisch bleibt, daß der Meister hierbei die Orchesterfassung der ‚Berg-Symphonie' zum zweiten, jene des ‚Hamlet' zum ersten Male in seinem Leben hörte – knapp zwei Monate vor seinem Hinscheiden! –

In der Vormittagprobe, die wir schon um 9 Uhr besuchten, erzählte er von der ‚Bergsymphonie', diesem gewaltigen Denkmale der Geistesströmung einer ganzen Kulturepoche.*) „Sie ist" – teilte er mit – „der Idee nach die erste meiner symphonischen Dichtungen und reicht bis ins Jahr 1830 zurück,

*) Wagner bedeutete das Werk, welches einen Vorklang des ‚Regnum coelorum' im ‚Christus' bringt und die Naturlaute des ‚Frohn-Motives' in ‚Rheingold' und der ‚seligen Öde auf wonniger Höh'' in ‚Siegfried' vorausnimmt ‚die höchste Wonne!'

wo mir das Gedicht V. Hugos die Anregung gab. Mit der Ausarbeitung bin ich erst 1857 fertig geworden. Beim Anachoreten-Gesang habe ich mir Einsiedler am Berge, Karthäuser bei Grenoble, im Süden Frankreichs, gedacht. Das ‚Gebet' hatte Hugo im Gedichte nicht. Ich brauchte das. – Ein sehr gutes Programm zur Bergsymphonie hat Dräseke bei der Meininger Tonkünstlerversammlung geschrieben. Brendel meinte, sie sei ein Werk, wie es nicht alle Tage geschrieben werde." –

Der Nachfeier dieses Konzertes im ‚Loh' wohnte Liszt in sprudelnd heiterer Laune bis 11 Uhr nachts bei.

Am nächsten Morgen schlief er ausnahmsweise bis 6 Uhr, und war um 9 Uhr wieder munter in der Orchesterprobe.

Vorher hatte es ihn erfreut, als ein Brief seines besonders geschätzten Schülers Ed. Reuß eintraf, der ihn um die Patenschaft bei seinem Söhnchen anging.

„Haben Sie schon einen Taufpaten?" – fragte er mich scherzend – „Schade! Ich wäre es gern geworden. Es passierte mir öfter, daß mich Leute zum Paten einschreiben ließen, ohne daß ich's wußte. – Das soll Glück bringen. Nun, meine bisherigen Paten prosperieren auch so ziemlich!"

Liszt wollte, daß bei dieser Tonkünstlerversammlung eine ganze Symphonie A. Bruckners angesetzt werde.

Bruckner war auf meine Anregung hin Mitglied des ‚Allgemeinen deutschen Musikvereines' geworden und zu dieser Zeit noch so wenig bekannt, daß die Tonkünstlerversammlung des Jahres 1885 das Cis moll-Adagio seiner ‚Siebenten' in E dur als einer ‚Symphonie in A dur' (!) entstammend verkündigt hatte! –

Dem Antrage Liszts entgegen fand man es besser, nur den ersten und dritten Satz der noch ungedruckten ‚Vierten Symphonie', die als eine ‚romantische' zu verraten sich der scheue Bruckner damals nicht getraute, sowie das ‚Streichquintett' zu spielen.

Die ganz heterogene Natur Liszts stieß sich im ersten Satze der derb und zu wenig ausgearbeitet gebrachten

'Es dur-Symphonie' bei dem geharnischten Triolenthema an den „brutalen Hörnern".

Bei der Gesangsperiode desselben Satzes raunte mir der Meister zu: „Floskeln!" — „Instrumentierter Clementi!" und als beim ‚Scherzo' ein bekannter musikalischer Redakteur das Bülowsche Wort aufwärmte: ‚Bruckner sei halb Genie, halb Trottel' — meinte Liszt: „Man hat die Wahl zwischen einer Jagd und einem Kikeriki." — —

Nach der Aufführung des ‚Streichquintettes' durch das Weimarer Halir-Grützmacher-Quartett bemerkte er: „Darin ist doch einiges, was mir gefällt, obwohl mir das Ganze nicht behagt."

Das ‚Adagio' dieser noch heute zu wenig gepflegten Schöpfung hatte übrigens der Meister früher schon gerne mit seiner „Cousine" Hedwig v. Liszt*) vierhändig gespielt. — — —

Als gelegentlich eines Besuches Hans v. Bronsarts das Gespräch auf die damals akute ‚Lohengrin-Frage' in Paris kam, erzählte Liszt: „Gounod und Saint-Saëns haben sich zuerst sehr anerkennend gegenüber Wagner benommen."

„Der erstere, der gedacht hatte, Goethe ganz ergründet zu haben — er hat auch gehörig lange dazu gebraucht, und der Erfolg des Werkes ist eine Blamage für die deutschen Kapellmeister — wurde durch Wagners Auslassungen über ‚Faust' als ‚Kokotten-Oper' verstimmt."

„Saint-Saëns schätzt sehr den ‚Lohengrin,' ist aber dem letzten Stil Wagners nicht ergeben. Man kann ja seine Meinung haben. Diese Wagner-Pression kann ich nicht leiden, es ist zu arg! Was ich über den letzten Stil denke, ist ja ganz hinreichend bekannt. Wagners Pamphlet ist sehr bedauerlich. Ich hatte seinerzeit größte Mühe, ihn davon abzuhalten, daß er es in Berlin aufführen ließ."

„In der Lohengrin-Frage gibt es zwei Standpunkte: 1. Kein von der Regierung bezahltes Theater kann ‚Lohengrin' geben, wegen Wagners Hohn. 2. Man soll den Künstler vom Menschen trennen."

*) der Tochter Eduards.

„Ich bin gegen alle Demonstrationen im Theater und in Konzerten, denn sie stören die Aufführung, entmutigen und sind überhaupt ein Überrest von Barbarei."

„Der Ansicht Saint-Saëns', daß man in Deutschland zu wenig französische Werke aufführt, bin ich ganz und gar nicht. Was aufführbar ist — in der letzten Zeit wenig — wird auch in Deutschland gegeben."

Am 4. Juni nachmittags 3 Uhr wurde der Meister im Freien, und zwar im Kreise seiner Schüler und Freunde das letztemal photographiert. Hiernach wohnte er bis 1/2 5 Uhr einem Vortrage Dr. H. Riemanns bei, wobei ich ihm einige Vokabeln des Theoretikers erklären durfte. — —

Der 5. Juni brachte die Generalprobe und vorzügliche Aufführung des ‚Christus' in der Stadtkirche. — Dorthin waren wir um 1/2 9 Uhr zu Fuß gewandert.

Beim Schlusse des ersten Teiles des ‚Marsches der hl. drei Könige' bemerkte Liszt leise: „Da hätte sich Ihr Freund Bruckner eine Wiederholung nicht nehmen lassen!"

„Der ungarische Teil des Marsches chokierte seinerzeit Müller-Hartung sehr. Indessen hat Rubens auf seinem Bilde Flamänder gezeichnet, also kann auch ich einem meiner Magier einen gewichsten Schnurrbart geben. Das geniert mich gar nicht!" —

Die Realistik des ‚Seesturmes' wünschte Liszt besonders hervorgehoben, der Verzweiflungsschrei der Jünger konnte ihm gar nicht forciert genug gebracht werden.

Als der Sänger des ‚Christus' den Ausruf: ‚O ihr Kleinmütigen!' stimmschwelgend als weiche Schönheitskantilene brachte, stürzte der Meister fast grimmig auf ihn los und rief: „Sie müssen das mit Bitterkeit den kleinen Seelen vorwerfen, als wollten Sie sagen: „Was seid ihr für feige Bengels!"

Bei den Unendlichkeitsgefühl malenden Feierharmonien des Schlusses des ‚Wunders', da das Thema der ‚Seligkeiten' friedvoll wiederkehrt, drückte mir der Meister leise die Hand und hauchte mir ins Ohr: „Glaubt nur, dann wird euch geholfen!" —

Während der Ölbergszene mit den Amfortas-Lauten des Schlusses wurde mir zur Gewißheit, daß eine späte Zeit diesen erschütternden Ausdruck der Passion des Schaffenden im Leben als Höhepunkt des Lisztschen Schaffens erkennen werde.

Als der Meister gleich zu Anfang meine Ergriffenheit bemerkte, äußerte er: „Oh, wir sind noch lange nicht fertig.“ –

Am nächsten Morgen begann ich auf seinen Wunsch die Vorlesung des ihn betreffenden Teiles der ‚Musikgeschichte‘ von Langhans, die ihm der Verfasser eben jetzt in Sondershausen eingehändigt hatte. Diese bildete mit Thodes Buch über ‚Franz v. Assisi und die Anfänge der Renaissance‘ und mit der Broschüre ‚F. Liszt als Psalmensänger‘ von L. Ramann die Hauptlektüre der letzten Lebenszeit Liszts.

Aus den bedeutsamen Mitteilungen und Richtigstellungen des Meisters, die er mir hierbei zu seiner Lebensgeschichte gegeben, sei das Folgende angeführt:

„Hummel war als Konzertmeister gleichzeitig mit Haydn, der dirigierte, bei der Hofkapelle Eszterhazys, nicht der Nachfolger Haydns, wie Langhans meint.“

„Daß diese Zeit die Glanzzeit der deutschen Tonkunst gewesen sei, ist ganz falsch, denn gerade damals war ja Alles vom italienischen Geschmacke beherrscht.“

„Mein Vater war 1780 geboren. Er spielte außer Spinett auch Gitarre, wozu meine Mutter gerne sang, nicht Cello. Das Klavier hatte er sich mühsam aus seinen Ersparnissen gekauft, was damals auf dem Lande als Verschwendung angesehen wurde.“

„In meiner Kindheit sah ich Tausende von Schafen, denen ich wahrscheinlich meinen stark schafmäßigen Charakter

LISZT IM MAGNATEN-KOSTÜM

Nach zweimaligem Auftreten des neunjährigen Knaben in Oedenburg, stellte Adam Liszt seinen Sohn dem Fürsten Eszterházy in Eisenstadt vor, wo dieser im Entzücken über sein phantasievolles Spiel denselben mit einem prunkend gearbeiteten ungarischen Magnaten-Kostüm beschenkte, das ihn auch bei seinen nächsten Triumphen im fürstlichen Palais zu Pressburg zierte

danke. Schon mein Großvater, der zuerst Husaren-Offizier gewesen, hatte später als Verwalter die Schafe und Schweine Eszterhazys zu zählen und dabei 26 Kinder."

„Mein Vater hatte 40–50000 Schafe unter sich. Nach seinem Abgange wurde die Stelle nicht mehr besetzt."

„Den ersten Klavierunterricht erhielt ich von meinem Vater, der desperat war, daß, wie ihm, auch seinem Sohn nicht vergönnt sein sollte, sich in den engen Verhältnissen der geliebten Musik ganz nach Herzenslust zu widmen. Ich sollte deshalb in den geistlichen Stand treten, weil solche Zöglinge die Staatswohltat genossen, unentgeltlich ausgebildet zu werden."

„Hummel kam oft in unser Haus, wo viel Quartett gespielt wurde, und mit Haydn ist Vater fast täglich spazieren gegangen. Er war ein passionierter Jäger, und ich mußte mit ihm stets zur Jagd gehen. Ich hatte aber keine Lust am Jagen. Auch als ich seinerzeit in Weimar immer zu den Hofjagden geladen wurde, ging ich höchstens zweimal hin denn ich fand nie ein Vergnügen daran. Trotzdem wurde ich einst sogar vom Vater belobt, weil ich eine Wildente schoß."

„Nicht wegen Ungehorsams, das war ich gar nie, sondern wegen Ungeschicklichkeit bekam ich oft Ohrfeigen und Prügel. Das war die frühere Erziehungsmethode, die ich für sehr unrichtig halte."

„Ich komponierte bald Sonaten, die verloren gegangen sind. – Bei Akkorden, die meine Hände nicht spannen konnten, nahm ich die Nase zur Hilfe."

„Mein erstes öffentliches Auftreten geschah mit 9 Jahren in einem Konzerte eines blinden Musikers in Oedenburg mit dem ‚Es dur-Konzerte' von Ries mit Orchester und einer freien Phantasie über bekannte Themen. Damals griff ich schon, ohne Überlegung, zu den Konzerten von Ries, Field, und dem in A moll von Hummel; ich enträtselte mit einer Art unstörbarer Tollheit alle Arten von schweren modernen Stücken, wie solche von Leidesdorf, Aßmayer, Pixis, und meine kindische Vermessenheit ging so weit, leidenschaftlich in Beethovens ‚Große Sonate für Hammerklavier', die mein Vater sehr liebte, einzudringen. Ich erinnere mich, daß mir diese Torheit ein tüchtiges Paar Maulschellen einbrachte, was mich jedoch kaum besserte, denn heimlich, während der häufigen Streifereien meines Vaters, setzte ich die Zerstückelung meiner Lieblingssonate fort. Namentlich der Baßsprung b-d und dann auf f entzückte mich aufs höchste."

„Der Vater war manchmal, wie meine gute Mutter immer im österreichischen Dialekt sagte: ‚hoppadatschig' — und konnte sich keiner Steifheit unterwerfen."

„1821 ging's nach Wien, wo ich mit ihm in Mariahilf wohnte. Oft gingen wir in die dortige Kirche beten."

„Mein lieber Lehrer Czerny lebte in Wien sehr mäßig und hatte wenig. Er war der gerade Gegensatz von Hummel, der, als Vater wegen meines Unterrichtes anfrug, einen Dukaten per Stunde begehrt hatte. Czerny verlangte das sehr bescheidene Honorar von 2 Gulden Konventionsmünze. Nach 30 Stunden brachte der Vater das Honorar. Er aber erwiderte: für Putzi habe ich nichts zu beanspruchen. Er konnte mich ob meines Fleißes gut leiden, trotz meines Herunterhudelns. Weil ich ihm stets zu wenig taktfest spielte, gab er mir ein Metronom und stopfte mich tüchtig mit Clementi."

„In der Theorie wurde Salieri mein Lehrer, später brachte mich Reicha bis zur Doppelfuge."

„Mit dem Kanon aber bin ich stets auf schlechtem Fuß gestanden. Ich bin immer ein dummer Gefühlsmensch geblieben."

„Zu meinem zweiten Wiener Konzerte erschien Beethoven, Czerny zuliebe und küßte mich auf die Stirne. Bei ihm spielte ich nie, besuchte ihn aber zweimal. Es stand ein Klavier mit zerrissenen Saiten dort."

„Czerny widmete mir, da er tagsüber zu besetzt war, jedesmal den Abend. Er legte mir alle guten Musikalien der damaligen Zeit à vista vor und ließ mich auch gerne phantasieren. Zu dieser Zeit komponierte ich verschiedene

ADAM LISZT (FRANZ LISZT'S VATER)

Sachen für Klavier und Gesang, so daß sich Czerny sorgte, ich würde darüber das Klavierspiel vernachlässigen."

„Meine erste Biographie von Schilling erschien in Stuttgart, dem Fürsten Hohenlohe-Oehringen gewidmet."

„Als am 28. August 1827 mein Vater in Boulogne plötzlich am gastrischen Fieber starb und dort begraben wurde, mußte ich meinen Flügel verkaufen, um die Beerdigungskosten bestreiten zu können. Auf seinem Totenbette gab er der Befürchtung Ausdruck, die Frauen würden meine Existenz in Aufruhr bringen und mich zu sehr dominieren." —

„Das Kapital, das Vater hinterließ, war sehr klein. Ich ging nach Paris, bat meine Mutter zu mir und gab nun — mit ihr im vierten Stocke wohnend, Klavier- und Harmonieunterricht. — In meiner Wohnung sah es gräßlich aus, hatte oft stundenweit zu gehen, trieb's einige Zeit so, und gab's dann auf."

„Ich dachte damals in Paris wahrlich nicht an ‚Ruhe,' wie geschrieben ist. Eine zweite oder dritte Stelle nach Henri Herz einzunehmen, wäre mir wünschenswert erschienen. —

Ich hielt sieben bis acht Stunden des Tages und las sehr viele Literatur. Damals gab's überall in Paris gratis schlechte Konzerte."

„Lamartine konnte mich gut leiden und wollte mich später durchaus in den Orient mitnehmen.

Paër, mein Pariser Lehrer in der Instrumentation, sah in Rossini seinen Rivalen und sagte zu seinem Raseur nach der ersten Aufführung des ‚Barbière': ‚Nun, habt Ihr gestern ordentlich gezischt'?"

In Paris schon hatte sich der Meister in einem Konzert Ant. Rubinsteins erkältet und fror in seinem leichten schwarzen Tuchanzuge seither stets bei jedem kühleren Witterungsumschlage. Ich versorgte ihn deshalb mit Schafwollunterwäsche, die ihm ungemein wohltat und so behagte, daß er sich in den nächsten Wochen, als ich ihm auch jede Aufregung ferne hielt, wesentlich besser fühlte.

Es war rührend, wie er sich den Anordnungen Dr. Volkmanns fügte, der Liszts Natur kannte, seit ihn dieser 1881 gelegentlich eines Sturzes auf der Treppe erfolgreich konsultierte.

Am 8. Juni hatte der Meister die offiziellen ‚Stunden' wieder aufgenommen. An diesem Tage spielte er, während den Schülern eben eingelangter schwedischer Punsch kredenzt wurde, ein Stück seines „vor 30 Jahren komponierten" Esdur-Konzertes auswendig, das ich ihm am zweiten Klaviere begleiten durfte. „Ohne Silberblicke für den Dirigenten kommen Sie dabei nicht aus —" bemerkte er heiter.

Der gar so hinfällige Greis, als den ihn einige zuletzt beschrieben, war er durchaus nicht. Nur vor der Fahrt nach Sondershausen schien er gebrochen. Täglich morgens bereitete es ihm — da ich seit Wagners Regenerationsschriften fleischlos lebte — eine besondere Freude, für mich mit Pauline ein vegetarisches Menü zusammenzustellen, und nie gestattete er irgendeinem Gaste, sich über meine Anschauungen lustig zu machen.

Gerne sang er mir mit lauter Stimme und drolliger Betonung die Worte: „We belong, we belong, we belong – to the Temperenz- the Temperenz-Society“ vor, auf die Wagner den Norma-Marsch anzustimmen pflegte.

Seiner Freundin Baronin Meyendorff war es gelungen, einen Apparat für eine bequeme Fußstellung ausfindig zu machen, und nur ich durfte dem Meister darauf die Füße richten, wofür er mich jedesmal küßte und hätschelte.

Früh plauderte er arbeitend stets in bester Laune, dann wurde in der Regel das damals sehr bescheidene katholische Bethaus besucht, später ging es an das Lesen und Beantworten der eingelaufenen Briefe, bis die Besuche begannen, unter denen regelmäßig Gille und einige bevorzugte Schüler „Brödel“ bekamen.

Bei den Mahlzeiten zeigte sich Liszt sehr peinlich auf gute Formen bedacht. Es war namentlich für Deutsche mit Saucenvorliebe sehr schwer, so zu essen, daß es ihm gefiel. Angesichts schlechter Manieren – besonders beim Eieröffnen – entlud sich oft sein Pikiertsein in Worten wie: „Wenn Sie das in England machen, werden Sie hinausgeschmissen!“

Sobald er aber das Entsetztsein des Betroffenen erkannte, fügte er begütigend hinzu: „Sie müssen wissen, daß ich eigentlich Professor der Eßkunst bin!“

Von 11–12 Uhr folgte meist ein kurzes Schläfchen, worauf ich den Meister die Straße hinüber zu Baronin Meyendorff brachte, wo er bis zum Speisen blieb. Nach Tisch folgte abermals bis 4 Uhr Siesta, dann pflegte der Meister „Stunde zu halten“, eingesandte Partituren durchzugehen oder wieder Besuche zu empfangen.

Gegen 6 Uhr begann – im Gegensatz zu Rubinstein nie um Geld – sein regelmäßiges Whist-Spiel, bei dem ich ihm seine „divina Virginia“, „die geliebten, langen Österreicher“, die er „Trompettas mit Frisur“ nannte, ungezählte Male rösten mußte. Auch den Abend verbrachte Liszt oft bei seiner

Nachbarin, der geistesscharfen und musikalischen Baronin Meyendorff, deren Haus ihm den Familienkreis ersetzte. Heimgekehrt folgte in der Regel bis gegen Mitternacht eine Vorlesung jener Schriften aller Wissens- und Kunstgebiete, die ihm gerade Interesse abgewannen. Schon im Bette liegend — bis zum Einschlafen milde plaudernd — gab er sich am rührendsten.

Beim Kirchgang durch den duftenden Park genoß er mit kindlicher Freude die würzige Morgenfrische und blieb vor jeder schönen Blume bewundernd stehen, denn alles Leben war ihm ein Heiliges, das er achtete, — überall regte sich ihm die Sprachkraft Gottes.

„Ja," versicherte er oft, „die Bäume, die Vögel, der Garten und die gute Luft sind das Beste an meiner Wohnung."

In der Kirche mußte man den Greis in Andacht versunken auf den Knien sehen, ihn responsieren, oder besser gesagt laut deklamierend ministrieren hören, um von der Wahrhaftigkeit seiner Inbrunst ergriffen zu sein.

Das äußerliche Opfer war ihm ein Symbol innerlicher Opferung, die Zeremonie Weckerin des Geistes der Heiligung. —

Wer ihn nicht intim sah, konnte seine reine Herzensschlichtheit nicht ermessen, hatte von der außerordentlichen Bescheidenheit seines Lebens keine Ahnung.

Wer in Harmonie zu dienen und arbeiten wußte, galt ihm Meister. Leutselig rief er in der Frühe den Gartenarbeitern zu: „Guten Morgen und gute Arbeit!" und beteilte liebevollst jeden, wobei es ihm nicht selten passierte, 5 Mark statt 50 Pfennige zu geben.

Wenn er von Verehrern Aufmerksamkeiten in Gestalt seltener Weine und Liköre oder schwerer Zigarren erhielt, gab es für seine Schüler und seine ganze Umgebung Feste; daran partizipierten wohl auch Handwerksleute, die gerade die Hofgärtnerei auszubessern hatten.

Gerne setzte er diesen selbst ein großes Wasserglas voll alten Weines vor und liebte es, dem Bescheidenen mit beiden Händen eine solche Menge Zigarren aus der Kiste hervorzukrabbeln, daß der freudig Überraschte wohl die Mütze zu Hilfe nehmen mußte, um den Segen einzuheimsen!

‚Deutschland' und die ‚Weimarische Zeitung' waren die offizielle Morgenlektüre des Meisters. Er ließ diese Zeitungen aber meist nur durchforschen, um zu erfahren, wo an bestimmten Tagen „Klöpse" zu haben waren, die mit roten Rüben sein Lieblingsgericht bildeten.

Sonst las er am liebsten die ‚Allgemeine Zeitung', obwohl er in ihr damals stets „schlecht wegkam", manchmal auch den ‚Kladderadatsch', während ihm die ‚Fliegenden Blätter', die Wagner gerne gelesen, unausstehlich schienen.

Wenn er weniger bei Kassa war, sparte er sich's tatsächlich vom Munde ab, um, so wie er wollte, im Stillen geben und helfen zu können. Innerlich frei übte er die seltene Kunst des Schweigens im Wohltun.

Einnahmen aus seinen Kompositionen hatte er fast keine. Er verfaßte ja nur „wenig gangbare Artikel". „Höchstens Transkriptionen" begehrten die Verleger von ihm. Seine bedeutenderen letzten Werke fanden überhaupt keinen Verlag, oder Liszt mußte für ihre Herstellung den Verleger bezahlen, statt umgekehrt.

Zum fortwährenden Herschenken kam überdies ein wenig ausgeprägter Sinn für das Praktische, Wirtschaftliche. So wünschte Liszt bezeichnenderweise stets, daß seine Haushaltungsrechnungen, die zu revidieren er mich „als gelernten Mathematiker" bat, an den Endstellen der einzelnen Posten auf lauter 5er und 0er abgerundet würden, damit man flotter zusammenzählen könne.

Da der Arzt äußerste Ruhe verordnet hatte, suchte ich den Meister von seinem Vorhaben abzubringen, Munkacsy's auf Schloß Colpach zu besuchen, wie er in Paris versprochen hatte.

Ich fürchtete, die weite Reise und Unregelmäßigkeit der Diät würden ihm schaden. Zudem war ich der Ansicht, wer ihn sehen wolle, hätte zu ihm zu reisen, nicht umgekehrt. Nur in Weimar konnten die ärztlichen Anordnungen, deren

Befolgung ihm ersichtlich gut getan hatte, pünktlich erfüllt werden, da ja Fremde seine Gewohnheiten und Bedürfnisse nicht kannten.

Als ich den guten Meister endlich wankend gemacht hatte, erschien am 22. Juni Mme. Munkacsy in Weimar, um auf Einhaltung des gegebenen Versprechens zu bestehen, und nun war Liszt nicht mehr abzuhalten. Er verpflichtete sich neuerlich, gleich nach der Hochzeit seiner Enkelin Daniela als Gast auf Schloß Colpach zu erscheinen.

Nach einem Diner, wobei er „zu Kartoffelklößen" eine größere Gesellschaft geladen hatte, mußte ich einige seiner neueren Orgelstücke spielen, von denen das 1880 bei Wagner in Siena komponierte ‚Gebet an die Schutzengel'*) und eine vor kurzem komponierte ‚geistliche Vermählungsmusik' besonderen Eindruck hervorriefen.

Durch meinen Vortrag seiner Klavierdichtung: ‚In der Sixtinischen Kapelle' war er eben angeregt worden, Mozarts ‚Ave verum corpus' für den Orgelspieler der katholischen Kirche in Weimar auf leichte Art für Harmonium zu setzen — seine letzte Arbeit dieser Art.

Als Saint-Saëns, dessen Orgelspiel Liszt immer besonders pries, das nach Raffaels Gemälde in der Breira komponierte ‚Sposalizio' des ‚italienischen Wanderjahres' Note für Note auf der Orgel vorgetragen, hatte der Meister dieser geliebten Tonpoesie eine neue Fassung für Orgel und Frauenchor gegeben, die er ‚geistliche Vermählungsmusik' nannte und mit dem Geleitwort schmückte: „Der Geist der Liebe segne uns!"

Sie hat ihre erste Aufführung zum 25jährigen Jubiläum der Ramann-Volckmannschen Musikschule im Oktober 1890 in Nürnberg gefunden.**)

*) ‚Angelus', erstes Stück des dritten Jahres der ‚Années de pélerinage'.

**) ihre zweite — mit dem Festspiel-Chor — bei meiner Gedenkfeier am 31. Juli 1891 in der Bayreuther katholischen Kirche.

Besonders liebe Besuche empfing Liszt in jener Zeit durch den feinsinnigen Maler P. v. Joukowsky, den russischen Dichtersohn, den er seit dem ersten Bekanntwerden in Rom 1881 (als Joukowsky von Wagner aus Palermo kam) ins Herz geschlossen hatte.

Joukowsky, der Schöpfer des Bayreuther Parsifal-Kuppelsaales hatte in Wahnfried die ‚heilige Familie' mit den Gesichtszügen der Wagnerschen Kinder gemalt und Liszt bereitete dieses Bild seiner Enkel solche Freude, daß er hiernach sein früher erwähntes ‚Angelus' für Streichquartett, Klavier oder Orgel komponierte.

1882 vollendete Joukowsky in der Kunstschule ein Gemälde Liszt's für Amerika, jetzt arbeitete er an einer Parsifal-Szene für Daniela v. Bülow zu ihrer Vermählung mit H. Thode.

Bis ans Ende des Meisters bewährte sich dieser wahre Aristokrat als getreuer Freund und benahm sich auch mir gegenüber beim Tode des Meisters echt-lisztisch.

Am 20. Juni stellte Carl Riedel den Bildhauer Lehnert aus Leipzig vor, der dem Meister die Maße zur letzten jetzt im Liszt-Museum stehenden Liszt-Büste abnahm. –

In den nächsten Tagen sollte ich die schönste Zeit erleben, die mir mit Liszt vergönnt war.

Lange schon hatte der Meister überlegt, wie er mich nach Dornburg, wo er alljährlich den Geburtstag des Großherzogs mit dem Hofe zu feiern pflegte, mitbrächte.

„Sie müssen dort unter Rosen wandeln," sagte er immer wieder, – sich auf die dortigen Rosenanlagen beziehend.

Endlich eines Morgens lachte er: „jetzt hab' ich's. Ich werde Serenissimus sagen, Sie seien mein Sekretär, den ich nicht entbehren kann."

Und so geschah es. Der Meister freute sich königlich, als uns am 23. Juni 2 Uhr der Hofseparatzug vereint nach Dornburg führte.

Um 4 Uhr langten wir an. Die Rosenanlagen zwischen den drei kleinen Schlößchen, in denen Goethe mit Carl August so gerne geweilt, waren in der Tat entzückend.

Liszt blieb hier ganz ungestört, und die zwei Tage, die wir dort ob der Saale mit dem Ausblick übers weite Land, in blühender Sommerzeit, weltabgeschieden verlebten, waren unbeschreiblich poesievolle. Hier schien Liszt am mitteilsamsten und erzählte in träumerischen Stimmungen Geheimstes aus seinem Leben.

Nur etwa drei Stunden täglich weilte er bei den Hoffestlichkeiten. Sonst durfte ich ihn allein haben.

Auf Augenblicke kam Intendant Baron Loën, ein ihm besonders sympathischer Freund, von dem Liszt immer betonte, daß er jede künstlerische Tat mit voller Hingabe fördere. Als er uns eines Abends verlassen hatte, sagte der Meister: „Er hat 1870 das erste Wagner-Festspiel zustande gebracht, den ‚Tristan' als Erster nach München aufgeführt, und sich stets verläßlich und verständig bewährt."

„Wenn wir uns begegnen, machen wir's, wie die beiden Groß-Auguren in der ‚schönen Helena', wir schütteln uns die Hände und lachen!"

Bis in die tiefe Nacht hinein las ich in diesen Tagen dem Meister L. Ramanns Schrift: ‚Liszt als Psalmensänger' fertig vor.

Er erläuterte die ausgezeichnete Studie u. a. mit folgenden Mitteilungen:

„Sehr bedeutende Werke sind die Psalmen Orlando di Lassos, der ein ganz prächtiges ‚Opus magnus' hat, das 1000 Stücke enthält."

„Ich habe viele alte Choräle und Tonarten verwendet, ohne mich um ihre Benennung zu kümmern. Ich dachte mit ‚Lohengrin‘: was brauche ich ihren Namen zu kennen, wenn nur ihr Geist zu mir spricht!“ –

„Ein ganz unerreichtes Meisterstück bleibt die erste Nummer der ‚Matthäus-Passion‘ von Bach mit den wundervollen drei Chören.“

„Cherubini war ein hervorragender Kirchenkomponist. Das ‚Crucificus‘ der ‚Krönungs-Messe‘ ist sehr schön, aber ich habe kein rechtes Faible für ihn.“

„Meine ungarische ‚Krönungs-Messe‘ komponierte ich in kaum drei Wochen im Kloster ‚Francesca Romana‘. Das Ganze durfte nur 30 Minuten dauern, ich war aber schon in 25 fertig, ‚Graduale‘ und ‚Offertorium‘ natürlich ausgenommen. Das ‚Credo‘ gefiel allgemein sehr. Der bei der Krönung gewünschten kurzen Zeitdauer wegen benutzte ich dazu ein altes einfach psalmodierendes Werk von H. Dumont, das ich harmonisierte. Es machte meine Gegner ganz staunen über mein Kompositionstalent.“

„Als Graduale verwendete ich den 116. Psalm. Er wird in Klöstern und frommen Häusern nach Tisch gebetet.“

„In meinen ‚Sakramenten‘ nach Overbeck's Bilderzyklus, die ich vor zwei Jahren Pustet in Regensburg gab, habe ich vieles aus ‚Psalmen‘.“

„Sie wurden nicht gedruckt, weil man mir einen Streich gespielt hat. Mit meinen ‚Kreuzstationen‘ sollen sie meine Kirchenwerke arrondieren.“

Über seine Psalmen, diese persönlichsten Zwiesprachen mit Gott, in denen Liszt im Gegensatze zu dem in diesem Kunstzweige bis auf ihn Üblichen keine Massenevolutionen im Kontrapunkte, sondern Seelengemälde gab –, ließ er sich vernehmen: „Den 13. Psalm widmete ich Cornelius. Hanslick nannte ihn eine echt Lisztsche Mélange von Kirchen- und Opernstil.“

„Im 23. Psalm habe ich zum ersten Male Harfe und Orgel zusammengestellt. Später instrumentierte ich ihn auch. Er klingt besser, wenn an der Stelle ‚Allegro appassionato, der Männerchor eintritt, aber es paßt nicht zum Individuellen."

„Den Text des 18. Psalmes liebe ich ganz besonders. Im August 1860 habe ich ihn für die Frau Fürstin komponiert. Die Stelle: ‚Wie ein Held und Bräutigam' ist prachtvoll! Den Schluß ließ ich weg, wegen der ‚Sünden', deren Betrachtung mir nicht in die Stimmung paßte."

„Mein ‚Requiem' wurde 1869 am Sterbetage Chopins zum ersten Male in Lemberg aufgeführt, dann 1871 unter meiner Leitung in Jena, für die im 70er Kriege gefallenen Kommilitonen."

„Den 137. Psalm ‚An den Ufern von Babylon' hörte ich in Leipzig von Hiller komponiert. Er gefiel mir gar nicht, und ich sagte zu Fräulein Genast: ‚den werde ich für Sie komponieren'. Zwei Bilder: ‚Jeremias' und ‚Die trauernden Juden', die mir die Frau Fürstin schenkte — sie sind von einem Düsseldorfer Maler Bendemann, der in Dresden als Direktor der Akademie gestorben ist — regten mich dazu an. Den schauerlichen Schluß des Textes voll Hasses und voll Rache, wollte ich nicht komponieren, sondern nur der Sehnsucht nach Hause Ausdruck geben."

Am folgenden Morgen kam das Gespräch wieder auf Wagner, und Liszt erzählte: „Bei einem Konzerte im St. Gallener Bibliotheksgebäude unter der Ägide des Dirigenten Sczadrowsky hörte Wagner zum ersten Male Musik von mir. Ich dirigierte dabei ‚Orpheus' und ‚Préludes', Wagner die ‚Eroica'. Namentlich ‚Orpheus' gefiel ihm. Später kaufte er sich für seine Bibliothek alle meine Partituren. Mit der ‚Faust-Symphonie' hat er sich sehr eingehend befaßt. Er hatte sie sehr gerne. Die ‚Dante-Symphonie' mußte ich ihm zweimal hintereinander vorspielen."

„Wagner war vollkommener Autokrat. Daß er den Orden der ‚Bai von Tunis' besaß, machte ihm viel Spaß. Er ließ ihn sich an den Rockschößen hinten annähen und stolzierte damit einen Tag lang in Wahnfried herum."

„Vor etwa sechs Jahren erhielt er den bayrischen Maximilians-Orden, wobei die Ordensritter wählen, denn vom König, der ihm längst gern einen Orden gegeben hätte, wollte er keinen. Er erhielt ihn gleichzeitig mit Brahms, was ihn sehr ärgerte. Er wollte ihn überhaupt nicht annehmen. Da aber auch der König mit unterzeichnet war, so redeten ihm Cosima und ich sehr zu, und er behielt ihn dann."

„Nach den ‚Nibelungen' hätte er unbedingt das Großkreuz erhalten müssen. Das wäre die richtige ungewöhnliche Auszeichnung gewesen."

„Unser Großherzog wollte Wagner auch mit einem der gewöhnlicheren Orden schmücken. Ich sagte ihm jedoch: ‚Entweder den höchsten, — den er dann auch bekam, oder gar keinen'."

„Ich selbst besitze nur das Kommandeurkreuz. Vielleicht bringt man mir das Großkreuz mit dem roten Bande auf mein Sterbebett."

„Wir können warten!"

Als ich den Meister frug, welches Wagnersche Werk er am meisten liebe, erwiderte er: „So wie man eine Statue von allen Seiten ansieht, um sie ganz beurteilen zu können, muß man auch bei großen Genies immer ihr Gesamtwerk, nicht nur seine einzelnen Teile, ins Auge fassen."

„Ich finde, daß Wagner immer fortgeschritten ist. ‚Parsifal' ist seine letzte Schöpfung, folglich die Kuppel seines ganzen Schaffens."

„Individuell ist mir ‚Tristan und Isolde' am liebsten."

„Die Stelle im ‚Meistersinger'-Vorspiel, wo die drei Themen zusammenkommen, bewundere ich sehr."

„Es steht überhaupt kaum etwas über den ‚Meistersingern', die auch so viel Geist haben!"

„Seinen ‚Fliegenden Holländer' autographierte sich Wagner selbst, das war sehr schwer, weil man damals nicht radieren durfte, sondern mit einer besonderen Tinte auf Stein schreiben mußte.“

„Später wollte Wagner den ‚Holländer‘ immer in einen langen Akt zusammenziehen, kam aber nicht dazu.“

„Bei seiner ‚Faust-Ouvertüre‘, die ich Breitkopf & Härtel zum Drucke zu übergeben hatte, folgte er mir und verbreiterte die Gretchen-Episode.“

„Wir — Wagner und ich —, wußten nichts voneinander — ich gebe Ihnen mein Wort — und nahmen beide für ‚Faust‘ ein gleiches Thema.“ —*)

„Die Szene des zweiten Finale im ‚Tannhäuser‘, wo die Ritter mit gezückten Schwertern auf den armen Kerl eindringen, — konnte mir nie gefallen.“

„Semper hatte für den König ein großes Modell des geplanten Münchener Wagner-Theaters gemacht. Er erhielt es nicht gleich bezahlt, und schlechte Freunde redeten ihm ein, er werde nie etwas gezahlt bekommen, so daß er zu prozessieren anfing, der König brach das Ganze dadurch ab, daß er Semper augenblicklich 50 000 Mark anweisen ließ. Es hat Wagner sehr geärgert und ihm auch sehr geschadet.“

„Von einem Du-Wort zwischen König und Wagner ist mir nichts bekannt. Aber Wagner zeigte mir Briefe des Königs, die dieser adressierte: ‚An den Wort- und Tondichter Rich. Wagner‘ — Das finde ich sehr hübsch!“ —

„Ludwig II. hat sich nicht nur ‚Christus‘, sondern auch die ‚Elisabeth-Legende‘, die ich ihm widmete, extra vorführen lassen. Wenn ich König wäre oder das nötige Vermögen hätte, würde ich auch Privataufführungen abhalten lassen.“

„Nachdem ich den Michaelsorden erhalten, hatte ich bei dem Könige eine unvergeßliche Audienz.“

Am 25. Juni nachmittags schied der Meister von Dornburg. Am Bahnhofe waren der Großherzog, seine Tochter

*) Vergl. auch ‚Blick-Motiv‘ des ‚Tristan‘.

Prinzessin Elisabeth von Weimar und ihr Bräutigam Johann Albrecht von Mecklenburg anwesend. Dieser hatte Liszts Interesse durch Vorlesung seiner eben verfaßten Reisebeschreibungen erregt. „Das wäre was für Berlioz gewesen, der derlei sehr liebte" – bemerkte der Meister hierauf bezüglich.

Als mich Se. Kgl. Hoheit, Großherzog Carl Alexander bat, nur ja recht auf Liszt achten zu wollen, erlaubte ich mir, da ich schon gegen die Dornburger Reise Bedenken erheben mußte, und es nun wieder nach Jena, später nach Bayreuth und Luxemburg gehen sollte, meine Überzeugung dahin auszusprechen, daß das Befinden des Meisters nur dann zufriedenstellend bleiben könne, wenn man ihm gänzliche Ruhe lassen würde.

Die am selben Nachmittage stattgefundene Aufführung des ‚Paulus' von Mendelssohn sah Liszt zum letzten Male in Jena und erst nachts 11 Uhr ging die Reise nach Weimar zurück. –

Am Pfingstsonntage kam der Verleger Kahnt aus Leipzig, dem ich ein auf Wunsch des Meisters verfaßtes Verzeichnis der liturgischen Intonationen überreichte, die im ‚Christus' als historische Leitmotive Verwendung gefunden haben.

Dieses wünschte Liszt fortan der Christus-Partitur mit einem Druckfehlerverzeichnis beigegeben, das ich auf Grund einiger Fehler, auf die ihn Gounod zuletzt in Paris aufmerksam machte, hergestellt hatte.

Außerdem erhielt Kahnt an diesem Tage zur Veröffentlichung eine Variante des Liedes: ‚Drei Zigeuner', die für den herrlichen Sänger Fr. Plank in Karlsruhe komponiert worden war und die beiden Schlußstücke des Oratoriums ‚Stanislaus': den 129. Psalm für Bariton, Männerchor und Orgel: ‚Aus der Tiefe rufe ich zu dir, o Herr!', sowie den gemischten Chor mit Baritonsolo und Orchester: ‚Salve Polonia', welche Stücke ich, wie alle letzten Arbeiten des Meisters entziffern und für den Druck fertigstellen durfte.

Das Oratorium ‚Stanislaus' war ein Schmerzenskind Liszts, für das er — als ihm oktroyierte Lieblingsidee der polnischen Fürstin Wittgenstein — bei allem Bemühen niemals die richtige Liebe fassen konnte.

„Die Frau Fürstin wünschte am Schlusse Engelschöre und Geisterstimmen — ich habe aber zu allen diesen Erscheinungsgeschichten nicht mehr den richtigen Löffel" — sagte er mir gelegentlich eines römischen Spazierganges.

Zum Schlußchore besitze ich Skizzen aus verschiedenen Jahren. Außerdem zwei ungedruckte Polonaisen im Klavierentwurf, die ich in Rom abschreiben durfte, wo ich umfangreiche Entwürfe aus dem Jahre 1875 gesehen, die mir später in Pest und Weimar, als ich die Manuskripte zu ordnen hatte, nicht mehr unter die Augen gekommen sind.

Für den Text des ‚Stanislaus' wurden von der Fürstin verschiedene Literaten in Anspruch genommen. Zuletzt Dingelstedt, dessen letzte Arbeit die Herstellung dieser Textunterlage bildete, obwohl ihn Liszt schon 1850 um eine solche gebeten hatte, als er an ein ‚mythologisches Oratorium' dachte.

Später wollte der Meister lieber eine Dingelstedtsche Einrichtung von Shakespeares ‚Sturm' komponieren. Er dachte auch an ein durch R. Wagner nach Byron eingerichtetes Oratorium: ‚Himmel und Hölle'.

Die Fürstin jedoch hielt an ihrem Plane des ‚Stanislaus' fest, für den sie — noch kurz vor seinem Tode — auch Pet. Cornelius als Überarbeiter gewann.

Eine Hauptszene war zuletzt am Grabe des heiligen Stanislaus gedacht, und die Dichtung folgte der Sage, wonach sein Mörder Boleslaw II., der Kühne, auf der Flucht nach Kärnten gelangt sei, wo er im Kloster Ossiach unter dem Abte Teucho bis an sein Lebensende im Laienbruderdienste gebüßt habe.

1885 mußte ich beim Bürgermeister von Ossiach anfragen, ob sich der Fund des Grabsteines von Boleslaw an der Ossiacher Kirche bestätige.

Als die Antwort zustimmend erfolgte, baute Liszt mit dem Bußpsalme hierauf die vorletzte Nummer seines Werkes auf.*)

In der letzten Zeit seines Weimarer Aufenthaltes war der Meister ganz von den tragischen Vorgängen am bayrischen Königsthrone in Bann geschlagen.

Ich mußte ihm diesbezüglich so viele Zeitungsberichte bringen und vorlesen, als ich nur irgendwie — in Weimar und auswärts — auftreiben konnte.

Hatte Liszt zuerst gescherzt: „Nun, bei dieser Krisis in Bayern wird das Hofbräuhaus jedenfalls die besten Geschäfte machen!" — und hatte es ihm Vergnügen bereitet, daß der König dem Kabinettssekretär seine ‚allerhöchste Abscheu' melden ließ — so verfolgte er die hereinbrechende Katastrophe

*) Über einzelne andere Teile, die Hofkapellmeister Dr. A. Obrist, der rastlose Kustos des Liszt-Museums, wieder aufzufinden so glücklich war, siehe das Kompositionsverzeichnis des Anhanges.

eines Königlichen, der an dem Unglücke litt, ein Künstler zu sein*) — mit leidenschaftlichem Interesse.

Pfingstmontag, 13. Juni mittags, war Liszt zu einem Besuche beim Großherzoge auf Schloß Belvedère. Als er davon zurückkehrte, erschien er bei Tische so wortlos und niedergedrückt, daß ich ganz beklommen wurde.

Plötzlich platzte er heraus: „Das ist freilich eine furchtbare Lösung! Denken Sie, eben erzählte mir der Großherzog, der König sei in den Starnberger See gegangen!" —

Kein Wort wurde mehr geredet, bis zur ‚Stunde', die um 4 Uhr begann.

Als hierbei ein Extrablatt eintraf, welches das ergreifende Ende Ludwigs II. meldete, des Edlen, von dem der Meister erklärte, er war „als Rezeptivität, was Wagner als Produktivität" — verbat sich Liszt alle üblichen Redensarten.

Ihm, dem Leidbezwinger, war ja das Sterben Eingang, Aufstieg und im zeitlichen Leben mit irdischen Widerwärtigkeiten sah sein Tiefblick nur den von der Vorsehung bestimmten Durchgangspunkt zu dem künftigen, wahren Erwachen.

Als eines Vormittags der Tenor Koebke aus Halle den Meister bat, ihm vorsingen zu dürfen, wurde mir die Freude, einige der innigsten seiner Lieder mit Liszt durchzunehmen.

Zum Ständchen ‚Kling leis mein Lied' bemerkte er: „Ich las die Worte zufällig in einer Zeitung, und es fiel mir

*) Aus Schloß Berg hatte dieser einst geschrieben, daß Liszts schöpferische Kraft ‚den Trost und Ruhm seiner Zeitgenossen' ausmache. —

sogleich die Melodie ein. Habe es sehr schnell gearbeitet und wußte gar nicht, daß der Text von Nordmann sei."

Bei der ‚Loreley' meinte er: „der Schluß muß ganz einfach genommen werden, nicht, als wenn die Loreley eine Hexe gewesen wäre. Ich hatte deswegen einmal Streit mit einer großen Sängerin. Es ist ja weiter nichts dabei – warum war der Kerl so dumm!" –

Der Meister gedachte der wenig beachteten Tatsache, daß ein halbes Hundert seiner Originallieder schon bis Mitte der 50er Jahre entstanden waren und die Sprache kam auf Peter Lohmann, der 1860 von Liszts ‚Loreley' behauptet hatte, daß sie eine kleine Welt für sich sei und daß ihr Schöpfer ein großer Tondichter genannt werden müßte, wenn er auch nur dies eine Stück geschrieben haben würde.

Die approbierten ‚Kenner' lachten damals den deutschen Dichter ob seiner Behauptung wacker aus. Heute hat ihm das allgemeine Urteil recht gegeben, und der Protest gegen den Lyriker Liszt erstirbt nach und nach, wenngleich die Nichtbeachtung so vieler anderer seiner Lieder und Balladen bis auf unsere Tage sich gleichgeblieben ist.

Sie hat ihren hauptsächlichsten Grund wohl darin, daß dieselben in ihrer aristokratischen Haltung eine heute selten gewordene vollendetste Gesangskunst, ein differenziertes Gefühl für die Noblesse der melodischen Linie verlangen, welches in der Zeit der vielen Wortillustratoren, die jede lyrische Entfaltung der Charakteristik opfern, erstorben scheint; daß sie ferner, obwohl die Begleitungen nicht eigentlich schwer sind, einen Anschlagskünstler ersten Ranges am Klaviere und ein völliges Übereinstimmen der Empfindungswellen zwischen Sänger und Spieler erfordern, ohne die das psychologische Gesamtkunstwerk der Lisztschen Gesänge unmöglich zur Wirkung gelangen kann.

Liszt, der universellst gebildete Musiker, der je gelebt hat, muß der Vater des modernen Liedes nach Seite lyrischer Anschauung wie epischen Stiles genannt werden.

Er holt als ehrlich-Natürlicher seine Melodie ganz aus dem Innern des dichterischen Gedankens heraus und läßt — bei Wahrung der Einheit der Form als Gefühlsgebot — in ihr den Versrhythmus völlig aufgehen.

Weil in Liszt der Musiker den Sprachkünstler überragt,*) weil dem musikalischen Melos oft der sprachliche Fluß geopfert ist, weil Liszt das moderne Ton-Unterstreichen des Wortes nicht liebt, sondern in freier Benutzung manchmal auch älterer Errungenschaften zwischen alter und neuer Lehre zu versöhnen scheint, hat die Künstlichkeit der Ton-Spekulation späterer Tage seine Weise schnell als überlebt angesehen und vergessen, daß er alle historischen Mittel nur angewendet, um jedem darzulegenden Gedanken die gerade ihm entsprechende Form zu gewinnen.

Die Eleganz alles Technischen, der sinnliche Reiz der Gedanken, die erhabene Wahrheit des Ausdruckes bestricken hierbei gleichermaßen.

Nicht zwei seiner Lieder sind gleich gebaut. Stets bestimmt das Erlebnis, die Entäußerungs-Notwendigkeit ihre formale Gestaltung.

Man vergleiche ‚Wer nie sein Brot' in der zweiten Fassung mit ‚Der Hirt', ‚Lebe wohl' mit ‚Vätergruft', ‚Comment disaient-ils' (das am besten mit Guitarre zu singen wäre —) mit ‚Bist Du!' ‚Das Veilchen' mit ‚Die drei Zigeuner', ‚Der du vom Himmel bist' mit den drei ‚Sonetten' usf. und Niemand wird uneingeweiht zu erraten vermögen, daß der Schöpfer all' dieser Tonpoesien eine und dieselbe Person sei. Nur ein Gleiches verbindet sie sämtlich: die subtile Kunst, jenes Unaussprechliche, das am Grunde der Seele liegt, in unendlicher Vielseitigkeit zu malen, mag ihr Ton der Liebe, der Elegie, dem Traume, der Wirklichkeit oder der Andacht klingen.

---

*) Die späteren Ausgaben der ‚Lieder' — namentlich die Orchester-Einrichtungen — zeigen manch' jugendliche Deklamationsflüchtigkeiten der ersten Fassungen behoben.

Hier dramatische Szene, (— Liszt ist der Erste gewesen, der dem Liede auch Orchesterbegleitung gewann —) dort schlichteste Intimität (— wer Liszts erhabene Einfachheit erkennen will, sehe, um nur einiges zu nennen, seine Lieder: ‚Morgens', ‚Über allen Gipfeln', ‚Ich liebe dich!' ‚Und sprich!', ‚Sei still!' —) zählen seine Lieder – weniges Überholte abgerechnet – für alle Zeit zum Fesselndsten, was denkenden Sängern überhaupt dargeboten wurde.

Daß sie temperamentvoller und nuancenreicher sind als viele rein-deutsche Gesänge, gereicht ihnen nicht zum Schaden.

Wer aber auch in diesem noch nicht genügend gekannten engeren Schaffen Liszts in kleinen Formen nach ‚Deutschnationalem' forschen möchte, der würdige außer den vielen hierher gehörigen Liedern seine kraftvollen Männerchöre und Männerquartette, deren Willenspulsschlag, deren mutige Kampfbereitschaft, deren malerischer Situationszauber, deren ethischer Aufschwung sie dem Edelsten einreiht, was diese viel mißbrauchte Kunstgattung an bleibenden Früchten gezeitigt hat.

Deutscheres, wie: ‚Wir sind nicht Mumien', und ‚Nicht gezagt', Holderes, wie: ‚Hüttelein' und ‚Saatengrün', Weihevolleres, wie: ‚Der Gang um Mitternacht' und ‚Gottes ist der Orient' ist für Männerstimmen nie gesungen worden.

Ein immer kostbareres Band umschlingt alle Lisztschen Gesänge vom ersten bis zum letzten Laut: Gott geborene, ergreifende Melodie, enttaucht der tiefsten Gefühlsinspiration.

Sie haben die Entwicklung der musikalischen Lyrik aufs nachhaltigste beeinflußt.

Wann sollen ihre vollen Schätze ganz gehoben werden?

Die letzte ‚Stunde', die Liszt am 26. Juni in Weimar hielt, begann er mit den Worten:

„Seelische Beanlagung und leere Taschen haben wir alle!"

Sie schloß mit meinem Vortrage seiner Phantasie: ‚Les Adieux', die dem Meister besonderes Vergnügen bereitete, weil sie ihm noch nie vorgespielt worden war*).

In den letzten Weimarer Tagen wurden zwar keine „Stunden" mehr abgehalten, aber der Meister las mit seinen Schülern und Getreuen verschiedene zur Beurteilung ihm unterbreitete Werke von Zeitgenossen durch, und so oft Freunde kamen, mußte ich seine „sonderlichen Dinger", die ‚Zypressen'-Threnodien aus dem letzten Jahre der ‚Années de pélerinage', vortragen.

Bis ans Ende verfolgte er mit rührender Sorgfalt und warmer Anteilnahme das Schaffen der Mitwelt und half und riet bei den Manuskripten, mit denen er überflutet wurde, wo er nur konnte.

Es wäre höchst lehrreich, die Liszt-Spuren in den Schöpfungen seiner Zeit — oft die bedeutendsten und immer die harmonisch-edelsten Teile des Ganzen — aufzuweisen.

Wenn man mit ihm gearbeitet hat, weiß man, was ihm die in ihren feinsten Zügen von ihm beeinflußten Komponisten „verschiedenster Branchen" dankten! — Unter den Schöpfungen, mit denen er sich zuletzt beschäftigte, seien genannt: Klavierwerke von Borodowsky, Diemer, Töpfer, Bird und Nicodé, Orgelwerke von Zellner und Dayas und das Weihnachtsspiel ‚Beeren-Lieschen' von Goepfart.

*) Zur Ergänzung dieser Aufzeichnungen vergleiche man ‚Liszt' von A. Göllerich, achter Band der ‚Musiker-Biographien' in Reclam's ‚Universal-Bibliothek', Leipzig.

Als ich an einem Morgen besonders früh zum Meister kam, wurde gleich nach mir — etwa um 1/2 5 Uhr eine Pianistenmutter gemeldet.

Nachdem sie gehört hatte, ich sei schon beim Meister, äußerte sie zum Kammerdiener: ‚Nun, der schläft wohl schon da?‘ worauf ihr Liszt sagen ließ: „Miska werde heute die Betten holen.“

Nach einer erregten Auseinandersetzung mit der Frau, die im Nebenzimmer tobte, teilte mir Liszt mit, sie hätte ihn vor mir gewarnt, weil ich ihn mit Chloroform im Taschentuche vergiften wolle.

„Diese grauslichen Menschen! — und Sie sind immer so lieb und gut mit mir!“ sagte er, mich küssend. —

Am 30. Juni rüstete sich Liszt zur Abreise nach Bayreuth. Er ging diesmal nicht gerne dahin — nur seiner Tochter zuliebe — und nahm merkwürdigerweise, was er nie getan, — einen Talisman mit, den er sonst stets in Weimar gelassen. —

Henry Thode hatte ihm in den letzten Tagen die Freude bereitet, sich vorzustellen, und er empfing ihn aufs wärmste.

Sein Franziskus-Buch begrüßte Liszt mit besonderer Sympathie, weil es ihm ganz richtig schien, daß dem liebenswürdigsten Christen, dessen Bedeutung man nicht mehr kannte, seit er heilig gesprochen war — daß dem Geiste, dem er selbst in innigstem Mitschwingen mit seinem ‚Sonnen-Hymnus‘ ein hehrstes Monument errichtet hatte — eine bislang noch nicht nachgewiesene Bedeutung für die Entwicklung der italienischen Kunst zugesprochen wurde*).

Nach der Colpacher Reise und den Bayreuther Festspielen, denen er vom 22. Juli bis 8. August beiwohnen wollte, sollte ich den Meister bei einem Besuche Freund Stradal's am Chiemsee, dann aber bei einer nach Dr. Volkmann's Anordnung vorgesehenen vierwöchentlichen Kur in Bad Kissingen begleiten, worauf er sich auf Einladung

---

*) Bezüglich der übrigen seinem Lieblingsheiligen gewidmeten Werke siehe ‚Verzeichnis der Werke‘.

des russischen Thronfolgers nach St. Petersburg zur dortigen Aufführung seiner ‚Elisabeth-Legende' begeben wollte.

Eben hatte der Meister am letzten Nachmittage in Weimar seine Manuskripte, die mitgehen sollten, ausgesucht und sich hierüber erhitzt, als ihn Baron Loën gegen Abend zum Abschiedsbesuche bei Hofe abholte.

Höflich, wie er war, ließ er Loën sich gar nicht heraufbemühen, sondern unten im Wagen warten, wusch sich hastig und trocknete sich kaum ab, nur um schnell zu Diensten zu sein. Rasch sagte er mir bis zum Morgen Adieu.

Als ich am 1. Juli um 4 Uhr früh zum Frühstück erschien, hüstelte Liszt und meinte: „Ich habe mich gestern im offenen Wagen in der Abendluft verkühlt, Loën war es so heiß, und da wollte ich nicht schließen lassen. Mit so einem dummen Husten auf die ganze Fahrt zu gehen, das könnte ich brauchen!"

Er eilte sehr zur Bahn. Am Wege stieg noch Gerhard Rohlfs in unsern Wagen und erzählte — eben von Afrika zurück — dem drängenden Meister manch lustiges Stücklein.

Am Bahnhofe war die ganze Liszt-„Banda", wie Liszt scherzte, zum Abschiede versammelt.

Seit ich auch die Abende beim Meister verbrachte, hatte sich am Eck-Sofa beim ‚russischen Hofe', wo ich sonst die Abende im Kreise der Kollegenschaft zu verbringen pflegte, ein kleines Lästereckchen gebildet, das ich eines Nachts gerade in dem Augenblicke überraschte, als mich nur das Eintreten Arthur Friedheim's vor völligem Zerzaustwerden schützte.

Der Meister hatte davon Kenntnis erhalten. Als er sich jetzt zum Einsteigen in den Zug anschickte, rief er die Rädelsführerin (die mir ‚das traute Du-Wörtchen' angetragen, während sie an alte Liszt-Freunde über mich als ‚Landplage' geschrieben) zu sich heran und frug: „Ach, liebe H. . . . ., wie heißt doch das eine Stückchen in den ‚Weimarer Skizzen' von Carl Thern? Das Lieblingsplätzchen, nicht?"

‚Nein, lieber Meister‘ — lautete die Antwort — das ‚lauschige Plätzchen!‘

„Ach ja, ganz recht“ — erwiderte Liszt. „Beim russischen Hof, nicht wahr, da heißt es: lauschen und dann plauschen!“

Damit war er im Coupé. Er ließ schnell das Fenster herab und beugte sich, mich zärtlich mit seinem Arm umschlingend, schon im Fahren zu der früher erwähnten, jetzt sich verabschiedenden Gift-Phantastikerin mit den Worten nieder: „Göllerich ist der einzige Genosse meiner Fahrt — ich hoffe nicht tot zurückzukehren!“ — —

Wir blieben bis Bayreuth allein.

Nur in Jena stieg der treue Gille mit Liszt’s Schülerin Fräulein Spiering ein, die dem Meister Rosen brachte und Beide gaben Liszt bis Rudolstadt das Geleite.

Auf dieser letzten, gemeinsamen Fahrt war Liszt in bezauberndster Stimmung.

Aus seinen Lebenserinnerungen berichtete er dabei u. a.: „Taussig hatte zur Abschrift einen Teil meiner ‚Faust-Symphonie‘ erhalten und ihn verloren. Gottschalg fand das Manuskript eines Abends wieder, als ihm beim Greisler ein Stück Käse ins Notenpapier eingeschlagen wurde. Carl war bei den gestrengen ästhetischen Obrigkeiten stark angefeindet, weil er eine etwas scharfe Zunge hatte.“

„Nach der ersten Aufführung der ‚Faust-Symphonie‘ rieten mir alle Freunde, den Schlußchor doch zu streichen.“

„Viole ist früher Schullehrer in Halle gewesen und war guter Klavierspieler. Er kam zu mir nach Weimar und wurde Komponist."

„Einmal hatte er mir eine ganz unerhörte Geschichte gebracht, so wie man nicht schreiben darf. Als ich ihm meine Meinung sagte, antwortete er, ja, es sei wenigstens nicht gewöhnlich und begehrte auf: ‚er sehe den Grund nicht ein, warum er das nicht schreiben dürfe'."

„Ich ärgerte mich über seinen Dünkel. Er hatte eine blanke weiße Weste an. Da tauchte ich die Feder ein und bespritzte ihm dieselbe mit Tinte unter den Worten: ‚Sehen Sie, das darf man auch nicht!' – Er fand diese Kritik etwas stark." –

„In Wiesbaden wohnte ich einmal gleichzeitig mit Abt im selben Hotel. Gerade als mir ein Ständchen gebracht wurde, war Abt bei mir. Ich zog ihn auf den Balkon hinaus, und er meinte: ‚Wie sonderbar: Zwei Fränze und zwei Äbte.'

„Mit den Bearbeitungen der Bachschen Orgelwerke für Klavier habe ich mich gut zehn Jahre geplagt."

„Haydn hat das ‚Lied eines Greises' für vier Stimmen, also vier alte Kerls, komponiert."

„Heine erwies sich stets miserabel – Mendelssohn stets aristokratisch vornehm. Aber die ‚Mendelssohnianer' – puhh!!" –

„Mme. Pleyel wollte seinerzeit durchaus ein Stück mit Thalberg-Brillanz von mir. Ich widmete ihr deshalb die ‚Norma'-Phantasie und schrieb ihr dazu einen guten, witzigen Brief."

„Als ich Thalberg dann traf, sagte ich zu ihm: ‚Da habe ich Ihnen alles abgeschrieben.' ‚Ja,' erwiderte er, ‚es sind Thalberg-Passagen darin, die schon indezent sind'."

„Bei einem Hofkonzerte in Berlin, das Meyerbeer dirigierte, sollte ich zwei Nummern spielen. Zuerst die ‚Norma'-Phantasie. Die Königin von Preußen hatte – über andere Dinge sehr unzufrieden – fortwährend mit dem Fenster zu tun. Bald ließ sie es öffnen, dann schließen usf. Mir ward das unangenehm, und ich endigte plötzlich die Phantasie mit einer Reverenz, indem ich spazieren ging bis zur zweiten Nummer, wo ich wiederkam. Alles war paff und machte verdutzte Gesichter. Meyerbeer sprang auf mich zu und sagte: ‚Aber um Gottes willen, was hast du getan!' – der König aber flüsterte mir später heimlich zu: ‚Sie hatten ganz recht; – es hörte ohnedies niemand zu.'"

„Meyerbeer war ein sehr guter Sohn. Vor jeder ersten Aufführung seiner Opern war er ‚hâve'."

„Verdi hat mich für die Koden, die ich mir in der ‚Ernani'- und ‚Trovatore'-Phantasie erlaubte, sehr bekomplimentiert. Ich habe diese Stücke, die man voller Tenorinbrunst so dumm als möglich spielen muß, für Bülow's ‚Hofkonzerte' in Berlin gemacht." „Da er klagte, daß immer etwas aus diesen Opern verlangt würde, sagte ich ihm: ‚Gut, ich werde dir in zehn Tagen etwas schicken, denn solches ist ja nicht deine Sache'." –

„Das ‚Agnus Dei' des Verdischen ‚Requiem' hat große Ähnlichkeit mit meinem Weihrauchmotiv im ‚Marsch der hl. drei Könige'; es ist so eine Art Cousinage."

Als wir uns Bayreuth näherten, versicherte der Meister: „Für die Leichenverbrennung bin ich seit jeher eingenommen. Es ist das einzig Richtige. Ich würde es auch testamentarisch verfügen, wenn ich nicht eine Brouillerie mit der Geistlichkeit befürchten müßte."

Bei der Einfahrt in Bayreuth, als ich mich von Liszt verabschiedete, weil ich zu meiner kranken Mutter eilen mußte, während B. Stavenhagen, der schon in Paris und London sein lieber Gefährte gewesen war, ihn nach Colpach begleitete, versah er mich noch sorglich mit Proviant, küßte mich und drückte mich mit den Worten: „Behalten Sie mich lieb, und so Gott will, leben wir noch ein schönes Stück Leben zusammen!" an seine Brust.

Von Colpach aus, wo er am 7. Juli eingetroffen war, teilte mir der Meister durch Stavenhagen mit, daß sein Zustand „leidlich“ sei, „aber nicht mehr“ und blieb – sogar in der Ferne – bemüht, mich durch F. Mottl bei den Festspielen möglichst gut zu plazieren. Am Schlusse der fürsorglichen Zeilen setzte er eigenhändig liebe Worte zu.

Des Kammerdieners Berichte über des Meisters Ergehen waren beruhigend.

Liszt selbst kündigte mir endlich seine Rückkehr nach Bayreuth für den 21. Juli an.

Elend, abgehetzt und verstört sah ich ihn wieder. – Als er aus dem Waggon stieg, war seine erste Äußerung zu mir: „Sie sind mir abgegangen! Nun lass' ich mich von Ihnen homöopathisch behandeln. Es geht mir miserabel.“

Immer hatte die Fürstin vorausgesagt, Liszt werde wie ein Postgaul auf der Straße enden.

Bei einem Konzerte in Luxemburg – am 19. Juli – hatte er noch selbst seinen ersten ‚Liebestraum‘, ‚Chant polonais‘ nach Chopin und ‚Soirées de Vienne‘ nach Schubert gespielt. In einer Frühmesse bei Regenwetter war er zu leicht gekleidet und holte sich neue Erkältung.

Als er fröstelte, war ihm in vermeintlich guter Absicht Kognak mit Rotwein gewährt worden, – sein stärkstes Reizmittel, das ihm, wenn er krank war, stets von den Ärzten verweigert wurde. –

Auf der Rückreise endlich erkältete er sich abermals.

Gewohnt, stets den Wünschen Anderer sein Wohl zu opfern, ließ er es zu, daß nachts auf den Wunsch von Mitreisenden das Coupéfenster offen gehalten wurde.

Fiebernd kam er in der bei Forstrat Fröhlig gemieteten Wohnung an. Ich brachte ihn sogleich zu Bett. Als gegen Abend ein wohltätiger Schweiß ausgebrochen war, erschienen um 8 Uhr Siegfried und Eva Wagner, um ihn zu einer Soiree nach ‚Wahnfried' abzuholen. Wieder bat ich um Schonung. Er hatte zugesagt und ging.

Am nächsten Morgen war er zu unwohl, um, wie er wollte, die Frühmesse zu besuchen. Auch während der nächsten Tage blieb er ans Zimmer gefesselt. Bloß eine ‚Parsifal'-Darbietung hatte er besucht.

Die Vorlesung einiger Teile von Dantes ‚göttlicher Komödie' bereitete ihm letzte Freude. „Dies Buch hat mich auf allen meinen Reisen begleitet. Es zählt zum Tiefsten, was der Menschengeist hervorgebracht!" – sagte er.

Nur einmal konnte er mit mir – worauf er sich so sehr gefreut hatte – auf der von seinem jetzigen Schlafzimmer direkt in den Garten gehenden Freitreppe die in voller Sommerspracht prangenden Blumen bewundern und sich an ihren wie Geistergrüße kosenden Düften laben.

Der Husten wurde immer quälender. Vergebens flehte ich ihn am 25. Juli, dem Tage der ersten ‚Tristan'-Aufführung an, der nachmittägigen Vorstellung doch fernzubleiben.

Umsonst sagte ihm Dr. Landgraf, er könne sich eine Lungenentzündung zuziehen – er bestand auf seinem Vorsatze.

„Cosima wünscht es, ich habe es ihr versprochen, zu erscheinen und werde gehen!" entgegnete er allen Vorstellungen zum Trotze.

Seinem Wunsche entsprechend, hatte ich mich „so nahe als möglich" eingemietet, war aber auf eine feuchte Wohnung geraten und hatte mir Genick-Rheumatismus zugezogen.

Nur mit äußerster Überwindung vermochte ich an diesem Vormittage dem Meister vorzulesen. Nach einigen Zeitungsberichten meinte er lächelnd: „Ja, ‚turmhohe Betrachtungen', ‚ragende Marksteine' und ‚Selbstschau', das sind jetzt die neuesten Errungenschaften der deutschen Sprache!" –

Gegen den Husten wurde ihm Morphin gereicht. Alle Augenblicke nickte er ein. Wenn ich aber zu lesen aufhörte, weil mich jede Sprechbewegung schmerzte, wachte er wieder auf. Ich mußte also fortfahren.

H. P. von Wolzogens geistvolle Schrift: ‚Tristan und Parsifal' bildete die letzte Lektüre Liszts.

Noch machte er schalkhaft die Bemerkung: „Also, lieber Göllerich, daß ich's nicht verwechsle: Nicht wahr? ‚Tristan' ist das Ewig-Natürliche, und ‚Parsifal' das Rein-Menschliche?"

„Oder", scherzte er schelmisch, „sollte es am Ende gar umgekehrt der Fall sein?" –

Gegen Mittag fiel der Meister in einen tiefen Schlaf. Auch ich konnte mich nicht mehr halten und mußte zu Bett.

Nach einigen Tagen kam Joukowsky, der in der Etage ober Liszt wohnte, zu mir und beschwor mich, mit aller Überwindung es möglich zu machen, zum Meister zu eilen, der seit 26. Juli das Bett nicht mehr verlassen hatte und dringend nach mir verlange. Es war unmöglich, ich konnte nicht auf den Füßen stehen.

Tags darauf erschien Dr. Landgraf. ‚Ich muß Sie zu Liszt bringen', sagte er und verpackte mich so, daß ich mich doch halbwegs rühren und zum Meister schleppen konnte.

Er erkannte mich sogleich, obwohl er alle Augenblicke in Phantasien fiel. Am Kopfe mich streichelnd, sagte er: „Wie hat doch jener junge Mann geheißen, den wir von Jena herüben zu Tische hatten, der so nett über meine Sachen geschrieben?"

Schrader, Meister, antwortete ich. „Nu also," fuhr er auf, „Ihr Esel, da tut Ihr, als wäre ich schon ein ganzer Narr." – Dabei schlug er so wütend aufs Bett, daß die zwei noch anwesenden Personen weit auseinanderstoben. –

Nun wollte er niemanden bei sich wissen außer mich. Ich mußte mich ans Bett setzen und hatte die schwierige Aufgabe, den Delirien entsprechend, in die Liszt alsbald wieder verfiel, jene Charaktere zu fingieren, die er, Cercle haltend, vor sich zu haben meinte, weil er, wenn ich nicht antwortete, rasend wurde.

Nach dem ersten Festspielakte dieses Tages kam Fr. Wagner auf einige Minuten und meinte: ‚Sie sprechen doch nichts mit dem Herrn Abée?' —

Seit sich der Meister gelegt, hielt seine Tochter nachts Wache bei ihm.

Ich hoffte immer, Liszt's alter Freund Dr. Standhartner aus Wien würde gerufen. Es kam Dr. Fleischmann aus Erlangen, der Liszt gar nicht kannte. Der Zustand verschlimmerte sich zusehends.

Am Nachmittage des 31. Juli schien mir der Meister rettungslos. —

Wie im Traume wankend, suchte ich den offiziellen Klagevisagen, die des Meisters Wohnung umschwirrten, auf stillen Wegen zu entrinnen.

Da packt mich eine Frau, die ich vorher nie gesehen. Sie stellt sich als Vermieterin der Wohnung Liszts, Frau Fröhlig, vor und spricht: „Sie sehen so elend aus, dürfte ich nicht bitten, sich bei mir mit einer Tasse Tee zu erfrischen? Der Meister ist ein alter Mann — und Sie müssen sich mit dem Gedanken vertraut machen, daß er nun scheidet. Haben Sie denn keine Mutter mehr? Nun, wenn, dann sehen Sie, sich für dieselbe zu erhalten. Hier gebe ich Ihnen den Hausschlüssel, damit Sie nachts heraufkönnen zum Herrn Doktor, denn heute werden Sie ja doch nicht schlafen!" —

Dem schlicht herzlichen Empfinden dieser einfachen Frau hatte ich zu danken, daß ich den feierlichen Augenblick der Befreiung bewachen durfte.

Im dienenden Schutze des Erhabenen hauchte der Vermittler der Welten Weimars und Bayreuths seinen letzten Atemzug aus.

Sein letztes verständliches Wort war: „Tristan!" —

Um ½12 Uhr nachts — genau zur selben Stunde, als sein Sohn von der Erde geschieden — war die Herztätigkeit — ‚trotz Anwendung der stärksten Reizmittel' — (wie es im offiziellen Bulletin hieß) ausgeblieben. —

Frau Wagner hatte dem Vater die Augen zugedrückt.

Am nächsten Morgen kamen Gipser, um die Totenmaske abzunehmen.

Vorher war der tote Meister seiner dichten linken Haarlocke beraubt worden. —

Ich stand festgebannt, bis das ganze liebe Gesicht verklebt war.

Um 10 Uhr wurde Liszt unter einer Büste Wagners aufgebahrt.

Die Totenwacht hielten vormittags die Familie Wagner, nachts die anwesenden Schüler, denen es verwehrt wurde, den Schrein ihres Meisters zu tragen.

Als wir am 3. August, dem Tage, da Bayreuth vom Empfangsjubel über den Festspielbesuch des deutschen Kronprinzen Friedrich widerhallte, von ‚Wahnfried' aus zur endlichen Ruhestätte Liszt's schritten, sagte mir Baron Wolzogen: ‚Hier mußte es sein!' —

Der nachmalige Kaiser stummer Heldengröße hatte den Sarg mit Lorbeer geschmückt. —

Die Grablegung geschah in weihelosester Weise — die am Grabesrande pathetisch ‚geredeten' Versprechungen, nunmehr des Geschiedenen Werke gebührend aufführen zu wollen, wurden nie gehalten. —

Am offenen Grabe des allgemeinen Friedhofes von Bayreuth stand ich lange, nachdem sich alle Begleitenden verloren hatten, mit Anton Bruckner, der eben zur rechten Zeit gekommen war, um dem Leichenbegängnisse beizuwohnen, das ihn ungeheuer aufgeregt hatte.

Eine seltsame Fügung wollte es, daß bei der Totenfeier Liszt's gerade dieser Meister in der katholischen Kirche über

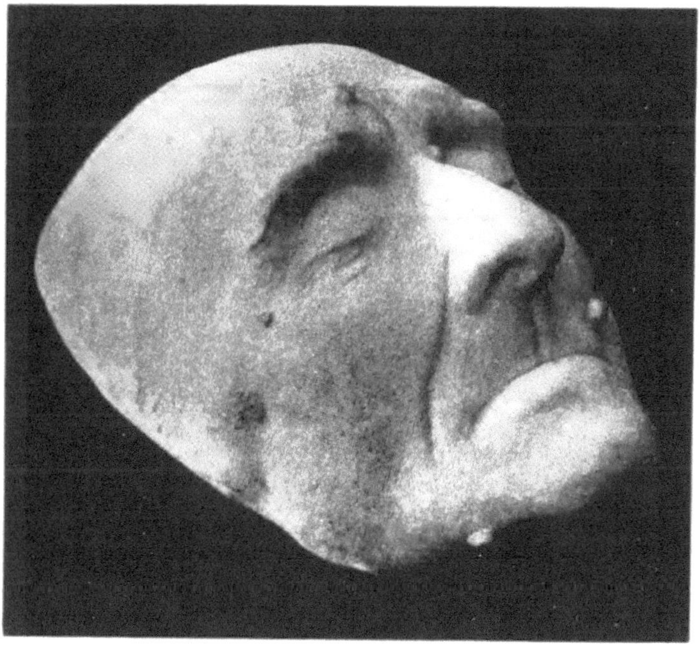

TOTENMASKE LISZT'S
von Weissbrod

‚Verheißungsspruch' und ‚Glaubensthema' aus ‚Parsifal' auf der Orgel phantasierte.

Lisztsche Gedanken kannte er nicht. – –

Die Festspiele gingen ohne jede Unterbrechung fort – kein Ton Liszt'scher Musik erklang in diesen Tagen.

Hof-Intendant Baron Loën begegnete mir am Tage nach Liszts Ableben in der größten Verlegenheit, da Carl Alexander bloß telegraphisch angefragt hatte, wo das Leichenbegängnis stattfinde.

Er hoffte noch auf den Wunsch des Großherzogs, Liszt in der Fürstengruft zu Weimar zu begraben*), und erklärte sich das Ausbleiben jeder weiteren Weisung durch den Umstand, daß Großherzogin Sophie zur Kur in Gastein weilte. –

Später wollte der Enkel Carl August's Liszt doch in Weimar haben und dachte an ein Mausoleum in der Altenburg. Frau Wagner aber lehnte ab.

Noch andere Wünsche tauchten auf.

Die Eisenacher hätten Liszts Leichnam gerne bei der Elisabethkapelle zu Füßen der Wartburg beigesetzt, die Pester Franziskaner und die wenigen treugebliebenen ungarischen Freunde des Heimgegangenen fühlten die Pflicht, seine Asche in vaterländischer Erde zu bergen.

Einem Begehren der Nation würde die Tochter willfahrt haben. Sie hielt es jedoch für angemessen, dasselbe durch einen feierlichen Beschluß beider Kammern des ungarischen Parlamentes auf Heimholung der Asche ihres Vaters zu dokumentieren.

*) ein Gedanke, bei dessen Anspielung der Meister einst erschrocken erwiderte: „Na, das fehlte auch noch!" –

Dem widersetzte sich sehr entschieden der damalige ungarische Ministerpräsident Kóló man von Tisza, dem sogar Liszt's Klavierspiel zuwider gewesen. –

Trotz flammender Fürsprache Jokai's, Abranyi's und Steinacker's wurde befunden, Rákoczy hätte mehr Anrecht, in ungarischer Erde gebettet zu werden, als Liszt, der doch nur dessen Marsch transkribiert habe! – – –

Heute, da die Gebeine Rákoczys heimgebracht sind, denkt die Gemeinde ‚Doborjan', die Heimatsgemeinde Liszts, daran, zum Andenken des Meisters eine Gedächtniskirche zu erbauen und in ihr seine Hülle zu betten.

Nach Overbeck's Tode hatte Liszt am 27. November 1869 an Fürstin Wittgenstein geschrieben: „Ich wünsche, bitte und befehle dringend, daß meine Bestattung ohne Prunk geschehe, so einfach und sparsam wie möglich – kein Staat, keine Musik, kein Ehrengeleit, keine überflüssige Beleuchtung, noch irgendwelche Reden.

Man möge meinen Leichnam nicht in einer Kirche, sondern auf irgend einem Friedhofe begraben und sich ja hüten, ihn von dieser Grabstätte nach einer anderen zu überführen. – Ich will keinen andern Platz für meine Leiche, als den Friedhof, der in Gebrauch ist, wo ich sterben werde, noch eine andere kirchliche Zeremonie, als eine Still-Messe (kein gesungenes Requiem) in der Pfarrkirche." –

Nun ihr Lebensstern erloschen war, empfand die Fürstin –, sein „Alter ego", – wie Liszt sagte, nur mehr den einen Wunsch, ihm bald nachzufolgen.

Sie waren ja Beide lange schon „im voraus da oben".

FÜRSTIN WITTGENSTEIN IN ROM

Noch kurz vor seinem Scheiden hatte Liszt ihr geschrieben, „seine beste Belohnung auf Erden" sei Das gewesen, was sie ihm über seine Werke gesagt habe.

Als ich Fürstin Wittgenstein die Absichten des Meisters bezüglich seines Nachlasses mitgeteilt und ersucht hatte, mir das Gebetbuch, aus dem ich ihm täglich beim Erwachen und Einschlafen vorgelesen, zu belassen, weil es sein Wunsch gewesen, daß es auf mich übergehe, antwortete sie mir am 29. November 1886: ‚Ihr Brief ist so rührend, daß ich ganz bewegt wurde, als ich ihn las. — — Behalten Sie das Buch mit meinem Segen Ihr Leben lang. Behalten Sie aber auch den echten Glauben, die ernste Frömmigkeit, diese wundervolle Liebe zur Kirche und ihrer Liturgie, die ich so oft bei dem Meister bewunderte und beneidete! — Diese heiligen Eigenschaften werden ihm die Türen der Ewigkeit rasch geöffnet haben! — — — Sagen Sie mir nur, ob sein Name auf dem Buche steht oder nicht?‘ — — —

Am 7. März 1887 hatte sie mit zitternder Hand – schwer an Herzwassersucht leidend – den 24. Band ihres Lebens-Buches: ‚Des causes intérieures de la faiblesse extérieure de l'Eglise" vollendet.

Vierzig Jahre nach ihrem Zusammentreffen mit Liszt auf der Erdenfahrt hauchte sie am 8. März in den Armen der treuen Tochter ihren Geist aus.

Klänge ihres Seeleigenen*) geleiteten sie zur Ewigkeit. — — —

Bis ans Ende war Fürstin Wittgenstein bestrebt geblieben, zu sein, was sie selbst von sich gesagt hat: ‚eine deutsche Fürstin, die das Höchste und Schönste des Genius Deutschlands zu erkennen und zu bewundern wußte, die mit ganzer Seele alle Eigenschaften deutscher Wissenschaft und Kunst zu würdigen, und wo sie konnte, zu helfen und zu fördern suchte.‘

---

*) Seines ‚Requiem‘ für Orgel.

Am Tage der Beisetzung Liszt's schrieb Großherzog Alexander an Baron Loën nach Bayreuth: ‚Den allgemeinen deutschen Musikverein hatte der Meister gegründet, um seiner Kunst neue Bahnen zu öffnen — mich hatte er zum Protektor gemacht — in des Meisters Richtung weiter seine Kunst zu pflegen, ist also meine Pflicht. Deshalb möchte ich eine Liszt-Stiftung zur Förderung der neuen deutschen Musikrichtung gegründet sehen. — Weimar müßte der Sitz der Leitung für immer sein. – Teilen Sie doch diesen Gedanken der jetzt in Bayreuth versammelten Künstlerschaft mit, fordern Sie sie auf, im Andenken an unseren Meister für das Unternehmen zu wirken. — Möge Gott seinen Segen geben! Im Sinne Liszt's ist es gehandelt.' —

Diesem Anrufe folgend eilte Fürstin Hohenlohe — „der gute Genius der Altenburg" und nun Erbes-Erbin von Liszt's Hinterlassenschaft und Vollstreckerin Liszt'schen Wollens — im März 1887 nach Weimar und spendete in ehrender Erinnerung an des Meisters Walten zur Errichtung einer ‚Franz Liszt-Stiftung' in hochherziger Weise 70 000 Mark an den ‚Allg. deutsch. Musik-Verein'.

Unter dem Protektorate des Großherzogs trat die Stiftung ‚zur Unterstützung von angehenden und bereits anerkannten Tonkünstlern, sowie von Festaufführungen' am 22. Oktober 1887 mit dem Sitze Weimar ins Leben.

Ihre erste Gabe wurde ganz nach dem Sinne des Meisters Robert Franz zugewendet.

Im Anschlusse an die ‚Liszt-Stiftung' und in Erfüllung eines Wunsches der Fürstin Wittgenstein hatte der

Großherzog ferner die Gründung und Erhaltung eines ‚Liszt-Museums' in den von Liszt bewohnten Räumen der Hofgärtnerei angeregt, zu dem Fürstin Hohenlohe Lisztschätze beistellte, die auf ihre Mutter als Erbin Liszt's übergegangen waren, so daß das Museum daselbst am 24. Juni 1887, dem Geburtstage des Großherzogs, eröffnet werden konnte.

In dankenswertester Weise werden dort nunmehr die Manuskripte des Meisters und die Briefe von und an Liszt durch den unermüdlichen Kustos Hofkapellmeister Dr. A. Obrist gesammelt und der Forschung zugänglich gemacht.

Beide Gründungen blühen gegenwärtig unter der Ägide des ‚Allgemeinen deutschen Musik-Vereines' in solcher Weise auf, daß an die wichtigste Aufgabe der Liszt-Stiftung, an die kritische Gesamtausgabe der Werke Liszts*) — sein hehrstes Denkmal — geschritten werden konnte. — —

---

*) die auf Grund meiner Verzeichnisse der Kompositionen des Meisters, (siehe ‚Neue Zeitschrift für Musik' Jahrg. 1887 und 1888) wenn nur das Wichtigste und Charakteristischeste aufgenommen wird, 60 Bände füllen dürfte! — von welchen die beiden ersten (‚symphonische Dichtungen' enthaltend) bei Breitkopf & Härtel bereits erschienen sind.

Der ‚innere Liszt' – wie Legouvé gesagt hat – kam in seinen Kompositionen zum Vorschein.

Heute — zwei Dezennien nach seinem Tode — sind dieselben mehr ausgenützt als gewürdigt, was ihr Schöpfer allerdings nicht beklagen würde. —

Ihre Mittel wurden verstanden, ihr Atem aber weht aus Regionen, welche in der Ära der Literatur-Musik der Mehrzahl der Heutigen fremd geworden sind.

Tiefe Eingebung, drängender Zwang, Unsägliches in Tönen zu künden, haben sie geboren — sie sprechen daher nur zum Bedürfnisse des Lechzenden.

„Musik ist der Atem meiner Seele! Ich fühle mich wie ausgetrocknet, wenn ich einige Tage kein Notenpapier bekritzeln kann. Ich muß komponieren kraft desselben Rechtes, wie die Esel schreien, die Frösche quaken, die Vögel zwitschern und singen!" — hat Liszt selbst erklärt.

Sprudelndem Reichtume entströmt, aus übervollem Innern gesungen, sind seine Töne nicht künstliche Tonfolgenturnerei, sondern sie enttauchen dem Müssen der Seele.

Von Sehnsucht eingegeben, versteht sie nur der Sehnsüchtige.

Das Letzte, Wesentlichste zum Verständnisse Lisztscher Tonpoesie müssen wir ihr im Gefühle und Geiste selbst entgegenbringen, wir müssen sie zu erleben vermögen.

Ihre überschwengliche Idealität spricht namentlich zu den Wissenschaftlern der Tonkunst schwer, weil es nicht gelingt, bloßen Verstandesmenschen die Weihe von Werken zu erschließen, die im Ewigen wurzeln.

Zur Zeit Liszts waren die Schöpfungen der musikalischen Neuerer nicht ‚modern' wie in unseren Tagen. Sie mußten ganz außerhalb der Öffentlichkeit reifen, ohne ihre Hilfe bestehen.

Liszt fühlte Wotanslust in sich. ‚Was noch nie sich traf, danach stand sein Sinn!' — und wo er schuf, gab er das Signal des Fortschritts.

Seine Form war in ihren Feinheiten, in ihrer Erhebung über gewöhnliche menschliche Vorstellungen und irdische Schranken so neu, daß ein allgemeines Verständnis sie erst allmählich nachringend zu begreifen vermochte.

Seine Fülle, die melodisch, rhythmisch und harmonisch bisher Nichtübliches erschloß, forderte eine subtile Unterscheidungsfähigkeit, ein vielseitiges Unterrichtetsein, die vom Empfänger des neuen Kunstwerkes erst eingeübt werden mußten.

Wo hätte Liszt, da er die Musik zu ihrem Urwesen zurückführte, sie von allen Dogmen befreite, sogleich die seinem Wollen geneigte Zuhörerschaft finden sollen?

Wenn der Wortdichter die Sprache Aller spricht, so redet der Musik-Poet überhaupt in geheimnisvolleren Klängen, deren Verständnis seltener ist, als die Geistesschulung durch klassisches Studium; wenn Malerei und Bildhauerei sich an das allgemeinere Formbewußtsein wenden, so setzt das Wesen tiefer Musik Gefühl für Unermessenes voraus, das nicht Vielen zu eigen ist.

Charakteristisch bleibt, daß ja auch R. Wagner von der Allgemeinheit genau von dem Zeitpunkte an weniger verstanden wurde, als er begann, Lisztisch zu schreiben.

Kein Geringerer als dieser Meister hat die Gründe des Unverständnisses untersucht, dem die Werke Liszts zunächst begegnen sollten: sie beruhten ihm — insoweit nicht freches Mißwollen vorliege — darin, daß Liszt für seine Werke ein Publikum von Künstlern vorausgesetzt habe, das erst erstehen müsse.*)

Und fürwahr: — seine Schöpfungen haben die Transcendenz überweltlicher Kunst, die sie immer mehr von der Überreiztheit einer Epoche abheben wird, welcher Zeit und Ruhe zur Erbauung mangeln, welcher die Idylle zu intim ist, kindliche Inbrunst ein überwundener Standpunkt gilt und die höchste Sphäre des Idealismus zu langweilig dünkt.

Da Liszt in seinen Schöpfungen von Gebundenheit zu Freiheit vorgeschritten ist und die alten Formen, die ja in ihren Symmetriegesetzen auch ‚Programm' hatten, vielmehr verdichtet als aufgelöst hat, da ihm das Programm nichts Anderes darstellte, als was der formbildende Text der Vokalmusik längst gewesen, ihm das Sehen ein Hören von Innen wurde, und er nicht nur dichterische, sondern auch malerische und plastische Vorwürfe wählte, — hat er im Ineinander der Schwesterkünste deren Quelle nicht getrübt.

Diese blieb ihm, wie nur irgendeinem: Lichtdurst in innerster Herzensnot! —

Wie klar übrigens bei seiner Hingabe an alle Künste doch immerdar der Musiker in ihm gesehen hat, beweisen

---

*) Siehe den unvergleichlich tiefgründigen Aufsatz ‚Publikum in Zeit und Raum' (X. Bd. der ‚gesammelten Schriften' von Wagner).

die Ausführungen, welche er schon 1850 — gelegentlich des ‚Harald‘ von Berlioz — in einem Aufsatze niederlegte, den ihm damals ein französisches Journal als ‚trop élogieux‘ zurückgewiesen.*)

Darin heißt es: „Mag der Himmel verhüten, daß jemand im Eifer des Dozierens über die Berechtigung des ‚Programmes‘ den alten Glauben abschwören sollte mit dem Vorgeben, die himmlische Musik sei nicht um ihrer selbst willen da — sie entzünde sich nicht am eigenen Gottesfunken und habe nur Wert als Repräsentantin eines Gedankens, als Verstärkung des Wortes.“

„Wenn zwischen einer solchen Versündigung an der Kunst und der gänzlichen Ablehnung des Programmes gewählt werden müßte, wäre es unbedingt vorzuziehen, eine ihrer reichsten Quellen eher versiegen zu lassen, als durch Verleugnung ihres Bestehens durch eigene Kraft, ihren Lebensnerv zerschneiden zu wollen.“ — —

„Es ist ersichtlich, daß Dinge, welche nur objektiv der äußeren Wahrnehmung angehören, der Musik in keiner Weise Anknüpfungspunkte zu geben vermögen, und daß der letzte Schüler der Landschaftsmalerei mit einigen Kreidestrichen eine Ansicht getreuer wiedergeben wird als der mit allen Hilfsmitteln des geschicktesten Orchesters operierende Musiker.“

„Aber dieselben Dinge werden, sobald sie in Beziehung zum Seelenleben treten und sich, wenn ich so sagen darf, subjektivieren, zur Träumerei, zur Betrachtung, zum Gefühlsaufschwung: haben sie dann etwa nicht eine eigentümliche Verwandtschaft mit der Musik? und würde diese nicht imstande sein, sie in ihre geheimnisvolle Sprache zu übersetzen?“ — — —

*) Vergl. Liszt: Gesammelte Schriften, Bd. IV, Br. u. H.

Liszts Höhenwerke, die zu jedem Herzen sprechen, das sich ihnen willig hingibt, sind dem unausrottbaren metaphysischen und religiösen Bedürfnisse entsprungen, welches am Grunde der deutschen Volksseele webt und auch in Zeiten der größten Verirrungen die Realität des Ideals immer wieder aufs Neue beweist.

Die Voraussetzungen seines besten Schaffens sind im tiefsten Sinne deutsche.

Man hat oft gesagt, Liszt, der für das erste Beethoven-Denkmal mehr gegeben, als 40 Millionen Deutsche zusammengebracht hatten, ginge die Deutschen nichts an, und der Nationalitätskrampf unserer Zeit hat ihn zum ‚Ausländer' gestempelt.

In einem Grenzgebiete Ungarns geboren, wo damals nur deutsche Sitte herrschte, war Liszts Kindersprache, wie die seiner Eltern, die deutsche, und niemand hätte in der mit österreichischem Anhauche gefärbten deutschen Aussprache des Meisters je den Ausländer vermuten können.

Einzig in gewissen Satzstellungen und Wortbildungen wirkten die französischen Einflüsse, unter denen der Jüngling herangereift war, auch im späteren Liszt noch nach.

Die bleibendsten Lebens- und Kunsteindrücke des Geistig-Erwachenden wurden aus deutschem Geiste gewonnen, und deutsch blieb der beste und größte Teil des Schaffens des Gereiften.

Sein Lebensgrundsatz: Selig in Wahrheit! — war urteutonische Philosophie.

‚Das ist ja die kühnste Germanennatur!' rief mir einst ein bekannter Psychiater bei Anhörung des ‚Mazeppa' zu. —

In der Tat bekundete eine solche der Dichter Liszt, wenn er nie ein Anbeter der bloßen Form als Rezept zu sein vermochte.

Sein schwärmerischer Mystizismus und seine erstaunliche Individualisierungskunst, mit denen er stets die Natur in ein psychisches Verhältnis zum empfindenden Menschen zu stellen wußte, waren ebenso echt germanisch.

Selbst seine der äußeren Form nach französisch abgefaßten Schriften und Briefe sind ihrer inneren Gemütssprache nach deutsch gedacht, und ganz deutsch war auch Liszts tiefe Ergründungssehnsucht, in welcher er die Werke jeder Kunst und jeder Nation zu studieren emsig bestrebt blieb.

Schon 1838 berichtet er an Berlioz bezeichnend: in Deutschland sei „das Studium der Kunst im allgemeinen weniger oberflächlich, das Gefühl wahrer, die Gewohnheiten besser!"

In Paris läßt er den Chauvinisten kühnlich sein: „Der Rhein soll deutsch verbleiben!" — vorsingen und zwingt 1842 die Revoltierenden, sich deutscher Kunst zu beugen.

In Nonnenwerth entquellen der ihn umspinnenden Rhein-Poesie seine ersten, sinnigen „Lieder", in Rolandseck preist er vollen Herzens in zündender Rede die Unvergleichlichkeit deutschen Männersanges und seine, dem Könige Friedrich Wilhelm IV. gewidmete Vertonung des Arndtschen Textes: „Was ist des Deutschen Vaterland?" wird die schwungvollste, welche den Deutschen geschenkt ist.

In Weimar versenkt er sich ganz in deutsches Dichterweben und schafft deutsche Werke, welche zu den eigenartigsten Offenbarungen deutschen Wesens zählen und nur deshalb nicht sogleich volles Verstehen finden, weil ihre musikalische Sprachlehre erst rudimentär begriffen ist.

Dort, auf deutschem Ackerland, wird er zu Richard Wagners ‚Seelenstärker' und damit ein Ekkehard des deutschen Volkes, der dessen größten Meister vor Zuchthaus und vielleicht Tod bewahrt hat, — der für Verständnis und Verbreitung seiner neuen Wunderwerke unverzagt ein Martyrium auf sich genommen hat, unter dem er, ohne zu knirschen, zeitlebens litt! —

Was Goethe in Weimar der deutschen Dichtung gewesen, bedeutet der ‚Orpheus von Weimar' der deutschen Musik und echtest deutsch hat Liszt gefühlt, wenn er zum 100. Geburtstage Goethes den von der Revolution noch niedergedrückten Gemütern den ‚Lohengrin' dargeboten hat!

Daß „Deutschland das Herz der Musik" ist, bleibt seine Überzeugung immerdar, und jedes Jahr so viele neue deutsche Werke vorzuführen als nur möglich, wird ihm in Weimar zum obersten Grundsatze, „denn" sagt er (— welche Richtschnur für Intendanten und Direktoren unserer Tage! —): „eine deutsche Hofbühne darf nur ein deutsches Werk als Festoper bringen!" —

Spät erst hat der Deutsche angefangen, den Teil des Lisztschen Geistes, der ihm gehört, zu begreifen, spät erst den nie zu löschenden deutschen Idealsdurst des Kosmopoliten Liszt erkannt.

Der deutschen Enge schien die Universalität des Mannes unbegreiflich, der im Weitblicke seines Weltverkehres, seiner Weltbildung, inzwischen längst vom Nationalen zum Allgemeingiltigen vorgeschritten war, der zur Zeit, als die deutsche Nation ihren größten Künstler als Halbnarren im Stiche gelassen, als Erster die ‚Festspielidee' voll erfaßt hatte und emsig bestrebt blieb, für Wagners Nibelungendichtung im deutschen Dichterwalde Anhänger zu gewinnen, obwohl er bei diesem wunderlichen Beginnen in seltener Einmütigkeit aller vermeintlichen geistigen Volksführer nur Ablehnung auf Ablehnung erfahren sollte! — —

Gewiß kommen in Liszts Eigenart — seinem Erziehungsgange gemäß — auch Elemente sarmatischen Weltschmerztums, ungarischen Tonfalles, romanischen Kunstblinkens zur Geltung und seine Melodiebildung erscheint — ähnlich wie jene Mozarts — oft überdeutsch.

Wo seine Melodik nicht echtest deutsche Sinnigkeit und

Schlichtheit atmet oder speziell auf nationale Eigentümlichkeiten gerichtet ist, scheint sie gewonnen aus einer zarten Verschmelzung deutscher, ungarischer und romanischer Elemente.

Im ahnungsvollen Atemzug seiner Hauptschöpfungen zeigt sich Liszt dabei als melodischer Erfinder ersten Ranges und erstaunlicher Vielseitigkeit.

Immer triumphiert die ergreifende Wahrheit des Ausdruckes seiner charakteristischen Melodie über jeden Formalismus.

Wie Mozart und Beethoven hebt er die Deutschheit zum Reinmenschlichen empor und wird in Hingabe seiner eigenen Persönlichkeit ein Verkünder jener Allgefühle, welche die ganze Menschheit durchdringen!

Das tiefe Pathos seiner heiligglühendem Herzen entströmenden Kantilene hat den Nur-Deutschen den Weg zu Liszt erschwert, denn einzig als universeller Schöpfer, dem nationales Kolorit nur einen Schmuck darbietet, kann er richtig begriffen werden.

Melodie bleibt die Seele seiner Musik, die Akkordik scheint nur ihre körperliche Hülle. Bei all seinen Neuerungen leitet sie ihn mit ihren Erfordernissen, denn in seiner Plastik ist Liszt immer in erster Linie echter Musiker, nicht — wie die meisten seiner Nachahmer — bloß grübelnder Deklamator.

Liszt war nie Spezialist, in welchem sich nur ein einzelnes Gebiet der Tonkunst manifestierte, sondern in ihm, — dem vielseitigsten aller bisherigen Meister und Anreger der Tonwelt — konzentrierte sich das Vermögen der ganzen Kunst in bisher noch nicht erlebter Weise.

Musik muß Gestalt werden! — hatte Schiller begehrt.

Die Kunst des Gestaltenschaffens in Tönen, die Gabe plastischen Begrenzens in voller Bestimmtheit teilte Liszt nur mit Wagner.

Als Schöpfer einer monumentalen Lyrik war Liszt der Einzige, der als subjektiver Künstler Wagner, dem objektiven, zur Seite gestellt werden konnte, zu dem er sich ähnlich verhält, wie Dante zu Shakespeare, Bach zu Händel, Gluck zu Mozart, Schiller zu Goethe, — wie Kunstdichtung zu Volksdichtung.

Liszts Werk war neben der Brucknerschen Symphonie die Ergänzung des Werkes Wagners in der fortschrittlichen musikalischen Gesamtkunst des 19. Jahrhunderts, und der Lisztteil derselben ist nicht der kleinere! —

Ferne dem öden Formalismus der Kompositionspraxis, ferne jeder Augenmusik — ergreift Liszts formbildendes Vermögen den ganzen innern Menschen, und es bleibt nur Sache der Anlage und Ausbildung, Sache der individuellen Organisation, ob es entbehrt werden kann, daß bei Liszt der äußere Gesichtssinn nichts zu genießen bekommt, ob seine hymnische Ausbreitung des lyrischen Elementes, welche im Drama unmöglich ist, seelisches Mitschwingen erregt. —

Oft auch ist Liszts Gestaltung in der Instrumentalmusik allein — ohne Worte — eine geradezu dramatische, und weit ausatmende Steigerungen führen zu gewaltigsten Gipfeln, auf denen titanische Kämpfe toben, strahlende Siege errungen werden.

Ihm bietet die poetische Idee nie bloße Gelegenheit zu Musiziererei, er sagt in seinen Tönen nie: das bedeutet, sondern stets: das ist! —

Ob er spielt, schreibt, komponiert oder dirigiert —, er bleibt immer Dichter, der die Form nur als höchsten Inhalt zu begreifen vermag.

‚Alles‘ — meinte Goethe — ‚darf der Musiker darstellen, was er bei den äußeren Sinneseinwirkungen empfindet.‘

Als dichtender Musikphilosoph war — wie selbst Wagner betont hat — Liszt der Erste, der den poetischen Gegenstand so anzuschauen vermochte, wie er dem Musiker zur Bildung seiner neuen, verständlichen, musikalischen Form dienlich sein konnte.*)

*) Vgl. hiezu die ausgezeichneten Liszt-Studien von Porges, da Motta, Grunsky, Göhler und Busoni.

Er zwängte nie wie Berlioz — der Vermittler zwischen Beethoven und Liszt — neuen Inhalt in altklassische Form, denn sein abgeklärtes ästhetisches Bewußtsein, sein eingeborenes Gefühl für die symmetrischen Gesetze der Musik ließen ihn ureigen jedes seiner Werke gerade in der nur ihm angemessenen Form gewinnen.

Musik ist ihrem wahrsten Wesen nach symbolistisch.

Aber nicht jeder dichterische Stoff ist für das musikalische Drama geeignet.

Es gibt „philosophische Epopäen", welche — wie Liszt erklärt hat — den Musiker tief erregen können, weil in ihnen wegen der Behandlung innerer Vorgänge die Musik latent ist.

In ihrer Ausschöpfung wurde Liszt — viel mehr denn Berlioz — der Gewinner ganz neuer Ausdrucksweisen, bei deren Anwendung er jedoch immer innerhalb der spezifisch musikalischen Sphäre verblieben ist.

Denn nirgends finden wir bei ihm die programmatischen Verirrungen Berlioz' oder des musikalischen Verstandesbarocks späterer Tage.

Eine Renaissance der Tonkunst dürfte Liszt mit seiner naiv-plastischen Konzeption als einen der größten Verinnerlicher preisen, im Sinne des Lessing'schen Wortes: ‚Zum Erfinden gehört Einfalt.' —

Das Sprachvermögen der Musik hat Liszt bis zu höchster, sicherster Bestimmtheit reflektierender Verstandestätigkeit gesteigert. Er verfeinerte die musikalische Sprache, daß sie leicht wurde, wie wehender Geist. In ihm wurzeln alle diesbezüglichen Triumphe der musikalischen Entwicklung neuester Zeit. —

Zugleich wurde er der Erfinder einer Art malerischer Musik-Schrift, welche – heute eingebürgert – sogleich den Charakter des Werkes und seine Phrasierung kundgibt.

Eine oft dämonische Befreiung der Gefühlserregung führte ihn dazu, der Musik über Wehmut hinaus den Ausdruck des Sarkasmus zu gewinnen.

Seine sämtlichen, noch in keiner Weise geziemend durchforschten Mephisto-Werke, zu denen Berlioz' ‚Esprit' Vorläufer geboten, sein hohnvoller ‚Hamlet', sein ‚Scherzo und Marsch', (wo trotzigster Heldenmut über Leichen zu schreiten scheint —) sein gespenstischer ‚Totentanz'*) und manch anderes Ironisches, mit dem er in brennender Glut der Sünden Anmut besungen, oder in diabolischer Selbstgeißelung alle Nichtigkeit belächelt hat –, lassen seinen Humor als eine Art umgekehrter Erhabenheit erkennen, — ihr Ausdruck wirbelnder Vernichtungsfreudigkeit ist ohnegleichen.

In der Reihe der mit Haydn und Mozart beginnenden musikalischen Charakteristiker bedeuten Liszt und Wagner höchste Spitzen Beethovenscher Innenkultur.

Liszt hat, mit vollstem Bewußtsein der Folgen seiner gebietenden Tat, die Tonkunst aus dem unbestimmten Instrumentalmusiknebel herausgehoben, das moderne Prinzip ungehemmter Individualitätsaussprache, schrankenloser Persönlichkeitsentfaltung nach Seite aller seiner Möglichkeiten aufgedeckt.

Doch sein Seelendurst trank im Unvergänglichen.

Geistiges Ringen, Tiefweltschau führten ihn, je mehr er wuchs, vom Boden seiner Subjektivität hin zum Ewigen und ließen ihn als höchsten Inhalt aller echten Musik die Gottheit erkennen in ihrer Sprache zur Menschheit.

Dieser spendete er nun in Befreiung seines Ichs seine religiöse Kunst.

---

*) nach Orcagnas Triumph des Todes am Campo Santo in Pisa schon 1838 entworfen.

Erleuchtungen, Verkündigungen — entwehen jetzt seinen Tönen und die ‚Harmonien des Himmels‘ werden ihm, — wie einst Rossini an ihn geschrieben —: ‚die schönste Begleitung auf dieser Erde!‘ —

Für die unendliche Melodie, die durch das Weltall flutet, hatte Liszt das Ohr des Auserwählten.

Weil er den Künstler als Verkünder göttlichen Waltens, seinen Beruf als Priesteramt ersah, machte er nicht Musik, sondern er zelebrierte sie.

Deshalb auch übte die Würde seines Auftretens allenthalben jene ungeheuer-bezwingende Macht aus, die uns Heutigen wunderlich erscheint, wenn wir vernehmen, wie sie jede Schranke des Alters oder des Berufes niederreißend, alle Schichten der sonst gegeneinander gleichgültigen, sich sondernden Zuhörerschaft zu einer in Begeisterung sich gemeinsam fühlenden Gesamtheit zwang. —

In einer bis zum Tode stetig fortschreitenden Entwicklung zu stets größerer thematischer Einheitlichkeit wurde es immer mehr Liszts eigenstes Vermögen, den Zustand seelischer Verzückung in zauberhaft verschwebende Töne umzusetzen.

Wahr hat Fürstin Wittgenstein, die wie keine sonst seinen inneren Harmonien zu lauschen vermochte, von dem ‚himmlischen Gefühle seiner letzten, religiösen Schöpfungen‘ gesagt: — ‚Nie noch hat er so komponiert! Man möchte glauben, daß er die höchste Spitze der Erde verlassen hat, um im ätherischen Blau zu schwimmen.‘ —

Die Verklärung Lisztscher Tonweihe zu fühlen, gelingt freilich nur, wenn — was immer seltener — der Geist durch die Empfindung gelenkt wird, wenn dem Ton-Aristokraten der Herzens-Aristokrat zu folgen vermag.

Mystische Versenkung mit Verzicht auf jede sinnliche Klangwirkung findet sich bei Liszt viel häufiger wie der Glanz prächtiger Klangfarben, den man ihm so oft zum Vorwurfe gemacht hat, weil all seine Kompositionen besser klingen als manche vielgelobte, dennoch aber fahle Verstandesmusik.

Wenn früher das Sinnliche seiner Kunst gerügt wurde, während man beim Maler doch die Schönheit der Farbe skrupellos zu preisen gewohnt war, so geschah dies in Blendung durch den Reichtum der neugewonnenen Mittel, deren vielverdammte Materialität durch die heutige Entwicklung der Tonkunst noch weit überholt erscheint.

Gesunde Sinnlichkeit, die allerdings bei Ohnmächtigen nicht aufzutreten vermag, ist von lebensvoller Kunst unzertrennlich, wie Körper von Seele.

Liszt zeigt dieselbe in seinen reifen Werken stets gebändigt zum Darstellungsmittel idealen Gehaltes.

Trotz oft üppiger Klangfreudigkeit muß überall seine fein abwägende Enthaltsamkeit bewundert werden, und Nietzsche hatte recht, wenn er geschrieben, Liszt habe ‚die vornehmen Orchesterakzente vor allen Musikern voraus'.

Denn unser Meister war nie Nachahmer, immer Stimmungs-Wahrhaftiger, der mit geringsten Mitteln feinste Wirkungen hervor zu rufen verstand.

Seine elementare tonmalerische Darstellung der Natur ist stets von hinreißender Gewalt.

Er scheint selbst ein Element.

Schon 1838 meint er: „Gnomen, Wassernixen und Irrwische stehen, wie ich glaube, mit mir in einer gewissen Verwandtschaft" — und: „Stürme sind mein Métier" sagte er noch in seinen alten Tagen.

Als Landschaft des Lebens hat er die Schöpfung wiedergegeben im Ausdrucke ihres Wesens, weit über alles Menschliche hinaus die tiefsten Weltgeheimnisse ahnend.

In den transzendentalsten seiner Tondichtungen steigert er in vollkommenster Selbstentäußerung sein individuelles Bewußtsein zum Sicheinsfühlen mit dem Weltwesen, bei aller Feinheit der Zeichnung der Szene, die Seele der Dinge aussprechend.

So schuf er Abbilder der Welt im Spiegel seines phantastischen Geistes und überall — ob er nun deutsche, außerdeutsche oder gar übereuropäische Musik schrieb — hat seine faustische Seele das Ausdrucksfeld erweitert.

Außer der dramatischen Kunst umfaßt sein Schaffen — soweit er es vertrat — alle Formen, alle Arten der Musik und das Wort, welches Hanslick ihm ins Grab gerufen: ‚Liszt besaß weder innere Sammlung, noch schöpferisches Genie, ich glaube nicht, daß seinen Werken ein Einfluß auf die organische Entwicklung unserer Musik beschieden ist' — begegnet heute schon, angesichts der Fülle seiner verschiedenartigsten Schöpfungen, angesichts der vollkommenen Einbürgerung der meisten seiner Errungenschaften, angesichts des folgerichtigen Weiterausbaues so vieler seiner Neulandsentdeckungen — nur mehr dem Lächeln der Näherzusehenden.

Als Prüfstein der Tiefe echter Empfindung galten in der Musik seit je die langsamen Sätze.

Liszt nun hat — neben Bruckner — die ergreifendsten Adagios der Instrumentalmusik seit Beethoven geschrieben, was selbst sonstige Gegner wie Ambros anerkannt haben.

Den genialen Griff seiner Tondichtungen, die Kunst, sogleich am Beginne in die geistige Atmosphäre derselben zwingend einzuführen, hat Wagner bewundert, wenn er in seinem berühmten Briefe vom 15. Februar 1857 an Prinzessin M. Wittgenstein berichtet, gleich der Anfang des ‚Orpheus' hätte ihn die Worte ausrufen lassen: ‚Genug! ich habe alles!' —

Liszt besaß die Nietzschesche ‚Einheit im Verschiedenen.'

Aus einem Gusse geformt, die thematische Einheit über das ganze Werk ausdehnend, tragen seine Tondichtungen das Gesetz ihrer Entwicklung in sich und sind deshalb auch ohne Kenntnis ihres Programmes als reine Musik für sich selbst vollkommen verständlich.

Wiederholungen werden Liszt zu Steigerungen des Ausdruckes, zu Charaktervariationen.

Sein unvergleichlich musterhafter dynamischer Aufbau, seine kunstvoll verschlungenen, formenreichen rhythmischen

Bildungen erweisen ihn, frei von aller geistreichelnden Nervosität und ohne künstlichen Synkopenkrampf als polyphonen Denker erlesenster Art.

Bei steter Wahrung des Gleichgewichtes zwischen Teil und Ganzem weiß Liszt, wenn es der Sinn erfordert, im Kontrastspiel auch jeder seiner Begleitungsstimmen individuelles Leben einzuhauchen.

Eine spätere Nachwelt dürfte Liszt, der manchmal einen ganzen Orgelpunkt des Rhythmus bringt, als originellsten Rhythmiker seit J. S. Bach erkennen.

Mit diesem Meister auch ist Liszts Tränenchromatik verwandt, welche – oft nur als Farbenbrechung – den Ausdruck in vor ihm nicht geahnter Weise bereichert hat.

Noch andere Eigentümlichkeiten Liszts wurzeln in seiner Geistesverwandtschaft mit Bach.

Liszt war der Erste, der bei seinen Transkriptionen Schubertscher Lieder (welche den edlen Sänger dem deutschen Herzen erst nahegebracht haben) wieder in ganz Bachscher Weise die Melodie in der Tenorlage auf beide Hände verteilte.

Sein musikalischer Herzenston ist oft sinnig-schlicht, oft überwältigend erhaben wie beim Thomaskantor, von dem er gesagt hat: „Seine Sprache geht an der Welt Ende!“ –

Auch Bach, der in so vielem Betracht ebenfalls zur modernen Richtung zählt, ist nicht aufs erstemal eingänglich.

Seine Harmonien waren zu ihrer Zeit ebenso unerhört wie die Liszts, dessen Figurenklang geradezu als Apotheose der Bachschen Figurenwelt erscheint.

Liszt zeigt dasselbe verfeinerte Dissonanzgefühl wie Bach, der große Symbolist und Maler. Manche kühne oder schwärmerische Stücke des dichtenden Einsiedlers – man denke an die wundersamen Choralvorspiele – sowie viele der Bachschen Orgelpunkte könnten von Liszt komponiert sein.

Wie Bach in seinen tiefsten Inspirationen, wendet sich auch Liszt schon in den Meditationen seiner Jugend, also zu einer Zeit, wo Jünglinge ganz im Äußeren ihrer Umgebung Genüge zu finden pflegen — „nur an eine kleine Gemeinde".*)

Auch Liszt dichtete stets gebeugten Knies, und seine tiefsten Werke sind seine verborgensten. Vielleicht bleiben sie lange verschollen, wie Bach's Eigenstes, und feiern wie dieses erst eines späten Tages ihre Auferstehung. — — —

Den Kontrapunkt an sich, als künstliche Wirkung ohne natürliche Ursache, wollte Liszt nicht anerkennen.

Die heutige Welt des musikalischen Könnens unserer Tage mit ihren ganz neuen kontrapunktischen Möglichkeiten (— Strauß, Reger! —) lag seiner homophonen Natur fern.

Polyphone Formen wandte Liszt nur dort an, wo sie der Ausdruck der Idee, der Gefühlskonflikt erheischte, weil er gesandt schien, mit dem gelehrten Herkommen, welches der Satzkunst das Übergewicht einräumte, endgültig zu brechen.

Ohne jeglichen Komponistensport hat er, gleich Beethoven, bei dem auch ein Mangel an Satzkönnen gerügt wurde, nur dichterischen Kontrapunkt geschrieben, und man hat ein Nichtkönnen getadelt, wo ein Nichtwollen vorlag.

Liszt teilt übrigens den ihm von kombinierenden Exzessivvielstimmigen vorgeworfenen Dilettantismus im Kontrapunkt mit keinem Geringeren, als Rich. Wagner und außerdem mit allen wirklichen Neuerern bis auf den heutigen Tag, welche bleibende Früchte gezeitigt haben.

In Wahrheit hat Liszt, seiner Eigenorganisation entsprechend, viel öfter Polyrhythmik denn Polyphonie angewandt.

Den konsequenten Ausdruck der Idee verkennend, wurde oft übersehen, daß derselbe manchmal statt gewohnter Vielstimmigkeit eben diese Polyrhythmik oder oft auch charakteristisch harmonische Steigerung verlangte, — übersehen, daß Liszt überhaupt in vielen Fällen gar nicht nötig hatte, zu kontrapunktieren, weil die Tiefe seiner

*) Siehe Vorwort zu seinen seelenvollen „Pensées de morts" aus dem Jahre 1835 (vgl. hierzu No. 9 der dreistimmigen Inventionen).

melodischen Erfindung, welche doch stets das Entscheidende bleibt, von vornherein auf Homophonie hinwies, wie sie sich ja oft auch bei Beethoven findet, ohne daß sie diesem Meister heute als Fehler angerechnet würde.

Liszts allerdings freie Orchesterfugen in ‚Prometheus', ‚Graner Messe', ‚13. Psalm', ‚Faust' und ‚Dante', seine grandiosen Fugen über den Choral ‚Ad nos ad salutarem undam' und ‚B A C H' beweisen – um nur Einiges namhaft zu machen – zur Genüge Liszts technisches Können.

Freilich sind sie keine Musik, die schwitzt. –

Gütiger wie mit dem Techniker Liszt wurde mit Liszt, dem Tonmaler, verfahren und – namentlich in jüngster Zeit – anerkannt, daß er einen der größten Farbenkünstler bedeutet, die es je gegeben.

Liszts Instrumentationskunst darf als klassisches Muster wahrer Klangpoesie gelten.

In ihr schuf er psychologische Gemälde, in denen die Verwendung alter Grundfarben nicht archäisierende Entlehnung, sondern Wiedergeburt des Fühlens vergangener Zeiten bedeutet.*)

In den bildenden Künsten war das Verfahren des Nutzens aller historischen Stile bereits zum Durchbruch gekommen.

In der Musik war Liszt der Erste, der es einführte.

Unbeschadet seiner Originalität verwendete er Ältestes und Neuestes, die Errungenschaften aller Zeiten und Nationen, am rechten Orte, wodurch er den Alten zu neu, den Neuen zu alt, den Deutschen zu französisch und ungarisch, den Magyaren zu deutsch und italienisch erschien.

So auch wurde Liszt der ideale Cäcilianer**), nicht als Reaktionär, sondern als strengster, reinlichster und einfachster, stets aber neuinspirierter Fortschrittskämpe.

*) Man denke an die ‚Elisabeth- und Cäcilia-Legenden', an die ‚ungarische Krönungsmesse' und ‚Christus'.

**) Siehe auch seine Wiederverwendung und Neu-Ausnützung der Ganztonleiter!

Wer hoch steht, sieht weit.

Der Katholizismus der Werke Liszts ist immer im Sinne des Allumspannenden zu verstehen.

Dies hat Gültigkeit, sowohl bezüglich des Bekenntnisses, als auch bezüglich des Weitblickes seines Schaffens, wenn es frühere Modi und moderne Tongeschlechter, Abstrakt-Kirchliches und Allgemein-Menschliches, strenge und freie Kunstformen umfaßt und einem Gesichtspunkte entsprechend verbindet.

Die Kultuswerke Liszts werden kraft des in ihnen waltenden, ewigwirkenden religiösen Aufschwunges als geistliche Symphonien die Kleinlichkeiten des jeweiligen Zeitgeschmackes überdauern, wie die ‚Hmoll-Messe' J. S. Bachs die Zeiten überdauert hat! –

Liszt lauschte dem Liede des Lebens und entnahm seiner Weise die Lehre des Wohlklangs.

Auch harmonisch zeigt er sich als Vorkämpfer aller neuen Zeit. Das Wort, welches er der musikalischen Welt zugerufen, lautete auch auf diesem Gebiete: Freiheit! –

Wo wir hinblicken, tritt uns sein Name als Pfadfinder entgegen. In Erforschung berückend - verwegener, edel-reizvoller, wie wild-energischer und inbrünstig-hoheitsvoller Harmonien ist er unerschöpflich: auch hier immer Dichter! –

Keiner der Meister vor ihm war für die Ausgestaltung moderner Harmonik von ähnlicher Bedeutung.

Neben Bach, Schubert und Chopin wurde Liszt zum größten Vergeistiger des Hörens, der eigentliche Wecker des heutigen Dissonanzgefühles als lebendige Farbenempfindung.

Die gesamte Logik seiner harmonischen Bildungen und das ihm eigentümliche Ausschwelgen derselben – sind bewundernswerte Eigenschaften des echten Musikers in Liszt.

Er kennt kein Herumgehen um das Eigentliche, wie wir es bei seinen Nachfolgern oft geistreich verschleiernd finden. Der Fortschritt seines Denkens in ganzen harmonischen Höhenzügen fordert aber stets die feinsinnigste Phantasiearbeit.

Liszts beredsame harmonische Deklamation hat die ganze neue Zeit begründet, inklusive des Wagner vom ‚Tristan' an und mit Recht konnte dieser Meister äußern: ‚Im Vergleich zu Liszt war ich als Musiker konservativ bis auf Beethoven zurück.'

„Unsinn, kümmerlich die Tonart anzumerken! Es gibt ja gar keine!" – hat mir der Meister noch in den letzten Tagen zugerufen. – –

Wenn wir seine Jugendwerke betrachten, so sehen wir, daß sich bei gar keinem andern Tonmeister schon die Werke seiner ersten Zeit in ihrer Akkordwelt und in ihren formalen Neuerungen so gewaltig von denen der Vorgänger und Zeitgenossen unterscheiden, wie jene Liszts.

Seine ersten Klavierwerke beweisen bereits, wie tief ihm der spätere chromatisierende Orchesterstil eingeboren war.

In ihnen lernte er sich voll erkennen.

Weil das Klavier die harmonische Macht besitzt, in sich die gesamte Tonkunst zusammenzufassen, weil es der Orchesterkomposition dasselbe bedeutet, wie der Stahlstich der Malerei, war es natürlich, daß es Liszt „den ganzen ersten Teil seines Lebens erhellt hat", daß es „sein Ich, seine Sprache, sein Leben" wurde.

Schon als Virtuose war ja Liszt Schaffender. In dem Berichte über das Preßburger Konzert des erst neunjährigen Knaben schwärmt die ‚Panonia' von seinem ‚tiefen, wahren Gefühl', von der Kunst, welche er an ihm gegebenen Themen erprobte, die er ‚zuerst einzeln auf eine Art variierte, daß man eine vollständige Komposition zu hören glaubte, dann aber vereinigte und auf die genialste Weise verflocht und verschmolz.'

Die spätere Eigenart des Komponisten Liszt im Aufbau seiner Klavier- und Orchesterphantasien war also hier schon beim Knaben aufgefallen.

Dessen geniales Variationsvermögen bekundet ferner seine ‚Veränderung' des durch Beethovens ‚33 Veränderungen' berühmt gewordenen ‚Walzers von Diabelli', welche — bezeichnenderweise im $^{2}/_{4}$-Takt stehend — neben der Variation Schuberts im ganzen Hefte renommierter Zeitgenossen weitaus die phantasievollste genannt werden muß.

Auch der ‚Schwäbische Merkur' weiß 1823 desgleichen schon bei den Konzerten des ‚zwölfjährigen Herkules' dessen ‚tiefe Kenntnis im kontrapunktischen und Fugensatze' zu rühmen, Eigenschaften, die man in der Folge dem Manne Liszt so eifrig abgesprochen, weil er nie bloße Gelehrsamkeit betreiben mochte.

In seiner bedeutsamsten, bislang kaum gebührend beachteten Knabenarbeit, den mit 14 Jahren in Paris komponierten und 1826 in Marseille herausgekommenen ‚Etüden', welche 1835 Hofmeister als ‚travail de jeunesse' mit einem Kindlein in der Wiege auf dem Titelblatte erscheinen ließ*), tritt uns Liszt im schalen Wuste damaliger Klaviermusik bereits als musikalisch-schaffendes Sondergenie bedeutungsvoll entgegen.

Neben ihrem Werte als Unterrichtsmaterial, ihren fingererziehlichen Eigenschaften, ihrer rhythmischen Verve, bilden sie als kurze Stimmungsbilder wichtigste Schaffensdokumente des Werdenden, der uns in ihnen nicht nur als technischer Bildner, sondern in Melodie, Harmonik und dichterischem Schwunge als Vorläufer Wagners und Vater jener Umwälzungen entgegentritt, welche die kommenden Jahrzehnte musikalischer Entwicklung erfüllen sollten.

Stets — auch inmitten des Feierglanzes seiner ersten Virtuosenreisen — fühlte Liszt das gebietende Bedürfnis, „etwas schnaufen und arbeiten" zu dürfen.

---

*) Diese „teuren Etüden", seine „Lieblingskinder", sind 1839 bei Haslinger, 1852 bei Breitkopf & Härtel umgearbeitet als „Etudes d'exécution transcendante" erschienen, zuletzt Czerny gewidmet.

Diejenigen, welche denken, seine Jünglingskompositionen gingen, als auf einem längst überwundenen Standpunkte fußend, unsere Zeit nichts mehr an, kennen dieselben entweder nicht, oder sie haben sie nicht recht durchgearbeitet.

Allerdings — äußerlich dargestellt, werden sie etwas Äußerliches, und ihr Geist bleibt beim Komponisten zurück.

Sie sind, wie Alles von Liszt, auch heute noch schwer zu interpretieren, und man muß, um über sie ein richtiges Urteil gewinnen zu können, die leider in vielen Fällen vergriffenen alten, ungekürzten und nicht durch Verlegerwitz geschmälerten Ausgaben zur Hand nehmen, deren Wiederdruck aufs dringendste zu wünschen bleibt.

Wenn Liszt auf seinen Virtuosenreisen neben den Originalwerken jener Großen der poetischen Musik: Beethoven, Berlioz, Schubert, Weber und Chopin, welche zu popularisieren seine Sendung war, Eigenes fast gar nicht oder doch nur in Gestalt von ‚Phantasien' über eben in der Luft liegende Themata gebracht hat, so tat er es, weil ihm sein eigenes Schaffen noch zu sehr im Werdeprozeß begriffen schien*), um es neben Reifstem der Öffentlichkeit preiszugeben, weil es ihm Anregung und Erfrischung bot, schon aufgestellte Gedanken durch seinen Geist gehen zu lassen, und weil es in seinem künstlerischen Entwicklungsgange als Virtuose gelegen war, zunächst die Materie seiner Kunst nach allen Möglichkeiten neuen Ausdrucks, neuer Form zu durchprüfen.

Man hat, als er dann plötzlich als fertiger Komponist größter Formen der Zeitgenossenschaft entgegentrat, übersehen, daß diese ‚dramatischen Phantasien' seine kontrapunktischen Vorarbeiten im strengen Stile bedeuteten, durch deren Absolvierung erst sein Schaffen zur späteren Freiheit emporblühen konnte.

---

*) Wie fleißig er während seiner Virtuosenperiode komponiert hat, bezeugen im Liszt-Museum befindliche Skizzen zu verschiedenen Kantaten, darunter auch Goethes ‚Rinaldo'.

In der Umgestaltung des ganzen Klavierstiles gewann sich Liszt eine neue Sprache schaffenden Geistes.

Tief beziehungsvoll hat einst Beethoven geäußert: ‚Es ist von jeher bekannt, daß die größten Klavierspieler auch die größten Komponisten waren.‘

Liszts Schaffen dokumentiert die Wahrheit dieses Wortes. Seine Passage wurde ihm zum Motiv, seine Variation gestaltete er zur Szene, seine Melodie zum Charaktertypus. Namentlich die heute als überlebt geltenden, hinreißend leidenschaftlichen ‚Opernphantasien‘ Liszts verraten in ihrem unerschöpflichen Schaffensvermögen und satztechnischen Können schon den späteren instrumentalen Rhetoriker, in voller Ausnützung aller Möglichkeiten des Instrumentes schon den geborenen Orchesterdenker und Farbenpoeten. Kontrapunktische Meisterstücke bieten besonders die Phantasien über ‚Robert‘, ‚Sonnambula‘ und ‚Hugenotten‘.

Bei allen pianistischen Neuheiten, kompositorischen Errungenschaften und geistreichen Blitzen durchleuchtet diese Orchestervorstudien oftmals schon das Bedürfnis nach religiöser Erhebung. Sie alle richten am Ziele den Blick hinan! – oder verraten den späteren Meister der Apotheose.

Liszt's ‚Reminiszenzen‘, ‚Illustrationen‘ und ‚Konzertparaphrasen‘ kommt ein bleibenderer Kunstwert zu, als er den Opern und Gesängen gebührt, denen sie galten und, sie haben auf die symphonischen Formen unserer Zeit, auf die Ausgestaltung des Leitmotives ähnlichen Einfluß geübt, wie seinerzeit Klangstück und Suite auf die Sonate.

Das Neue, welches Liszt seiner Kunst errang, entsprang immer der absichtslosesten Natürlichkeit.

Alle Eindrücke wurden ihm zu musikalischen Ergüssen.

Mit sprühendem Viotuosenkönnen, schaffendem Spieltriebe drängte es ihn, jeden neuen Gedanken, der ihn künstlerisch fesselte, in die Tiefe seiner Subjektivität zu versenken, in das Leben seines Temperamentes zu tauchen, im Feuer seiner Phantasie umzuschmelzen. So setzte er an Stelle der bis auf ihn üblichen buchstäblichen Übertragung die freie Transkription.

„Es ist mir Genuß, bei Werken, die durch meinen Geist gegangen, ungehemmt meiner Phantasie nachzuhängen“ — gesteht er selbst.

Stets strotzt er dabei von originalen Zügen, die seine Erfindungskraft ins hellste Licht rücken und seine Übersetzungen als Kommentare erscheinen lassen, welche den geheimsten Sinn der Originale enthüllen.

Dabei bleibt seine jedesmalige Auswahl nur der köstlichsten Perlen bewundernswert, an denen er alle Sonderschönheit in besonders feinsinnig abgestuftem Lichte erkennen läßt.

Auch unter trivialen Plattheiten findet er — stets Komponist — das ‚künstlerische Körnchen und befruchtet es‘, wie Saint-Saëns feinsinnig bemerkte.

So zeigt er als ‚Transcripteur‘ — wie Bülow geistreich hervorgehoben — ‚den Komponisten stets, wie man es besser machen könne, wie sie.‘ —

Einer bis auf ihn geringgeachteten Kunstform, — der Übertragung — hat Liszt solcher Art Seele, Inhalt, Kontrast und thematische Einheit gewonnen, sie in die Sphäre künstlerischer Idealität erhoben.

Da er Alles, was er für Klavier setzte, auch für die Sonderart des Klavieres umgeprägt hat, entdeckte er den Umfang der mechanischen Vorzüge des Klavieres voll und ganz.

Erst er hat auf ihm alle möglichen Kombinationen geoffenbart, so daß er zur Klavierkunst seiner Zeit sagen konnte: das bin ich! –

Seine „Klavierpartituren" ließen die große Bedeutung des Klavieres als Dolmetsch der Gesangs- und Orchesterwerke, wie des Organismus der ganzen Tonwelt erst in vollem Maße erkennen.

Obwohl Liszt auf diesem Wege der Begründer der modern-polyphonen Orchestralität des Klavieres geworden ist, bleibt seine Technik doch hier, wie später bei seiner Schreibart für Orchesterinstrumente oder Gesangsstimmen die denkbarst spiel- oder singbare, in jedem Falle die für das Instrument geeignetste. Er fordert von jedem Instrumente stets nur Das, was es seiner Natur nach geben kann und ist hierin unerreichtes Muster!

Nirgends begegnen wir bei ihm den Gescheitheiten des manierierten Tricks, sondern überall sattem Klangzauber, wohligem Farbenflusse, praktischem Erlebthaben.

Lange schon ist die künstlich gezüchtete Meinung, Liszt hätte spät erst zu komponieren begonnen und dann nur Erfahrungsmusik geschrieben, als den Tatsachen nicht entsprechend, zerstört worden.

Ein Blick auf die Fülle der Jugendwerke, unter denen sich durchaus nicht nur Klavier-, sondern auch Vokalkompositionen befinden, ein Augenmerk auf die frühe Entstehungszeit vieler wichtigster Zeugen seiner Schaffens-Notwendigkeit, welche – eine Lisztsche Eigentümlichkeit – oft der Zeit späterer Herausgabe weit vorauszugehen pflegte, beweist die Unhaltbarkeit dieser Annahme.

Als Liszt in den Arbeiten seiner ersten Periode alle spezifisch-musikalischen Formen und Möglichkeiten erschöpft hatte, holte sich seine gewonnene Ausdrucksfähigkeit von der Poesie bewußt neue Anregung.

Die Vertiefung des dichterischen Gedankens jeder Kunstart in Tönen blieb nun der Leitstern seines Schaffens.

Hatten seine Vorgänger und Mitringer auf dem Wege der Entwicklung der Tonkunst zum Ausdruck der poetischen Idee zwischen dem Überwiegen des Musikers und Dichters in sich geschwankt, so wurde jetzt Liszt — gleich gerüstet hier wie dort – als Barde ewiger Menschheitsgedichte der Erste, welcher bewußt, mutig und fest die stolze Spitze dieser Entwicklung erreichte: der Gewinner der ‚symphonischen Dichtung', und schon die bloße Prägung dieser Bezeichnung für eine ganz neue, freie Form war eine geniale Entdeckung! —

Die innere Berechtigung der – trotz alles neuestens wieder üblich gewordenen ‚absoluten' Vorgebens – in der heutigen Musik zu voller Herrschaft gelangten poetisierenden Richtung, hat Liszt – als dichterisches Formengenie höchster Bedeutung – mit dieser Tat der Form-Befreiung, der alle gesunde Modernität entsprang — in ganz neuen Beziehungen aufgewiesen.

Die Zunft zeterte über den vermeintlichen Zwang, welcher der Musik durch die neue Form der ‚symphonischen Dichtung' angetan worden sei und bemerkte komischerweise gar nicht, daß gerade sie der Musik ein so freies, breites Ausströmen ermöglichte, wie nie zuvor.

Gutwillige konnten den ‚improvisatorischen' Charakter der unerhört neuen Werke nur tadeln, weil sie — von Liszts Schwunge hingerissen — gar nicht dazu gelangt sein mochten, dem wohlabgewogenen Lebendigorganischen im Baue dieser Tondichtungen nachzuforschen und das tiefe Proportionsbedürfnis zu erkennen, welches überall aus ihnen spricht.

Wollen übrigens Andersgeartete dem Genius vorwerfen, was ihm aus tiefstempfundenem ästhetischem Müssen entquollen, ihm verübeln, wenn er sich nicht darum kümmert, was zu denken man ihm gestattet?

‚Als ob nicht der Gedanke seine Form von selbst mit auf die Welt brächte, jedes originelle Kunstwerk andern Gehalt und mithin auch andere Gestalt haben müßte!' – hat schon R. Schumann ausgerufen. –

Weil in den Jahren 1856 und 1857 neun ‚symphonische Dichtungen' Schlag auf Schlag erschienen, rümpften die deutschen Musikgelehrten und Behüter des ‚Stillstandes an sich' ihr feines Kennernäschen, allsogleich geschäftig verbreitend, den neuen ‚Erzeugnissen' könnte nimmermehr Bedeutung zukommen, da es unmöglich sei, in zwei Jahren eine Neunzahl symphonischer Schöpfungen zu vollbringen, wozu doch selbst ein Beethoven sein ganzes Leben gebraucht hätte.

Die Feinde jedes ‚Davidsbundes' ahnten dabei nicht, oder sie wollten nicht wissen, daß diese merkwürdigen Werke seit 1830 geplant, skizziert, überarbeitet und erprobt worden waren, bevor sie Liszt – gegen die Philister*) – in die Welt sandte, und daß er überhaupt zu geschmackvoll war, seine Versuche jenen Meisterwundern zur Seite stellen zu wollen, die ihm die bewundertsten der gesamten Tonkunst blieben.

Wagner, welchen die neuen Schöpfungen sogleich ‚ganz gewonnen' hatten, sah wahr, wenn er bezüglich derselben prophetisch ausrief: ‚Die Esel – und das sind sie so ziemlich Alle – werden lange zu tun haben, ehe sie dieses Phänomen unterbringen!' –

Dem duldenden Meister erging es, wie Leonardo da Vinci erzählt: ‚der Nußbaum über einer Straße, den Vorübergehenden den Reichtum seiner Früchte zeigend, wurde von jedermann gesteinigt.' –

Für das Verständnis der ‚symphonischen Dichtungen' kommt es zunächst darauf an, ob der dichterische Grundgedanke dem Hörer näher oder ferner liegt.

Ihren Seelensegen schulgemäß erläutern zu wollen, gehört zu den Unmöglichkeiten.

*) Vgl. das Vorwort der ‚symph. Dichtungen' an die Dirigenten, in welchem Liszt das damalige „Auf- und Abspiel" sich verbittet.

Am charakteristischsten für Liszt als Orchesterdenker und Gefühlskoloristen sind jene derselben, zu denen ihn Gemälde und Zeichnung angeregt: ‚Die Hunnenschlacht' nach dem Freskogemälde des Treppenhauses im Berliner Museum von Kaulbach und ‚Von der Wiege bis zum Grabe' nach M. Zichy.

Dort hat er — in einem Musterbeispiele für die Verbindung der Konzertorgel mit großem Orchester — den Geisterstreit des Malers vertieft zum Seelenkampfe zwischen Heidentum und Christentum, den er mit dem Sieg des Kreuzes als Symbol der Liebe krönt, — hier hat er — „sans cheville" — in drei ineinander verschwebenden Sätzen: „Die Wiege" — „Kampf ums Dasein" — „Zum Grabe, der Wiege des zukünftigen Lebens" — die Federzeichnung des Titelbildes in Wort und Ton verklärt, wobei die konsequente thematische Ausschöpfung der Leitgedanken im naturnotwendigen Ausklang seiner schöpferischen Ausgangspunkte so sehr ins Recht tritt, daß sie dem noch landläufigen Verlangen nach Melodiensträußlein nicht mehr nachzukommen vermag*), wie denn überhaupt das immer mehr hervortretende Geistige, die Unisono-Vorliebe und Neigung zu Monologen in den letzten Werken Liszts — ähnlich wie beim letzten Wagner — dem Gewohnheitsträgen das Verständnis bedeutend erschwert.

Sie erscheinen alle wie nicht mehr der Sinnenwelt angehörige Traumbilder einer heiligen Seele und ‚verschweigen Alles, während sie' — wie Wagner so schön gesagt hat — ‚das Undenklichste sagen'. — —

Bezeichnend bleibt, daß Liszt die letzte seiner symphonischen Dichtungen: ‚Von der Wiege bis zum Grabe', welche die merkwürdigsten Beziehungen ideell zur ‚Berg-Symphonie', formal zu den ‚Idealen' zeigt, — im Orchester ebensowenig je gehört hat, wie seine dem Themengerüst nach erste, die

*) Diese dreizehnte der ‚symphonischen Dichtungen' ist bislang fast unbeachtet geblieben, trotz ihrer Zukunftsblicke!

‚Heroïde funèbre', deren Keime in der ‚Revolutions-Symphonie' seiner Jugend liegen. –

Vielleicht wird die jetzt herrschende Strömung nach Intimität des Rahmens im kleinen Konzertsaal vor Eingeweihten manches Wunder unter den intimen letzten Poesien Liszts erst voll erschließen.

Betreffs der Berechtigung Lisztscher Kunstanschauung ist viel gestritten worden.

Zu ihrer Rechtfertigung sei hier nur ein Wort seines größten Widersachers Hanslick angeführt, der, bevor er sein Lebensgeschäft darin ersehen hatte, gegen Liszt und Wagner und die ihnen anhängenden Ausdrucksmusiker loszugehen und in einer Ästhetik zu prosperieren, welcher die Musik bloß leeres Formspiel scheinen sollte, in der ‚Wiener Zeitung' sich einst ausnehmend richtig also vernehmen ließ:

‚Über die dürftige Anschauung, welche in einem Musikstück nur eine symmetrische Aneinanderreihung angenehmer Tonfolgen sah, sind wir hinaus. Der große Fortschritt der neueren, romantischen Komposition ist die poetische Beseelung (!). Sie hat sich über den Standpunkt erhoben, von welchem eine Tondichtung (!) nur als ein in sich vollkommen konstruiertes wohlgefälliges Klangwerk (!) erscheint, sie erkennt ein Höheres für die Aufgabe der Musik: die künstlerische Darstellung der menschlichen Gefühle, Stimmungen und Leidenschaften.' (!!) –

Die viel ‚praktischere' Brauchbarkeit der gerade entgegengesetzten Meinung – eine denkwürdige Wandlung

*) Worte, welche H. v. Bülow dem Hauptthema von Liszts vielumstrittenem ‚Esdur-Konzerte' unterlegt hat. –

und Verläugnung, die auf rein kunstpsychologischem Wege nicht erklärt zu werden vermag — hat Hanslick berühmt gemacht, indem in seltsamer Unbesorgtheit dort, wo sachliche Gründe nicht ausreichten, in der Folge hurtig Witz und persönlicher Angriff hinzutreten mußten.

Die Inkonsequenz der Hasser Liszts ist nach diesem Musterbeispiele dieselbe geblieben bis auf unsere Tage, wo ein anderer Abwitzler des ‚Programmes' höchst erstaunlich versuchte, die Werke von Brahms poetisch zu illustrieren, also säuberlich Das selbst zu tun, was am vermeintlichen Gegner lächerlich gemacht worden war.

Je gelehrter, desto verkehrter!

Carl Löwe hat einmal treffend gesagt, daß die 24 Tonarten keine Basis des Hörens abgäben. An diesen Ausspruch wird man erinnert, wenn man der falschen Prämissen gedenkt, von denen ausgehend Liszt abgekanzelt wurde, wenn man die heutzutage unglaublich erscheinenden Urteile liest, mit denen Schriftgelehrte und Pharisäer ihn bedachten.

Bei jedem ‚Neuen' erheben die Rezensenten ja stets das Feldgeschrei: ‚Unmöglich', bis dieses ‚Neue' wieder von ‚Neuem' abgelöst wird.

So wurde auch der Protest bei Liszt erstickt durch das Auftreten von R. Strauss! —

Sachlich blieben seine neuartigen Schöpfungen der tristen Gewohnheitskritikasterei zunächst ebenso unbequem als unerklärbar, demnach mußten sie tapfer durch alberne Späße wegeskamotiert werden.

Sobald ein kühnes Werk des Meisters erklang, berichteten „die tagtäglichen Faseleien der Männer des Aber und Doch": — ‚eine ganze Akademie der Wissenschaften hätte nicht mehr gähnen können!' — oder: ‚es war eine Aufgabe, die zwei Kinnbacken allein fast nicht zu leisten imstande waren'.*)

*) Liszt's ‚schauerliche Impotenz' entlockte Hanslick, der den ‚Christus' für ‚Liszt's unerquicklichstes Werk' gehalten — gelegentlich des Bülow'schen Lisztkonzertes im Bösendorfer Saale zu Wien noch 1881

‚Leider' schuf Liszt Musik und machte keine Witze, deshalb wurde er zuerst als langweilig, dann, als er dennoch mehr aufgeführt wurde, als abgestanden ausgegeben und in Wahrheit um so weniger verstanden, als bei ihm in den Wirkungen nichts mehr greifbar obenauf lag.

‚Ja, so sind sie!' — ruft Schiller: — ‚schreckt sie Alles gleich, was eine Tiefe hat, — ist ihnen nirgends wohl, als wo's recht flach ist!' —

Als Liszt das Hauptgewicht seines Schaffens auf religiöses Gebiet verlegt hatte, blieb es bei dem herrschenden Zeitgeiste, der jedes Weihestreben als inferiore Betbruderschaft zu belächeln erzogen war, nicht verwunderlich, wenn dem Meister nun ungescheut frecher Hohn und Spott entgegentraten.

„Wozu denn" — dachten die Beckmesser des knisternden Dornenwaldes — „das Edlere, Feinere, Höhere? Wir machen ja ohnedies alles: — Einnahmen und Reputationen!" —

Das allmählich vollendete Verleumdungsgesetz gegen den ganzen Begriff Liszt hat M. Wirth schlagend in den Worten ausgedrückt: ‚Der Strohkranz des Spottes und Hohnes, der nach der Anerkennung R. Wagners einzig noch für Liszt bereit gewesen, ist geradezu aus den Märtyrerkronen zusammengelesen worden, die einst die heute so verehrten Häupter Mozarts und Beethovens, Webers und Schuberts, Schumanns und Wagners drückten.' —

Wenn sich hierbei die Hohenpriester alles Antitranszendentalen in ihrer Scheu vor Andacht mit Vorliebe an jene Werke hielten, welche heute verblaßt erscheinen, oder als rasch hingeworfene Gelegenheitssachen überhaupt mehr

folgende Niedlichkeiten in der Beurteilung der Klavierwerke des Meisters: ‚Ihr Licht stammt vom Salonluster, ihr Dunkel von musikalischer Konfusion.' — ‚Die H-moll-Sonate ist eine Genialitätsdampfmühle, die fast immer leer geht — ein fast unausführbares musikalisches Unwesen.' — ‚Nie habe ich ein raffinierteres, frecheres (!) Aneinanderfügen der disparatesten Elemente erlebt, — ein so wüstes Toben, einen so blutigen (!) Kampf gegen Alles, was musikalisch ist.' (Vergl. Fußnote auf S. 2.)

fragmentarische Form aufweisen, so darf man wohl fragen, bei welchem Meister die Zeit nicht ihren Einschlag gegeben hätte, und ob man dem Virtuosen verübeln wolle, daß auch er der Mode des Tages gehuldigt und sich opferwilliger Freundschaftsbezeugungen in Tönen manchmal nicht enthalten hat.

Es ist übrigens von vorneherein klar, daß eine so vielseitige, nur zu oft der Zersplitterung ausgesetzte Natur, wie die Liszts, genug Angriffspunkte bieten mußte, die in gewissen Grenzen berechtigt waren.

Aber festzustellen bleibt, daß bei keinem Meister je, — außer bei R. Wagner, der auch hier ihm zugehörte — mit solcher Erbitterung und Entstellung, mit so unwürdigen Waffen bis auf den heutigen Tag gekämpft worden ist wie bei Liszt.

Doch sagte ja schon Meister Eckhart: ‚Wer selber Falsches hineinlegt und es dann kritisiert, der kritisiert auch nichts anderes als sich selbst!' —

Liszt kam mit seinem besten Wollen in eine Zeit industriellen Erhebens und seelischen Verflachens, technischer Hochflut und Gemütstiefstandes, die selbst mit Wagner, welcher vor ihm doch die weniger mißzuverstehende Bühne voraus hatte, zunächst nichts anzufangen wußte.

Je mehr der ‚Großbetrieb' der Zeit zum Realen hinzuneigen begann, je weniger wurde Liszt verstanden, denn bei ihm war die Musik noch nicht Prosa. —

Je hastiger man statt Gefühlstraum die exakte Tatsache suchte, je nüchterner statt Seelenstärkung bloß Geistesreizung erstrebt wurde, desto unfaßlicher erschien Liszts ethisches Ideal.

Man haßte an Liszt, daß ihn anzog, was leuchtete, daß er an jedem Altare der Schönheit betete, — man vergab ihm nie, daß er — ein Feind des nur Mechanischen auf allen Gebieten — sich auch in andere Dinge als das ihm gütig zugestandene Klavierspiel mischte.

Es verdroß die Expektoren der Gewöhnlichkeit und Oberflächlichkeit, daß Liszt nicht nur der Musik offenste Empfänglichkeit in jeder ihrer Formen bewahrte, insofern dieselben Berechtigung hatten, mochten sie von Meyerbeer oder Wagner, von Verdi oder Dargomisky, von Saint-Saëns oder Grieg herrühren, sondern die gleiche gerechte und tiefblickende Objektivität allen Äußerungen menschlichen Denkens überhaupt entgegenbrachte.

Daß er dabei stets aufdeckte, was veraltet war, paßte Jenen nicht, die so bequem im Lehnstuhle der Mittelmäßigkeit allen Fortschritt verschnarchten. –

Weil er, ob am Klaviere oder Orchester spielend, ob sprechend oder schreibend, immer ins volle, warme Leben eingriff, – weil er Duldsamkeit für jeden Stil und jede Nation bekundete, nur für die verknöcherten Dogmen der Professoren der Magie in der Tonkunst keine Bewunderung erübrigte, mußte er – dem man obendrein auch die Huldigungen mißgönnte, welche dem Menschen Liszt trotz alledem dargebracht wurden, – in der Öffentlichkeit verspätet und künstlich immer wieder auf den Klavierspieler zurückgeschraubt werden.

So war bei Liszt dasselbe Schauspiel zu erleben, wie es bei Mozart aufgeführt wurde, der auch als Spieler gefeiert, als Komponist nicht gebührend beachtet werden durfte, dem auch zum Virtuosenerfolge das Komponistengelingen nicht gegönnt werden sollte.

Liszt bestand solchen Erfahrungen gegenüber felsenfest. Im auferlegten Leide sah er den Segen zukünftiger Kraft und hielt sich an das Wort A. de Musset's: ‚ein Lehrling ist der Mensch — sein Meister ist der Schmerz.' Er erlebte in sich „das beruhigende Gefühl, bei Denen, die in den gelichteten Regionen der Kunst zu glauben, hoffen, lieben und zu beten befähigt sind, mit nachsichtsvoller Liebe aufgenommen zu sein". —

Er war „unstörbar" von der Überzeugung Pindars durchdrungen: — ‚Götter selbst können die vollbrachte Tat nicht vernichten!' — —

Die Leistung galt ihm alles, nichts der Ruhm.

Sein Stolz ließ ihn sich aller Klagen über die Behandlung, die er zu erleiden hatte, enthalten, aber seine Arglosigkeit staunte ob der Beleidigungen, die er erntete, da er der Kunst in treuer Pflichterfüllung schlicht und bescheiden zu dienen meinte.

Opposition hatte er in einer Epoche, welche nur die Gedankenmaschine zu füttern gewohnt war, naturgemäß erwartet, nicht aber Gehässigkeit und Roheit.

„Ich habe" — schreibt er 1858 an Herbeck — „keineswegs Eile, in das Publikum zu dringen und kann ganz ruhig das Gefasel über meine verfehlte Kompositionssucht sich weiter ergehen lassen. Nur insofern, als ich Dauerndes zu leisten vermag, darf ich darauf einigen bescheidenen Wert legen. Dies kann und wird nur die Zeit entscheiden."

Portrait-Radierung Liszts von Linnig

Besonnen verharrte er in stillem Dulden und fand „Wahnfried nur in Erfüllung der Pflicht zu lieben." Höchstens erzitterte er manchmal in leiser Ironie, wenn er gedachte, wie tückisch ihm mitgespielt worden war. –

Über dem Künstler, den er im Gegensatz zum Dünkel der ‚Reichsunmittelbaren' „Himmelreichsunmittelbar" nannte, und über seiner zeitlichen Wertschätzung stand Liszt die ewige Kunst als Weckerin der Eintracht in gegenseitiger Liebe.

Sie überbrückte ihm die vehementesten Zeitströmungen, die heterogensten Nationalitätsverschiedenheiten und zeitlebens befolgte er die Mahnung des Abbé Lamennais: ‚Die Kunst muß stets durch einen vollkommeneren Typus des Wahren und Guten einen vollkommeneren Typus des Schönen entdecken.'

In diesem Sinne beurteilte er Kunstwerke jeder Art nicht nach den zufälligen Tagesmeinungen ihrer Schöpfer, sondern bloß nach den Ewigkeitswerten, die in ihnen gewonnen waren.

Diesen beugte er sich dankbar und beneidete Jene nicht, „die aus Selbstsucht die Augen ihres Herzens und Verstandes schließen, um nur für ihren Gaumen und Magen zu leben."

In eisernem Fleiße, in schonungsloser Selbstzucht wurde er nicht müde, immer Besseres anzustreben, und jede erklommene Stufe wurde ihm nicht Rastplatz, sondern Grundlage zu noch Höherem, „denn" – sagte er –: „heute handelt es sich nicht darum, Effekt zu machen, sondern Taten zu vollbringen!" –

Deren Ziel setzte er stets ins Innere, nie Äußere, und im Sinne des Wortes von Nietzsche, daß ein Mensch nur so viel wert sei, als er auf seine Erlebnisse den ‚Hauch des Ewigen' zu drücken vermöge, war er sich des rechten Weges wohl bewußt. –

„In Allem, was ich tue“ — gestand er — „glaube ich etwas Neues zu sagen zu haben. Es ist daher wesentlich, daß man sich meine Gedanken und meine Gefühle aneigne, will man anders nicht Verrat an ihnen ausüben.“ —

„Wenn auch in geringerem Grad wie Wagner, bedarf doch auch ich Menschen und Künstler und kann mich weder mit Handwerkern, noch mit einer mechanisch-korrekten Aufführung begnügen.“

„Der Geist muß auf den Tonwellen schweben, wie über den Wassern der Schöpfung!“ — —

In Wahrheit taugen die Tondichtungen Liszts nicht für die Sinnesemotionen einer zerstreuungssüchtigen Menge, welche gar nicht ahnt, daß echte Musik vom geheimsten Grunde des Seins herklingt, daß den Namen Musik nur verdient, was als klingender Ausdruck der Befreiung seelischen Zwanges entsteht, nicht klangüppige Tonkombination, nicht sentimentales Schwelgen, nicht bloßes Phantasiespiel des Gehirnes mit Tönen.

Nur wer bei Liszts Schöpfungen durch alle Hüllen ihrer Formgestaltungen ihren unaussprechlichen seelischen Gehalt erschaut hat, kann sie der Welt offenbaren. Gefühl für verfeinerten Sinnengenuß, raffiniertes Verstandestreiben, künstliche Stimmungs-Fexerei reichen hier nicht aus.

Hat man nun fortwährend zu erleben, wie wenig der echte Lisztstil gekannt oder gar verbreitet ist, so erscheint als Notwendigkeit, für die richtige Ausführung der

Tondichtungen des Meisters von Weimar eine lebendige Tradition zu schaffen, wie wir sie für Wagners Werke in den ‚Bayreuther Festspielen' besitzen.

Da auch jetzt noch dem Volke jene Musik wenig vertraut ist, die es nicht von der Bühne her kennt, da der Konzertsaal und die Kirche im Vergleiche zu deren Macht heute noch als die unpopuläreren Räume bezeichnet werden müssen, es also erforderlich ist, daß die für sie gedachten Schöpfungen oftmals in eindrucksvollster Gestalt ins Leben treten, um verstanden zu werden, ist es geboten, ein Bayreuth des Konzertsaales zu schaffen durch Errichtung eines zeitgemäßen Liszt-Tempels mit Orgeln, verstellbaren Podien, unsichtbaren Darstellungskörpern und voller Ausnützung aller Wirkungen des Ferntons – wofür die einschlägigen Arbeiten Wolfrums, Marsops, Haigers u. a. zu benutzen wären – und oberstes Ziel des ‚Allgem. deutschen Musikvereins' bleibt, neben dem authentischen Texte seiner Kompositionen, wie ihn Liszt zuletzt von seinen Schülern vertreten haben wollte, zunächst auch ihren Geist den kommenden Geschlechtern in lebensvollen Darbietungen zu übermitteln, wozu die Wenigen berufen sind, welche vom Lisztschen Schaffen in tiefster Seele getroffen wurden.

Die Wirkung, welche die Lisztschen Tondichtungen in solchen lebendigen Aufführungen auch heute noch auf die Entwicklung der ganzen Tonkunst ausüben würden, ist gar nicht geahnt. Alljährlich auch nur einige solcher vollendeter Darbietungen aus wirklichem Weihebedürfnisse geschöpft, in notwendig liebevoller Vorbereitung, mit Eingehen auf die vielen Subtilitäten der Werke und ähnlich wie es in Bayreuth geschieht, auch mit den glanzvollsten, edelsten Mitteln – würden sich als reicher Segen für unser ganzes musikalisches Treiben erweisen! –

Die Erfüllung dieser Aufgabe ist zugleich der Ausgangspunkt der wahrhaftigen Förderung alles neuen Strebens!

Hierzu bleibt es der großen, kritischen Liszt-Gesamtausgabe vorbehalten, mit zeitgemäßen Mitteln jene Bilder,

Dichtungen und Vorworte den Kompositionen wieder beizugeben, auf welche Liszt besonderes Gewicht gelegt hat, die aber — gleich den wichtigen Wortunterlagen seiner Liedübertragungen — Sparsamkeit oder Unverständnis der Verleger als überflüssig unterdrückt haben, ferner die im Vergleiche mit späteren Versionen besonders lehrreichen Ausgaben der ersten Fassungen der Werke wieder mitzuteilen, die oft Genialstes und Individuellstes bieten*).

Seine Werke selbst verbreiten zu helfen, für dieselben zu streiten oder sonst sich irgendwie durchsetzen zu wollen, kam Liszt nicht in den Sinn.

Mit dem vollen Bewußtsein, nur wenige Begreifende zu finden, rührte er für sich in vornehmer Zurückhaltung nie einen Finger.

Gelassen lebte er im Sinne des alten Spruches:

‚Des Weisen ganzes Tun
ist Lieben, — Schauen, — Ruh'n!'

Wo auch hätte ein Liszt den würdigen Gegner und Kampfplatz gefunden? —

„Ich kümmere mich nicht um die Verbreitung meiner Sachen und übe die sonderbare Tugend, welche die Jesuiten die ‚heilige Gleichgültigkeit' nennen. Wie Velasquez, ohne an seine Tadler ein Wort zu verlieren, sich begnügte, seinen Namen unter das angefochtene Bild zu setzen, so habe ich

*) Einen Anfang zu instruktiver Liszt-Ausgabe bedeutet das von L. Ramann bei Br. u. Härtel herausgegebene Liszt-Pädagogium.

für mein Werk keine andere Prätension als die, es geschaffen zu haben" — versicherte er.

Wo das meiste Gefühl ist, da ist stets auch das meiste Martyrium.

„Der Grundton meiner Empfindungen ist das Kreuz" — bekennt der Meister.

Wehmütige Resignation im Anblicke des scheinbar vergeblichen Ringens auch der Tapfersten wurde der Grundzug vieler tiefster Werke Liszts, die geradezu tragisch genannt werden müssen.

„Leiden und Traurigkeit sind die Leibgedinge der menschlichen Existenz", „im Innern des Herzens lebe ich zumeist mit den Trauernden und Leidenden" — seufzte er und in weltverlorner Einsamkeit flehte er um Kraft, zu überwinden.

„Und ich habe überwunden!" — durfte er endlich als Siegender in seinen schwersten Tagen ausrufen. —

Alle Kreaturen fliehen: wenn man ihnen schaden will, zu ihrem Zufluchtsorte — so floh Liszt zu Gott.

In göttlicher Nähe ward er zu flammender Glut. In der Verlassenheit der Welt reifte er, der Publikum und Kritik längst vergessen, zum Sänger der Ewigkeit.

‚Was' aber — kündet Goethe — ‚kann der Mensch im Leben mehr gewinnen, als daß sich Gott-Natur ihm offenbare?'

Je mehr des Meisters Begehren geruht hatte, je finsterer sein Weg geworden war, desto heller leuchtete Gott in ihm auf. Seinen Geheimnissen, in die wir Alle gebettet, vertraute er in Ehrfurcht und ohne Wanken. Wo immer er ging, fühlte er jetzt den Himmel über sich, die Erde wurde ihm zum Hause des Ewigen, alles irdische Handeln zum Gottesdienst.

Nun war ihm der volle Blick in freie, geistige Regionen vergönnt, von denen Andere nur in Momenten der Entrückung einzelne Teile sehen. Die Sonne dieser Hinterwelten entzündete die heißen Seelenbrände des Mystikers Liszt.

Alle relative Möglichkeit schöpferischer Fähigkeiten des Menschen bedeutete ihm ein Abbild der absoluten

Unendlichkeit göttlicher Schöpferkraft, der Menschengeist galt ihm nur ein Strahl der großen Allseele, die in Liebe schafft und zusammenhält.

Tiefer Glaube an überirdisches Sein ließ ihn im Erleben und Durchkämpfen aller Probleme des Menschendaseins, im Erproben aller Erdenlast seine religiösen Schöpfungen gewinnen als Verkündigung eines erst in der Zukunft zu verwirklichenden Ideals.

Erhaben und volkstümlich zugleich, sollten dieselben den Traum seiner Jugend erfüllen*): — sie treffen das Gefühlsverständnis nicht einer Konfession, sondern jedes offenen Herzens, sie beweisen die Wahrheit des Wagnerschen Wortes: ‚Nicht kann der höchsten Kunst Kraft erwachsen, wenn sie die Grundlage des religiösen Symbols entbehrt, durch welche sie dem Volke erst wahrhaft verständlich zu werden vermag.‘

Nicht Bigotterie, sondern tiefste Erregung des Lebensgefühles schuf Liszt zum Reformator der Kirchenmusik, deren vergeistigster Meister seit Palestrina er geworden.

Liszts epochales Wirken auf diesem Gebiete ist heute unantastbar anerkannt, obwohl die katholische Kirche offiziell Alles getan hat, auch diese Segnungen seines Ringens soviel wie möglich abzuschwächen oder zu verspäten,

*) Vgl. Liszts Schrift aus dem Jahre 1834: „Über zukünftige Kirchenmusik.“

und obwohl dieselbe gar nicht zu erkennen scheint, daß der Gottesdienst in kunstgeschmückten Domen auch heute noch durch stilvolle Darbietungen der geistlichen Schöpfungen Liszts mit gebührenden Mitteln zu einer Art Gesamtkunstwerk sich erheben ließe, dessen Erbauungsborn Scharen sonst Abseitsstehender erquicken würde. *)

Der Meister hatte eben leider recht, als er mir auf der letzten Fahrt nach Bayreuth, da wir uns eingehend über diese Möglichkeiten unterhielten, sagte: „im Grunde könnte da nur ein Italiener etwas ausrichten. Selbst ein Pius IX. war gegen den italienischen Willen der Kardinäle machtlos!" –

Den Genius erachtete Liszt als geistigen Führer der Menschheit, und er hielt sich seinem Schöpfer gegenüber verantwortlich dafür, steter Vermittler jedes Echten zu sein, das noch des rechten Verständnisses harrte. –

In Umdichtungen in die den ‚Gebildeten' zugänglichere Sprache des Klaviers, wie in poetischen Erläuterungen durch das Wort, hat er der Würdigung seiner literarisch besser als musikalisch geschulten Zeitgenossen alles Große nahe zu bringen gesucht.

Die Übersetzernatur bildete eine wesentliche Seite von Liszts geistiger Organisation.

Ist heute seine Bedeutung als Erweiterer der Machtsphäre des Klavieres voll anerkannt, so wissen nur Wenige, daß sich auch in seinen Schriften künstlerisches Nachempfinden mit philosophischer Einsicht deckt.

---

*) Nach dem Erlebnis der ersten Aufführung des ‚Christus' in Weimar äußerte R. Wagner: ‚Wenn man in Rom ebenso erleuchtet, als unfehlbar wäre, so müßten die einzelnen Teile des ‚Christus' an jedem der Feste aufgeführt werden, auf die sie sich beziehen, und das ganze Werk an den hohen Festtagen der Kirche.' . . .

‚Mehr als Missionen, aktuelle Propaganda, mehr als die Herrschaft durch Drohen und Strafen – würde diese Aufführung Herzen und Geister befestigen und gewinnen!' –

Begeisterungswonne läßt den Schriftsteller Liszt oft geradezu zum Wortdichter emporwachsen, als der er uns in den sechs Bänden seiner ‚gesammelten Schriften‘, wie als Verfasser der schwungvollen Vorworte vieler seiner Tonschöpfungen entgegentritt, die ein siebenter Band zusammenfassen soll.

Heute noch, nach fünfzig bis siebzig Jahren, zünden der Enthusiasmus, in dem seine Abhandlungen verfaßt sind, das Feuer der Phantasie, das sie geschmiedet hat, und die wenigen heute zu breit oder kunstgeschichtlich überholt erscheinenden Stellen derselben können ihren Genuß nicht schmälern. Auch im Worte drang Liszt durch alle Formgewandung zur Seele der Dinge vor, auch hier erscheint er immerdar als Gefühlsmensch zartester Differenzierung.

Seine Wortschöpfungen bieten Allerwichtigstes zum Studium seiner Persönlichkeit, weil hier das Wollen des Schaffenden unmittelbar selbst spricht und nicht, wie bei seinen Tonwerken, der Gefahr ausgesetzt ist, durch falsche Interpretation entstellt zu werden.

Liszts Wortpoesien, die nie von Liszt reden, enthalten neben Analysen, die für die wissenschaftliche Betrachtung musikalischer Werke bahnbrechend wurden, auch selbständige Studien, wie die Schriften: ‚Zur Stellung der Künstler‘, ‚Reisebriefe eines Baccalaureus der Tonkunst‘, ‚Über Volksausgaben‘, ‚Zur Goethe-Stiftung‘ u. a., welche sämtlich Liszt als große Gestalt nicht nur des allgemeinen, sondern speziell des deutschen Kulturlebens in der zweiten Hälfte des 19. Jahrhunderts erscheinen lassen.

Mit der erstgenannten Schrift, die er als Vierundzwanzigjähriger verfaßt hat, ist er der Erste geworden, der die soziale Stellung der Künstler und die Verpflichtung des Genies ins Auge faßte, überhaupt Gedanken aussprach, die ihn — im Notschrei des Unverstandenen — als Vorläufer der erst 15 Jahre später erschienenen Kunstschriften Wagners zeigen. —

Volksausgaben, musikalische Volksbibliotheken,

Wiederaufführung gediegener alter Werke, von denen er 1836 zuerst gesprochen (!), blieben ihm Lieblingsgedanken durchs ganze Leben.

In dem kaum gelesenen großen Aufsatze über die ‚Goethe-Stiftung', mit welchem er auch die maßgebenden Faktoren in Staat und Gesellschaft zur Aufbringung der Mittel für eine Aufführung des eben im Entstehen begriffenen ‚Ring des Nibelungen' von Wagner gewinnen wollte, sind Anschauungen niedergelegt, denen teilweise näher zu rücken erst unsere Zeit begonnen hat.

Liszt vor Allen war es damals — 26 Jahre vor Bayreuth — klar, daß nur im echtest deutschen Geiste wahre Herzenskultur vollbracht werden könne. In diesem Geiste schuf er, in diesem Geiste kämpfte er treu, bis er die Augen schloß.

Er dachte — 1850! — an einen alljährlichen großen Wettstreit der Künstler, abwechselnd für Dichter, Maler, Musiker, Bildhauer und Architekten.

Die gesamte deutsche Kunst, nicht nur die Musik, sollte in Weimar ihren Zentralisationspunkt finden. Bei den Preisverteilungen sollten namentlich jene Werke berücksichtigt werden, die ihrer Natur nach nicht auf viele Abnehmer oder Aufführungen rechnen könnten.

Aber nicht nur die Idee selbst, sondern auch ihre zweckmäßige Durchführung zeigte Liszt in festen Satzungen und im praktischen Eingehen auch auf alles Administrative und Finanzielle mit der Schlagfertigkeit des intuitiv sicheren Feldherrnblickes.

Er streifte auch hier die soziale Frage, indem er als Universalgeist Pläne für wohlverteilte, zweckmäßig eingerichtete und gutgelüftete Arbeiterwohnungen der Preisbewerbungen werthält, indem er hofft, daß Deutschland die Realisierung solcher Pläne „für die schwer atmenden Menschenmassen als eine derjenigen Inspirationen seines Nationalgeistes betrachten wird, auf welche es mit Recht stolz sein darf". —

In den Aufsätzen über ‚Chopin' (im Polonaisen-Kapitel), über R. Wagners ‚Fliegenden Holländer' (in den Un-Wagnerschen Parallelen) und über ‚Die Zigeuner und ihre Musik' (besonders im Absatze über die Israeliten) hat es sich Fürstin Wittgenstein nicht nehmen lassen, bei der Zusammenstellung der Neuausgabe in deutscher Sprache Spezifisch-Eigenes niederzulegen, Spezifisch-Breites „hineinzuschreiben".

Daß die übrigen Abhandlungen der ‚gesammelten Schriften' als Dokumente Lisztschen Geistes unbearbeitet erhalten wurden, bleibt dem Willen des Meisters und der Standhaftigkeit seiner zielbewußten Übersetzerin L. Ramann zu danken, deren Spüreifer die ganze Sammlung überhaupt erst erstehen ließ. –

Zu den wichtigsten Zeugen für Liszts Entwicklungsgang, für seine Empfindungsfeinheit, sein Anpassungs- und Anregungsvermögen, wie seine Bedeutung als Sprachkünstler zählen endlich seine ‚Briefe', deren Herausgabe man Fürstin Hohenlohe, dem Verlage Breitkopf & Härtel, vor allem aber der Emsigkeit der unermüdlichen Sammlerin La Mara schuldet, die sich auch durch Erläuterung derselben bleibendes Verdienst erworben und die musikgeschichtliche Weltstellung Liszts zudem durch Anreihung der Briefe der Zeitgenossen an Liszt und Fürstin Wittgenstein präzisiert hat.

Noch nicht in der Ansichtskartenzeit des billigen Geistreichelns lebend, war Liszt einer der fleißigsten, pünktlichsten Korrespondenten, die es gegeben, da er mehr als 2000 Briefe jährlich beantwortete.

Erst im Jahre 1882 hoffte er sich etwas mehr Ruhe dadurch zu schaffen, daß er in einem gedruckten Zirkular versicherte, sich „unverlangten Einsendungen gegenüber *negativ*“ zu verhalten.

Im *Kleinsten*, dem er schrieb, suchte er das Große zu hegen. Unter rauher Rinde fühlte er harrende Blüte.

Überall zeigt er sich, wie P. *Cornelius* von ihm gesagt hat, ‚als seichten Zopftums Tödter!‘ ohne je auf niederer Zinne bloßer *Partei* zu stehen.

Seine sämtlichen *Briefe* künden ergreifend die ungeheure Kluft, welche Liszts Kunstanschauung von den heutigen Sonderinteressen des Musik*marktes* scheidet.

Sie *alle* verherrlichen die reiche Herzensgüte des Schützers heiliger Güter und lehren *Reinerhaltung des Gefühlten* als künstlerisches Hochgebot.

Von Allem aber, was *Liszt* auch geschrieben, bleibt das Wort *Wagners* bestehen, wenn er ihm zugerufen: ‚Deinen Stil kann derjenige nicht begreifen, der die *Musik* nicht begreift!‘

Liszt gehörte Jenen zu, von denen *Michelangelo* sagt, daß sie im Sterben zeitlos wachsen. –

Als er schied, erwies er seinem *Werke* den größten Dienst, – denn nunmehr atmeten alle Mühsam-Akkreditierten befriedigt in der Gewißheit auf, daß wenigstens der Zauber seiner *Person* sie nicht mehr überstrahle. –

Dieser Zauber wurzelte in Liszts tiefer Überzeugung von einer alle Daseinswidersprüche besiegenden, allbezwingenden *Liebes*macht, die er am Grunde seiner sittlichen Persönlichkeit unausrottbar hegte, die ihm zur Quelle der *Andacht* wurde.

Mag er Herbes zu erdulden gehabt haben: sein Lohn war, daß Keiner im Leben wie im Tode je mehr Liebe geerntet, wie er.

Und er gab, wie er schon auf einem Stammbuchblatte als Knäbchen sich vorgenommen hatte, „Nichts, als Liebe zurück". Sie war ihm Leuchte ewigen Lebens.

Seine beste Kraft loderte stets in der All-Liebe zu jeder Gottesspur.

Liszt's Herzenswohlwollen war überall so groß wie sein moralischer Einfluß im Weltverkehre, den er pflog.

Eine Hilfsbereitschaft, wie er sie übte, wird den Nachlebenden immer mehr als Mär erscheinen.

Sein nie erlahmender, um Dank unbesorgter Edelsinn, der durch reichste Gaben zu unzähligen Wohlfahrtseinrichtungen den Grund gelegt hat und heimliche Förderung angedeihen ließ, wo immer er nur guten Willen sah, — leuchtet aus einer Periode des krassesten Materialismus, des erbärmlichsten, verdächtigendsten Egoismus strahlend empor, und wenn man das Glück gehabt, ihm nahegetreten zu sein, geht es einem, wie Bettina v. Arnim von ihm gesagt hat: ‚Man muß gleich träumen, wenn man an ihn denkt!' —

Umgeben von grausamster Rücksichtslosigkeit, stand seine Großmut da als Unbegreiflichkeit: nicht achtend der Kraft, der Zeit, des Geldes, unermüdlich von seinem Geiste an die schablonenhafte Mittelmäßigkeit spendend und nur gelohnt vom dankbaren Blicke einiger weniger Verstehenden.

Im vollkommenen Versiegen aller Eigensucht war Liszt die Seligkeit des Dienens aufgegangen, und hierzu besaß er unerschöpfliche Fähigkeit.

Überall läuternd, empfand er die Philosophie der ‚Götterdämmerung': ‚der Welt künden Weise nichts mehr, nur Herzen!' — und diese Lehre übte er nun bis zum Scheiden.

„Das viele Sprechen ist mir zuwider!" „Sollte ich ein deutsches Motto zu wählen haben" — äußerte er — „so wäre es: ‚sprechend handeln und handelnd sprechen'!" und Wagner konnte fürwahr von ihm ausrufen: ‚Wie laut spricht Alles, was er tut!' —

Wo er schritt, zeichnete Wachstum seine Spuren, und stets war er der personifizierte Geist der Sache, die er trieb.

Sein Leben bedeutete die fortschreitende Entäußerung seines Ichs.

Zuletzt schien er eine Körper gewordene Legende.

Aber wie ist ihm gelohnt worden!

Nur die Feinde blieben treu.

Die meisten von ihm Geförderten warfen sich später, als es ungedeihlich schien, sich zu ihm zu bekennen, pharisäisch in die Brust, um angeblich die ‚reine Kunst' vor dem Makel Liszt zu schützen.

Des Arglosen Lauterkeit erwiderte Solchen damit, daß sie trotzdem deren wirkliche — oft sehr geringe — Fähigkeiten hervorhob und diesen dennoch zur Anerkennung zu verhelfen bestrebt blieb, — denn Liszt besaß „kein Variationstalent in der Freundschaft".

„Ich war nie zu etwas Besserem gut, als Andern den Weg zu bahnen" — meinte er. „Soweit ich kann, halte ich es für meine Pflicht, nichts abzuschlagen!" — bemerkte er noch in späten Tagen. —

Es darf von ihm behauptet werden, was die Mutter seiner Kinder Goethe zugesprochen, wenn sie sagt: — daß er ‚die Güte zur Kraft und Gewalt einer Philosophie erhoben hat'*).

In ihr wuchs er zur Befreiernatur empor, welche Zwietracht und Neid tilgte, wo sie konnte! —

Nie haßte Liszt Menschen, sondern nur das Verderbliche, nur die Einseitigkeit — und zu versöhnen, ohne eins dem andern zu opfern, erschien ihm Lebenspflicht. Nie wollte er Streit, sondern friedliches Messen der Kräfte, gegenseitiges Verstehen.

Rastlos mühte er sich um den geistigen Fortschritt seiner Mitbrüder. Die Kunst war ihm kein egoistischer Genuß,

*) Siehe Daniel Stern: „Esquisses morales" (1849).

sondern erlösende Erkenntnis, und Seelen-Befreiung fand er im Universalisieren, in harmonischer Einheits-Betrachtung.

Wer anregend oder anregbar erschien, war ihm willkommen, und Jeder verlernte in seiner Lehre das Verwunden.

Vorgefaßte Meinungen, die in seinem Leben eine so ungeheure Rolle spielen sollten, kannte er nicht.

Wo er nicht die Ursachen genauest erforscht hatte, urteilte er nie ab.

Schweigselig unter Vielen, gab er sich dem verstehenden Einzelnen offen.

Obwohl er über alle Töne des Zornes gebot, war er von Natur aus schonend und übersehend.

Mit zartfühlendem Scharfsinn spendete er da Glut, dort Kühle — immer aber erhob er und gab Satisfaktion wie Keiner! —

Niemand verstand so ins Innere zu sehen, wie er, der stets wußte, was man empfand und dachte. Die geheimsten Wünsche, die er mit dem Auge der Seele abgelesen, suchte er zu erfüllen.

Als ich einmal, ein Ansuchen beantwortend, das Wort ‚Bitte' zu gebrauchen gedachte, meinte er zartsinnig: „Ich vermeide in meinen Antworten gerne das verletzende Wort ‚Bitte'." —

Und welche Verlangen wurden an seine Langmut gestellt!

Nicht nur künstlerische Anliegen sollte er befriedigen, nicht nur Orden, Dedikationen, Verleger, Texte und Stellen verschaffen, nein, neue Klaviere, Ballkleider, Hüte, Handschuhe u. dergl. schenken, Grabsteine errichten, Viatica spenden! —

In der Tat konnte er sich nur im Kreise Beglückter wohl fühlen.

Er blieb immer der Gleiche, in jeder Stimmung, jeder Gesellschaft mit Begreifenden ebenso herzlich in der Etikette des Salons, wie in gemütlicher Einzelstube, vertraulich auch vor dem Höchsten zu Dem, den er des Vertrauens würdigte.

Geistestrotz und Milde zeichneten seine Gestalt.

Sein Wagen ward nur gezügelt von Gerechtigkeit.

Stolz und Demut erfüllten seine Seele gleichermaßen.

Die letztere führte ihn zur Höhe.

Stets fand er sich bereit, Fehler zunächst in sich zu suchen und gestand einst bescheiden: „Unter den Lebensleiden ist mir das peinlichste der Mangel an Ausdruck für meine Gefühle – selbst im Klavierspiel und schlechten Komponieren. Eigentlich bin ich nur ein Pfuscherdilettant allerwärts, der sich etwas abmüdete, dem Idealen zu fröhnen."

Rührend erkenntlich zeigte sich der Anspruchlose für die kleinste Sorgfalt, die man ihm erwies!

Es war ergreifend zu sehen, wie dieser selten dankbare Mensch mit dem allzeit kindlichen Gemüte, der durch allen Glanz, alle Huldigung dieser Welt gegangen war, stets der natürlich Einfache, Bescheidene blieb, der ganz überrascht erschien, wenn ihm wirkliche Hingabe begegnete, wenn er sah, daß seine Schöpfungen zum Herzen gingen und aus Liebe gepflegt wurden.

Auf Dem sein dankbar-feuchtes Auge geruht, der bleibt gesegnet fürs Leben. –

Man konnte ihn nicht bewundern, man mußte ihn lieben! – –

Er bleibt für alle Zeit der König der Künstler.

Musik war Liszts Heiligtum, das er vor jeder Profanation zu schützen wußte. Achtung vor der Kunst forderte er auch von Anderen.

Jedem Kreise, in dem er verkehrte, stellte er gebietend die Gleichheit als Bedingung seines Umganges.

Sie wurde immer angenommen.

In Madrid spielte er in einem Hofkonzerte nur unter der Bedingung, daß er vorher der königlichen Familie vorgestellt werde, was dann, der bisherigen Etikette entgegen, auch geschah.

Sein diplomatisches Weltmanntum vermochte Wenigge- neigte stets höherem Ziele dienstbar zu machen, ohne daß sie es ahnten.

Liszt's ganzes Trachten richtete sich auf Kunstvertiefung.

Vor ihm war der Virtuose gleich einem Kammerdiener geschätzt, — er führte ihn zum Thron empor, dem Fürsten sich beugten.

In diesem Sinne befestigte er Beethoven's Errungenschaften für die gesellschaftliche Stellung der Künstler.

Stolz rief er „Serenissimus" einst in Weimar die Worte zu: „Wenn Sie ‚Demokraten' Die nennen, die sich nicht demütigen, den Nacken zu beugen, — so sind meine Freunde und ich Erz-Demokraten!" —

Bei aller Wahrung der Form und symbolischer Anerkennung menschlicher Würden begegnete Liszt den Gekrönten dieser Erde in dem Bewußtsein: Auch mein Krönlein ist vom Tische des Herrn, vor dem wir uns Beide zu beugen haben! —

In einer Klavierausstellung Erards begegnete er einst dem Könige Louis Philippe.

Derselbe trat auf den Künstler zu, den er als Herzog von Orleans ganz jung im ‚Palais royal' oft bei sich gesehen hatte und sagte: ‚Sie haben sich verändert, seitdem ich Sie nicht gesehen habe — Sie waren früher so niedlich!'*)

„Sire", — erwiderte Liszt — „gar viele Personen und Dinge haben sich seither geändert —", worauf ihm der König den Orden der Ehrenlegion vorenthielt. —

Vom Künstler als Geschäftsmann verstand Liszt nie das Geringste.

---

*) ‚gentil.'

Für die Überhebung des Geldmannes, für die Siege des Charlatans, für die Herablassung sogenannter ‚Protektoren‘ und für die eitle Mache des Dilettanten hatte er „nicht genug kniebeugende Ehrfurcht“.

Als ihn Fürstin Metternich gnädigst zu fragen geruhte: ‚Haben Sie in Italien gute Geschäfte gemacht?‘ – antwortete er trocken: „Nur Bankiers und Diplomaten machen gute Geschäfte“,*) – und der damals so allmächtige Fürst bat ihn im nächsten Konzerte, seiner Gemahlin ‚eine Flüchtigkeit der Sprache‘ doch zugute halten zu wollen, ‚da er wisse, wie Frauen sind.‘ –

Als Sarasate das erstemal nach Weimar gekommen war, erzählte der Großherzog gelegentlich einer Einladung bei Gerhard Rohlfs, er sei ‚ein Genie!‘ „Sarasate“ entgegnete Liszt – „ist gar kein großer Künstler, nur aufgepufft.“ – ‚Aber, lieber Meister‘, beharrte Carl Alexander, ‚er hat ganz ausgezeichnet gespielt und mir ausnehmend gefallen!‘ „Königliche Hoheit verstehen . . .“ – endigte Liszt endlich laut über den ganzen Tisch weg – „gewiß sehr gut zu regieren, – aber in musikalischen Dingen glaube ich mehr zu verstehen und meiner Meinung nach ist er kein großer Künstler.“ – –

Als sich Liszt von der Öffentlichkeit zurückgezogen, übte er immerwährend denselben veredelnden Einfluß bloß noch durch seine Existenz aus.

*) Vergl. S. 125.

Dem Ewigen getreu, verschenkte er Ewiges — und er tat es, ohne je das Übergewicht seiner Persönlichkeit zu erkennen zu geben.

Die Sonne seines Mitleides saugte mild den Tautropfen jeder Träne auf und wußte ihn im schönsten Lichte blinken zu lassen.

Ihn umgab, was Wagner den ‚Heiligenschein der erhöhten Natur' genannt hat.

Deshalb flößte er Ehrfurcht ein, obwohl er sich nie in ‚hoher Meisterwolk' gefiel, nie sich so gab, wie Einer, ‚der aus dem Jenseits kommt und die Kunst nur zeigt, um sie wieder mitzunehmen'*).

Er zählte zu den ganz Seltenen, die Anbetung ertragen können, ohne darunter ihr Ich zu verändern.

Liszt war die bekannteste Erscheinung in Europa, und oft, wenn er in späteren Jahren in Konzerten Anderer als bloßer Zuhörer erschien, brachen die Anwesenden spontan in Ovationen aus.

Denn wo er weilte, wurde Allen wohl.

Jedem, der ihn kennen gelernt, erschien es bei der Kürze des menschlichen Lebens, wie Ed. v. Liszt sinnig ausgedrückt hat, — ‚wie Raub, seiner Nähe nicht so oft und so lange als möglich teilhaftig zu werden.'

Von Liszt, dem ‚Meister', strahlte die Beseligung durch Wahrheit aus, die ihn — als oberstes Weltgesetz — das einzige Mittel dünkte, die Menschen einander zu nähern.

Ihr — „der Ewigwährenden" — sang er nach einer Dichtung A. de Musset's sein letztes und tiefstes ‚Lied'**). —

Auch seine physische Stärke entzog sich — gleich einer Mythe — menschlicher Schätzung.

Er war zwingend wie eine Naturkraft, die Alles anzieht.

---

*) wie Moleschott treffend von Liszt gesagt hat.

**) „Ich verlor die Kraft und das Leben — den stolzen Sinn!" — (No. 57 der ‚gesammelten Lieder'.)

Höchste und Geringste, Fürsten und Männer des Volkes bildeten sein begeistertes Gefolge und für den schablonenhaften Haufen hatte er unerschöpfliche Duldung, in erstaunlich frischer Aufnahmslust oft die Absicht für die Leistung rechnend.

Um weniger Gerechter willen duldete er den ganzen Schwarm der Schüler, deren Eigenstes zu wecken und zu pflegen er immer wieder neue Wege fand.

Seine Jünger sind ihm – wie mir Fürstin Hohenlohe wahr geschrieben –: ‚stets das Liebste auf Erden gewesen!'

Ihrem Wirken hat bis heute ein Einfluß und eine Mannigfaltigkeit innegewohnt, wie sie größer gar nicht zu denken sind.

So führte der Meister ein Künstlerleben wie in der Renaissancezeit.

Wo er sich zeigte, war er umgeben von einem ganzen Hofstaate männlicher und weiblicher Verehrer, in dem sein verklärtes Antlitz mit dem außerweltlichen Ausdrucke milder Klarheit erschien, wie ein Heiligentypus früherer Zeiten.

Alte Mütterchen traten vors Haus, ihm nachzublicken. Kinder unterbrachen ihr Spiel, ihn zu grüßen.

Vom Glücke verlassene Sterbliche schlossen den Segenspendenden in ihre reinste Andacht!

Als der Meister einst erfuhr, daß Niemand einen entlassenen Sträfling anstellen wolle, nahm er ihn selbst in Dienst und behielt ihn durch Jahre. –

Seine Angestellten hingen ihm leidenschaftlich an, denn er war gewohnt, der dienenden Klasse der Menschheit gegenüber besondere Nachsicht zu üben.

In einem tiefen Sinne konnte Großherzog Alexander das schöne Wort aussprechen, Liszt habe ‚nur Schwächen, keine Fehler.'

Denn wo des Meisters Mitleid erregt war, fühlte er sich waffenlos.

‚Viele geben Almosen, – Wenige üben Barmherzigkeit', hatte einst die Gräfin d'Agoult geschrieben.

Liszt zählte zu diesen Wenigen, denn sein Tiefblick ersah auch im Geringsten einen sehnsüchtigen Mitwanderer am Wege zum Licht. –

Schon 1830 schrieb er auf der ersten Seite seiner damals benützten Pariser Bibel*) die Worte ein: „Barmherzigkeit bildet den ausschließlichen Inhalt der hl. Schrift. Gott zeigt uns die Notwendigkeit dieses einzigen Zieles auf mannigfache Weise, um unserer Schwachheit, welche nur die Verschiedenheit sucht und liebt, im Vorbilde zu genügen.“ –

Ideell und materiell förderte Liszt durch sein ganzes Leben Legionen.

Wieviel hat er geholfen und gestützt, das gar nicht bekannt wurde, also auch nicht mißdeutet werden konnte!

‚Sein Leben, seine Kunst, gab er selbstlos Denen hin, die darauf Anspruch machten‘, heißt es richtig im Nekrologe, den ihm seine Logenbrüder im Weltbunde nachgerufen!

Seit es seine Verhältnisse erlaubten – vom Jahre 1847 an, also durch fast 40 Jahre seiner Meisterschaft – gab er als „stets gutgewillter Musiker“ seine ganz unvergleichliche Lehre Allen ganz frei, die ihrer bedurften!

Er, der für Andere Millionen erspielte, war ganz bedürfnislos, – er, der Weltmann sondergleichen, blieb am liebsten Einsiedler ohne jeden Eigentumstrieb.

Von all dem Schmucke, mit dem man ihn zu zieren gedachte, trug er nie das Geringste zur Schau. –

Wenn er beim Gange durch die Straßen, Almosen niederreichend, sich dem Bettler neigte, geschah es nie, ohne daß er vor ihm ganz unwillkürlich den Hut abgenommen hätte. –

Seine Tür und Börse standen jederzeit jedem Bedürfnisse offen. Die Anmut seines Gebens war unvergleichlich.

Er studierte sich förmliche Kunstgriffe aus, um armen jungen Leuten ohne Erniedrigung ihres freien Menschenbewußtseins Geld zustecken zu können, und er tat es immer

*) Vergl. die Fußnoten auf S. 70 und 71.

so, daß der Bedachte nehmen mußte und ohne Beschämung sich erhoben fühlte.

Als er einst, sich jäh umdrehend, im Spiegel bemerkte, daß „eine Zelebrität“ seine Brieftasche in der Schreibtischlade zu durchstöbern begann – sagte er gutgelaunt: „ich bin eben ein bißchen knapp bei Kasse, – ich denke, wir teilen?!“

Bei allen Erfahrungen hielt er sich an Goethes Wort: ‚Die Armut behängt oft auch die Seele mit Lumpen und macht sie nackt von Allem, was ziert und wärmt.‘ –

In sein Tagebuch hatte er als Leitwort den Wahlspruch Széchényi's gesetzt:

‚Reine Seele, reine Absicht –
ob erfolgreich oder nicht.‘

Stets dachte er, was wahr, fühlte er, was schön, – wollte er, was gut ist.

Liszts ganzes Dasein war große Kunst.

Einfalt und Reinheit des Herzens hatten ihn aus dem Irdischen emporgetragen.

Arbeiten bedeutete ihm beten, verzichten: – wachsen!

Als herrschender Künstler war er in die Welt gezogen – als Diener der Kunst kehrte er zurück.

Seine einsame Seele rang um letzten Sinn und Wert.

So reifte er zum ‚Kreuzträger der Menschheit‘, wie Schopenhauer die Genien genannt hat, welche gesandt sind, die Menschen höher hinan zu führen.

Wahnerloschen starb er, bevor der Tod ihn ereilte.

Das Verlieren seines Erdenlebens wurde ihm Finden wirklichen Seins.

Liszts Taten strahlen fort! –

Da er die Zukunft vorausnahm, behielt er recht.

Was schadet die realistische Woge, die ihn hinwegspülen möchte?

Das Idealistische — einmal errungen — verbleibt!

Durch ein solches Leben — lehrte H. von Stein, — ist ein absoluter Wert dargestellt und erworben worden, — die Überzeugung: es ist gut, wenn wir dennoch ausharren, es ist der Mühe wert, durchzukämpfen! —

Unter den großen Herzen der Kunstgeschichte ist Liszt das größte!

Er war die männliche Verkörperung des ‚Elisabeth'-Typus, den er in verklärtesten Klängen besang. . . .

So wirkt mit Macht der edle Mann
Jahrhunderte auf seines Gleichen,
Denn was ein guter Mensch erreichen kann,
Ist nicht im engen Raum des Lebens zu erreichen.

Drum lebt er auch nach seinem Tode fort
Und ist so wirksam, als er lebte.
Die gute Tat, das schöne Wort
Es strebt unsterblich, wie er sterblich strebte.

Goethe.

Die beigefügten Motive stammen aus folgenden Kompositionen Liszts:

Am Titel aus: Die Glocken des Straßburger Münsters.
Seite 1 „ Am Grabe Richard Wagners.
„ 5 „ Psalm 121, Vers I (vergl. Beilage).
„ 9 „ Faust-Symphonie (Mephistopheles).
„ 14 „ Künstler-Festzug.
„ 22 „ R. W. . . . . Venezia!
„ 26 „ Faust-Symphonie (Faust).
„ 40 „ „ „ „
„ 44 „ Sonate H moll.
„ 48 „ Phantasie und Fuge über „B A C H“.
„ 49 „ Bülow-Marsch.
„ 53 „ Christus (Marsch der heil. drei Könige).
„ 57 „ Legende von der hl. Elisabeth (Landgräfin Sophie).
„ 59 „ Sposalizio (Années de pélerinage II).
„ 62 „ Christus (Das Wunder).
„ 69 „ Pensée des Morts.
„ 73 „ Graner-Festmesse (Kyrie).
„ 77 „ Legende von der hl. Elisabeth (Ungar. Magnat).
„ 86 „ Faust-Symphonie (Gretchen).
„ 88 „ Erster Mephisto-Walzer.
„ 89 „ Dante-Symphonie (Inferno).
„ 90 „ ‚Angiolin dal biondo crin‘ (Wiegenlied).
„ 94 „ Angelus (Années de pélerinage III).
„ 96 „ Der hl. Franz v. Paula auf den Wogen schreitend (Legende).
„ 97 „ Vallée d'Obermann (Années de pélerinage I).
„ 100 „ Die Zelle von Nonnenwerth (Elegie).
„ 103 „ Zweite Ballade.
„ 105 „ Mazeppa.
„ 117 „ Orgel-Messe (Gloria).
„ 123 „ La Notte (Trauer-Ode).
„ 125 „ Künstler-Festzug.
„ 127 „ Orpheus.
„ 133 „ Christus (Berg-Predigt: „Beati, qui lugent“).
„ 135 „ Des erwachenden Kindes Lobgesang (Harmonies poétiques et religieuses).
„ 138 „ Künstler-Festzug.

Seite 140 aus: Vogelpredigt des hl. Franz von Assisi (Legende).
„ 145 „ Trauer-Vorspiel und Trauer-Marsch an A. Göllerich.
„ 150 „ Prometheus (Symphon.-Dichtung).
„ 152 „ Christus (Stabat mater dolorosa: „Inflammatus et accensis“ . . .).
„ 154 „ Was man auf den Bergen hört.
„ 158 „ Ricordanza.
„ 162 „ Abend-Harmonien.
„ 167 „ Prometheus-Chöre.
„ 174 „ Stanislaus („Aus der Tiefe rufe ich zu Dir, o Herr!“).
„ 175 „ La Notte.
„ 176 „ Erster Liebes-Traum.
„ 180 „ Legende von der hl. Elisabeth (Verklärung).
„ 183 „ An die Cypressen der Villa d'Este (Années de pélerinage III).
„ 186 „ ‚Der du von dem Himmel bist, süßer Friede!‘ („Ach, ich bin des Treibens müde!“).
„ 190 „ Legende von der hl. Elisabeth („Beruhigt ist das Toben, nach wilder Schmerzensnacht“).
„ 191 „ Die Ideale („So willst Du treulos mich verlassen?!“).
„ 192 „ Legende von der hl. Elisabeth („Du hast geführet mich zu Ende . . .“).
„ 194 „ Tells-Kapelle (Années de pélerinage I. „Einer für Alle, Alle für Einen!“)
„ 196 „ Die Ideale („Das Festhalten des Ideals ist uns're Lebens höchster Zweck!“).
„ 200 „ Loreley („ . . . Und ruhig fließt der Rhein“ . . .).
„ 206 „ Dante-Symphonie (Magnificat).
„ 218 „ Die Ideale („Wie einst mit glühendem Verlangen Pygmalion den Stein umschloß“ . . .).
„ 223 „ I. Klavier-Koncert.
„ 228 „ Messe für Männerstimmen (Crucifixus).
„ 230 „ Christus (Gründung der Kirche: „Simon Joannis, liebst Du mich? weide meine Lämmer, weide meine Schafe!“).
„ 232 „ Christus (Am Ölberg: „Tristis est anima mea“).
„ 234 „ Christus (Die Seligkeiten: „Beati pauperes spiritu..“).
„ 238 „ Die Ideale (Freundschafts-Motiv).
„ 239 „ Legende von der hl. Elisabeth (Vorspiel).
„ 243 „ Scherzo und Marsch.
„ 245 „ Graner Fest-Messe („Et vitam venturi sæculi“).
„ 250 „ Legende von der hl. Elisabeth (Vorspiel).

Alphabetisches Sachregister

Abkürzungen: { L . . . . Liszt. W . . . . Wagner. }

Alphabetisches Personenregister

Alphabetisches Ortsregister

Verzeichnis der Werke Franz Liszts

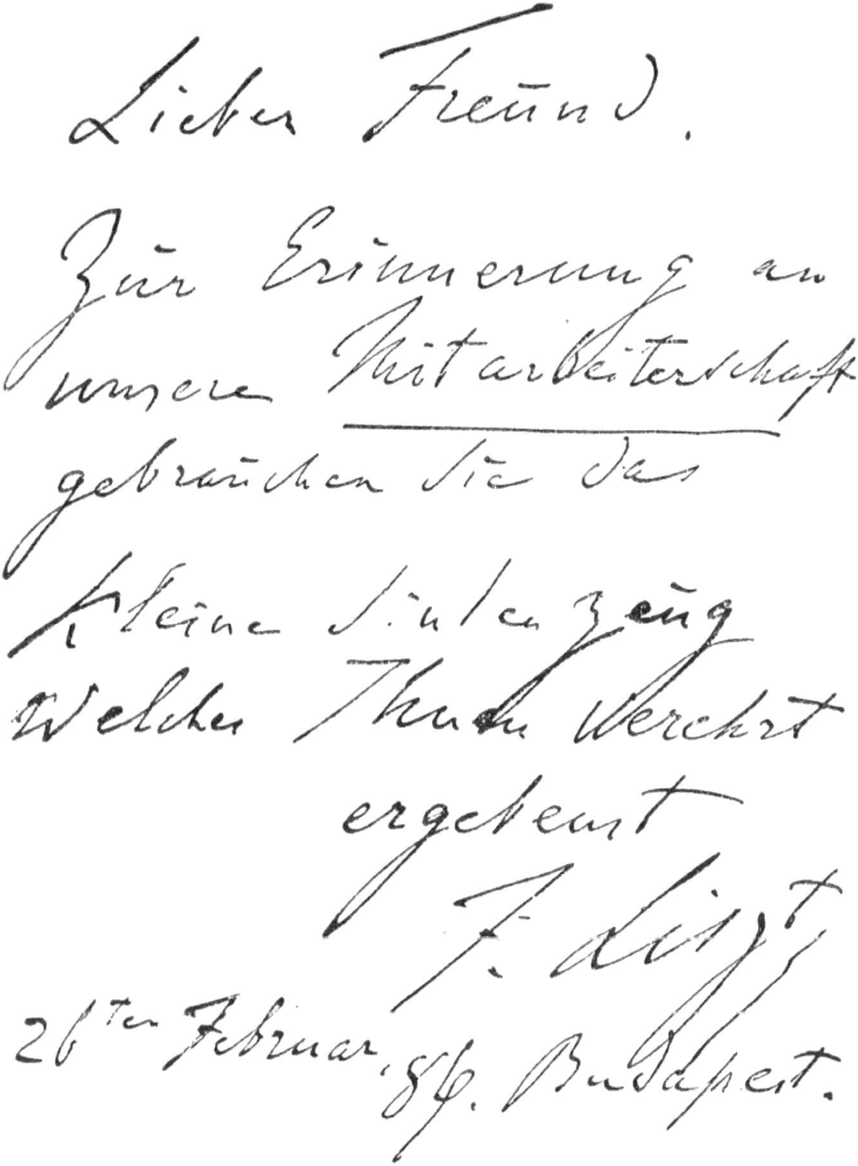

Lieber Freund.

Zur Erinnerung an unsere Mitarbeiterschaft gebrauchen Sie das kleine Tintenzeug welches Ihnen verehrt

ergebenst

F. Liszt

26ten Februar 86. Budapest.

BRIEF LISZT'S AN AUG. GÖLLERICH

Mit diesen Zeilen begleitete der Meister die Ueberreichung eines besonders hergestellten Tintenzeuges mit kostbarem Federstiele, das zwei Tintenfässer, für rote und schwarze Tinte enthalten musste, damit es der Verfasser beim Druckfertigmachen Liszt'scher Manuskripte „bequemer hätte"

Übersicht:

Verzeichnis der Werke Franz Liszt's

Abgekürzte Verleger-Namen:

A . . Associazione musicale industriale, Napoli.
B . . . M. Bahn (T. Trautwein), Berlin, (Heinrichshofen's Verlag, Magdeburg).
Ba . . Th. Barth, Berlin (A. Junne, Leipzig).
Bau . J. Bauer, Braunschweig.
Be . . B. Bessel, St. Petersburg (Leede, Leipzig).
Bö . . H. Böhlau's Nachfolger, Weimar.
Boo . Boosey, London.
Bos . Bosworth & Co., Leipzig.
Bot . . . Bote & Bock, Berlin.
Br . . Breitkopf & Härtel, Leipzig.
Bro . F. A. Brockhaus, Leipzig.
C . . . J. G. Cotta'sche Buchhandlung, Nachfolger, Stuttgart.
Cr . . A. Cranz, Hamburg (Schreiber, Wien).
D . . . Diabelli, Wien.
Do . . L. Doblinger, Wien.
Du . . A. Durand et Fils, Paris.
E . . . Eck & Co., Cöln. (Fr. Hofmeister, Leipzig).
Er . . Erard, Paris.
Es . . Escudier, Paris.
F . . . „Figaro" 14/4 1886, Paris.
Foe . Foetisch frères, Lausanne (Breitkopf & Härtel, Leipzig).
For . R. Forberg, Leipzig.
Fr . . E. W. Fritzsch (C. F. W. Siegel), Leipzig.
Fü . . A. Fürstner, Berlin.
G . . E. Gérard, Paris.
H . . J. Hainauer, Breslau.
Ha . . F. (C.) Haslinger, Wien. (Schlesinger, Berlin).
He . . Heinrichshofen's Verlag, Magdeburg (M. Bahn, Berlin).
Heu . Heugel, Paris.
Ho . . Fr. Hofmeister, Leipzig.
J . . . P. Jürgenson, Moskau.
K . . . C. F. Kahnt's Nachf., Leipzig.
Ki . . Fr. Kistner (Licht & Meyer), Leipzig.
Kö . . G. W. Körner, Leipzig. (C. F. Peters, Leipzig).
L . . . C. F. Leede, Leipzig.
Le . . Leßmann's ‚Allgem. deutsche Mus.-Zeitg.' Berlin. No. 22/23 1896.
Leu . Leuckart, Leipzig.

Li . . . . H. Litolff, Braunschweig.
Lib . . . . Librairie nouvelle, Paris.
N . . . . . Novello, London.
P . . . . . C.F.Peters(Heinze),Leipzig.
Pl . . . . Georg Plothow, Berlin.
R . . . . . D. Rahter, Hamburg.
Ric . . . . Ricordi, Mailand.
Rie . . . . Ries & Erler, Berlin.
Riet . . . J.Rieter-Biedermann, Leipzig.
Ro . . . . Rozsavölgyí, Budapest.
Rü . . . . C. Rühle, Leipzig.
S . . . . . F. J. Schindlers Verlag, Preßburg.
Sch . . . Schlesinger, Paris (M) und Berlin (Rob. Lienau, vgl. Haslinger, Wien).
Scho . . . Schotts Söhne, Mainz.
Schu . . . J. Schuberth & Co., Leipzig.
Se . . . . B. Senff, Leipzig.
Sieg . . . C. F. W. Siegel, Leipzig.
Sim . . . A. Simon, Hannover.
Su . . . . SulzersNachfolger(P.Weinberg), Berlin, (C. F. W. Siegel, Berlin).
T . . . Táborszky & Parsch, Budapest. (J. Weinberger, Wien).
Trau . . . T. Trautwein (M. Bahn), Berlin.
Trou . . . Troupenas, Paris.
U . . . . . Universal-Edition, Wien.
W . . . . J. Weber, Leipzig.
Wei . . . J. Weinberger, Wien.
Weis . . A. Weismann, Eßlingen.
Wess . . F.Wessely(F. Rörich), Wien.

Die im Folgenden in g e s p e r r t e m Druck verzeichneten Werke sind noch ungedruckt.

Alle ursprünglich nicht von L i s z t selbst herrührenden Bearbeitungen sind in diesem Verzeichnisse nur insoweit berücksichtigt, als sie der Meister durchgearbeitet hat.

Erste Abteilung

Instrumental-Kompositionen

I. Werke für Orchester

a) Original-Kompositionen für großes Orchester.

Grande Ouverture (1825).

Symphonie révolutionnaire (1830).

Symphonische Dichtungen. No. 1—12 Br.

1) Ce qu'on entend sur la montagne [Berg-Symphonie] (Nach Hugo).
2) Tasso. — Lamento e Trionfo.
3) Les Préludes (Nach Lamartine).
4) Orpheus.
5) Prometheus.
6) Mazeppa (Nach Hugo und Byron).
7) Fest-Klänge.
8) Heroïde funèbre (nach d. I. Teil der ‚Symphonie révolutionnaire').
9) Hungaria.
10) Hamlet (Nach Shakespeare).
11) Hunnen-Schlacht (Nach Kaulbach).
12) Die Ideale (Nach Schiller).
13) Von der Wiege bis zum Grabe (Nach M. Zichy). Bot.

Schluß-Musik zu Gluck's „Orpheus".

Zwei Episoden aus Lenau's „Faust". Schu.

1) Der nächtliche Zug.
2) Der Tanz in der Dorfschenke (I. Mephisto-Walzer).

Zweiter Mephisto-Walzer. Fü.

Eine Faust-Symphonie in drei Charakterbildern nach Goethe (mit Schlußchor f. Männerstimmen und Tenor-Solo). Schu.
Faust. — Gretchen. — Mephistopheles. — Chorus mysticus.

Eine Symphonie zu Dante's „Divina Commedia" (mit Schluß-Chor f. Sopr. und Alt und Sopran-Solo). Br.
Inferno. — Purgatorio — Magnificat.

Drei Trauer-Oden.

1) Les Morts (Nach Lamennais) (mit Männerstimmen ad libitum), Weimar, August 1860 (siehe Beilage).

2) La Notte (Nach Mich. Angelo), Madonna del Rosario, Juni 1864.
3) Le Triomphe funèbre du Tasse. (Epilog zur symphonischen Dichtung ‚Tasso‘ (1868). Br.

Zwei Legenden (23.—29. Oktober 1863, Rom).
1) San Francesco d'Assisi (Vogel-Predigt). Nach den „Fioretti" di S. Francesco.
2) San Francesco di Paolo (Auf den Wogen schreitend). (Nach Steinle.)

Der zweite Psalm (1851).
Kreuzes-Hymne („Vexilla regis").
Papst-Hymnus (Inno del Papa).
Fest-Vorspiel (zur Enthüllung des Goethe-Schiller-Standbildes in Weimar 1857). K.
Künstler-Festzug (zur Schiller-Feier 1859). K.
Goethe-Fest-Marsch (zur Säkular-Feier Goethes). Schu.
Vom Fels zum Meer! Deutscher Siegesmarsch. Sch.
Huldigungs-Marsch (an Großherzog Karl Alexander). Bot.
Bülow-Marsch. Sch.
Ungarischer Fest-Marsch (zur Krönungs-Feier 1867). Schu.
Ungarischer Sturm-Marsch. (1876) Sch.
Csárdás macabre.

b) Bearbeitungen für großes Orchester allein.

In der sixtinischen Kapelle. Evocation über Allegri's „Miserere" und Mozart's „Ave verum corpus".
Fest-Marsch nach Motiven des Herzogs Ernst von Koburg-Gotha. Schu.
Gaudeamus igitur! Humoreske. Schu.
Salve Polonia! Interludium (über polnische Volksthemen) aus dem Oratorium „Stanislaus". K.
Mazurka-Phantasie (Nach H. v. Bülow's op. 13). Leu.
„Szózat" v. E. Béni und **„Hymnus"** v. F. Erkel. Ro.
Ungarisches Königslied (Nach einer alten Weise). T.
Rákoczy-Marsch, symphonisch bearbeitet. Schu.
Ungarische Rhapsodien. Sch.
1) F moll (No. 14 der Klavier-Ausgabe).
2) D moll (No. 12 „ „)
3) D dur (No. 6 „ „)
4) D moll (No. 2 „ „)
5) E moll (No. 5 „ „)
6) D dur (No. 9 „ „)

c) Bearbeitungen für Klavier und großes Orchester, siehe Rubrik IIIb.

d) Orchestrierungen von Kompositionen anderer Meister für großes Orchester.

Beethoven: Andante cantabile a. d. Trio, op. 97. K.

Cornelius, P.: Zweite Ouverture zum „Barbier von Bagdad". K.

Schubert: Vier Märsche a. d. 4händig. Original-Kompositionen. Fü.

1) H moll.
2) Trauer-Marsch, B moll.
3) Reiter-Marsch, C dur.
4) Ungarischer Marsch, C moll.

Schubert: Ungarisches Divertissement a. d. 4händig. Orig.-Kompos. (Nach einer Einrichtung von M. Erdmannsdörfer.) Fü.

Zarembsky, J.: Danses galiciennes. Sim.

Zichy Graf Géza: Der Zauber-See. Ballade für Tenor-Solo und Orchester a. d. Zyklus: **„Die Künstler-Fahrt".**

e) Werke für kleines Orchester.

Erste Elegie („Wiegenlied im Grabe"), I. Version f. Cello od. Violine, Klavier, Harmonium und Harfe. K.

Erste Elegie II. Version f. kl. Orch. (Nach einer Einrichtung von A. Hahn).

Zweite Elegie (Nach einer Einrichtung von A. Hahn). K.

„Ave maris stella!" Marien-Hymne (Nach einer Einrichtung von A. Hahn). K.

Drei Tondichtungen a. d. 1. Teile d. **„Années de pélérinage"** (Nach einer Einrichtung von E. Lassen) f. Flöte, Oboe, Klarinette, Fagott u. Horn. Scho.

1) Pastorale.
2) Heimweh.
3) Eglogue.

„Gretchen" a. d. „Faust-Symphonie" (Nach einer Einrichtung von A. Zellner) für Violine, Klavier, Harmonium und Harfe.

II. Quartette, Trios, Duos, Instrumental-Soli.

a) Für Streich-Quartett.

Die Jahreszeiten.

Angelus. Gebet an die Schutzengel (auch für Streich-Quintett). Scho.

Die Wiege (für 4 Violinen).

Am Grabe R. Wagners (mit Harfe).

b) Für Trio (Violine, Cello und Klavier).

Orpheus, symphonische Dichtung (Nach einer Einrichtung von Saint-Saëns). Br.

„Au bord d'une source" für 3 concertante Geigen. Scho.

Tristia! (Nach „Vallée d'Obermann", aus dem I. Th. der ‚Années de pélerinage').

Pester Karneval (Nach der IXten ungar. Rhapsodie f. Klav.). Sch.

c) Für Cello und Klavier.

Ave Maria. K.
Cantique d'amour. K.
} aus „Harmonies poétiques et religieuses" für Klavier. (Nach einer Einrichtung von R. Pflughaupt.)

Consolation (No. 4 d. Klavier-Ausgabe). Br.

Erste Elegie. K.

Zweite Elegie. K.

Die Zelle von Nonnenwerth (Dritte Elegie).

Mignon (Nach No. 1 „d. gesammelten Lieder"). K.

Lebe wohl! Ungar. Romanze (Nach No. 44 d. „gesammelt. Lieder"). K.

Romance oubliée. Sim.

La lugubre gondola (Trauer-Gondel).

Wolframs Lied an den Abendstern aus Wagner's „Tannhäuser" (Weimar, 10. Juni 1852).

d) Für Viola und Klavier.

Romance oubliée. Sim.

e) Für Violine und Klavier.

Sonate in drei Sätzen (1830?).

Allegro moderato (E dur).

Grand Duo concertant sur la romance de **M. Lafont:** „Le Marin" (1836). Scho.

Die Genfer Glocken. Nocturne nach Byron (nach einer Einrichtung v. R. Pflughaupt) [auch mit Harfe]. Scho.

Ave Maria. K.
Cantique d'amour. K.
} aus „Harmonies poétiques et religieuses" für Klavier.

Erste Elegie. K.

Zweite Elegie. K.

Die Zelle von Nonnenwerth. Dritte Elegie.

Epithálam zu E. Reményi's Vermählungs-Feier. T.

Ungarische Rhapsodie (Nach No. 12 d. Ausgabe f. Klavier, Violinstimme von Joachim). Sch.

Die drei Zigeuner. Paraphrase (Nach No. 43 d. „gesammelten Lieder"). K.

Isten veled. Ungar. Romanze (Nach No. 44 d. „ges. Lieder"). K.

Offertorium
Benedictus
} aus der „Ungar. Krönungsmesse". Schu.

Romance oubliée. Sim.
La lugubre gondola.

f) Für Violine und Orgel.

Offertorium
Benedictus } a. d. „Ungar. Krönungs-Messe“. Schu.

g) Für Violine und Orchester.

Benedictus der „ungar. Krönungs-Messe“. Schu.

h) Für Harfe.

Consolation (No. 5 d. Klav.-Ausg.)
Angelus! (No. 1 des III. T. d. „Années de pélerinage
Liebestraum, Nocturne } Nach Einrichtungen von W. Posse.

Ave Maria (a. d. „Kirchen-Chorgesängen“). K.
Ave Maria (Nach Arcadelt). K.

i) Für Baß-Posaune und Orgel.

Hosannah! Choral (vgl. „Sonnen-Hymnus“). Su.
„Cujus animam“ a. d. „Stabat mater“ von Rossini („Sonntags-Posaunenstück“). Scho.

III. Werke für Klavier und Orchester.

a) Original-Kompositionen.

Konzert im italienischen Stil.
Grande Fantaisie symphonique, A moll.
Psaume instrumental: „De profundis!“ (Nach Lamennais).
Erstes Konzert, Es dur. Sch.
Zweites Konzert, „Concert symphonique“. Scho.
Totentanz, (Danse macabre). Paraphrase über „Dies irae“ (nach Orcagnas „Triumph des Todes“). Sieg.
Konzert im ungarischen Stil. (?)
Malédiction! („Pleurs, angoisses, vagues!“)

b) Bearbeitungen.

Phantasie über „El Contrabandista“.
Phantasie über „Fischerlied“ und „Räuberlied“ aus „Lélio“ v. Berlioz.
Phantasie über Motive aus Beethoven's „Ruinen von Athen“. Sieg.
Phantasie über ungarische Volksmelodien. P.
Ungarische Rhapsodie. (No. XIII d. Ausgabe f. Klav.-Solo.)

Fr. Schubert's große Phantasie C dur op. 15, symphonisch bearbeitet. Cr.
C. M. v. Weber's Polonaise brillante, op. 72. Sch.
Concert pathétique (Nach einer Bearbeitung d. „Concert pathétique" f. 2 Klav. 4hdg. von E. Reuss). Br.

IV. Werke für Klavier allein, zweihändig.*)

a) Original-Kompositionen.

Sonaten der Jugendzeit.
Variationen, As dur (op. 1). Es.
Deux Allegri di Bravura (op. 4) [1825]. †Er.)
1) Allegro di Bravura, Es moll. (Ki.)
2) Rondo di Bravura, E moll.
Scherzo G moll (27. März 1827). Le.
Etudes en douze Exercices (op. 1) [1826]. †Ho.)
1) Allegro con fuoco.
2) Allegro non molto.
3) Allegro sempre legato.
4) Allegretto.
5) Moderato.
6) Molto agitato.
7) Allegretto con molto espressione.
8) Allegro con spirito.
9) Allegro grazioso.
10) Moderato.
11) Allegro grazioso.
12) Allegro non troppo.

Etudes d'exécution transcendante. Br.
Heft I.
1) Preludio.
2) E moll. Molto vivace.
3) Paysage.†
4) Mazeppa (Nach V. Hugo).
5) Irrlichter.
6) Vision.
7) Eroica.

Heft II.
8) Wilde Jagd.
9) Ricordanza.
10) F moll. Allegro agitato molto.
11) Abend-Harmonien.
12) Chasse neige.

*) Die mit † bezeichneten in leichterer Spielart.

Ab Irato (Jähzorn!) [Morceau de Salon.] Etude de perfectionnement de „la Méthode des Méthodes“ par Fêtis. Sch.

Trois grandes Etudes de Concert. Ki.
1) As dur („Lamento“).
2) F moll („Allegrezza“).
3) Des dur („Sospiro“).

Zwei Konzert-Etüden für die Klavier-Schule von Lebert u. Stark. B. (He.)
1) Waldes-Rauschen.
2) Gnomen-Reigen.

Grandes Etudes d'après **Paganini** (In der ersten Ausgabe: „Etudes d'exécution transcendantes“). Br.
1) Preludio. } Heft I.
2) Es dur. } Heft I.
3) La Campanella. } Heft I.
4) E dur, Vivo (in ihren 3 Bearbeitungen herausgegeben von Ed. Reus). } Heft II.
5) E dur, Allegretto. } Heft II.
6) A moll. } Heft II.

Technische Studien in 3 Teilen (1868 begonnen). Schu.
Heft I. Übungen zur Kräftigung und Unabhängigkeit der einzelnen Finger bei stillstehender Hand u. Akkordstudien.
„ II. Vorstudien zu den Dur- und Mollskalen.
„ III. Skalen in Terzen- und Sextenlage. Springende oder durchbrochene Skalen.
„ IV. Chrom. Skalen und Übungen. Skalen der Gegenbewegung.
„ V. Repetierende Terzen, Quarten und Sexten mit verschiedenem Fingersatz. Skalenartige Terzenübungen in gerader Bewegung und in der Gegenbewegung. Quarten- und Sextenübungen.
„ VI. Dur-, Moll- und chromatische Skalen in Terzen und Sexten.
„ VII. Sext-Akkord-Skalen mit verschiedenem Fingersatz. Springende oder durchbrochene Skalen in Terzen, Sexten und Sextakkorden. Chrom. Terzen, Quarten, Sexten- und Oktav-Skalen.
„ VIII. Gebrochene Oktaven. Springende oder durchbrochene Oktav-Skalen. Akkordstudien, Triller in Terzen, Sexten, Quarten und Oktaven.
„ IX. Verminderte Septimen-Akkorde. Übungen bei stillstehender Handhaltung. Arpeggien oder gebrochene Akkorde.

Heft X. Gebrochene Akkorde mit verschiedenen Fingersätzen durch alle Dur- und Moll-Skalen.
„ XI. Arpeggien in Terzen und Sexten mit verschiedenem Fingersatz.
„ XII. Oktavübungen mit verschiedenem Fingersatz und Akkordübungen.

Rêves et Fantaisies.

Konzert-Solo („suoni la tromba, orchepido do pegnero da forte“ — „Bella e inconhar la morte gridendo libertà!“ —)
Allegro (A moll). — Lento (D dur) — Adagio sostenuto (Ges dur).

Impressions et Poésies. I. Teil des „Album d'un Voyageur“.*) Sch.
No. 1 **Lyon!** Allegro eroico. („Vivre en travaillant ou mourir en combattant!“)
No. 6 **Psaume de l'Eglise de Genève.** †

Fleurs mélodiques des Alpes. II. Teil des „Album d'un Voyageur“.*) † Sch.
No. 1 Allegro.
No. 4 Andante con sentimento.
No. 5 Andante molto espressivo (d'après Huber).
No. 6 Allegro moderato.
No. 7 Allegretto.
No. 8 Allegretto (d'après Huber).
No. 9 Andantino con molto sentimento.

Trois Morceaux (Airs) suisses. Paraphrases.
1) Improvisata (Ranz des vaches) [Nach Huber].
2) Nocturne pastorale (Chant du Montagnard) [Nach Knop].
3) Allegro finale (Ranz des chèvres) [Nach Huber].
I. Version „Airs suisses“ op. 10. Sch.
II. „ K.

Années de Pèlerinages. Suite de Compositions. Scho.

Première Année: Suisse (mit Bildern von Kretschmer).
1) Tells-Kapelle (Nach Schiller).
2) Am Wallenstädter See (Nach Byron).
3) Pastorale.†
4) Au Bord d'une source (Nach Schiller).
5) Orage (Nach Byron).
6) Vallée d'Obermann (Nach dem gleichnamigen Romane Sénancourts).
7) Eglogue (Nach Byron).†

*) Die hier nicht angeführten Werke gingen in die „Années de Pèlerinage“ und in die „Trois Morceaux suisses“ über.

8) Heimweh (Nach Sénancourt).†
9) Die Genfer Glocken, Nocturne (Nach Byron).

Seconde Année: Italie.
1) Sposalizio (Nach Raffael).
2) Il Penseroso (Kapelle der Médicäer in Florenz) [Nach Michel Angelo].†
3) Canzonetta del Salvator Rosa.†

Tre Sonetti del Petrarca.
4) Sonetto No. 47.
5) Sonetto No. 104.
6) Sonetto No. 123. As dur.

D'après une lecture de Dante. Fantasia quasi Sonata.

Venezia e Napoli. Supplément aux „Années de Pèlerinage 2. Volume: Italie."
1) Gondoliera (La Biondina in Gondoletta, Canzone del Cavaliere Peruchini).
2) Canzone (del Gondoliere nel „Otello" di Rossini).†
3) Tarantelle (Presto e Canzone napolitana).

Troisième Année.
1) Angelus! Prière aux anges gardiens (Nach dem Gemälde: ‚Die hl. Familie' v. P. v. Joukowsky).†

Aux Cyprès de la Villa d'Este, Threnodien.
2) I. B dur.
3) II. E moll.
4) Les jeux d'eaux à la Villa d'Este. („Sed aqua quam ego dabo ei, fiet in eo fons aquae salientis in vitam aeternam").
5) Sunt lacrymae rerum (Thrénodie en Mode hongrois).†
6) Marche funèbre au mémoire de Maximilian I., Empereur de Mexique. („In magnis et voluisse sat est".)†
7) „Sursum corda". („Erhebt eure Herzen!")

Phantasie Es dur.

Konzert-Stück (Pera, 1847).

Pensées des Morts (dédiée à M. A. de Lamartine) Harmonies poétiques et réligieuses. [I. Version 1834: „Ces vers ne s'adressent qu'à un petit nombre"]. Ho.

Harmonies poétiques et réligieuses. („A Jeanne Elysabethe Carolyne") (Nach Lamartine). Ki.
1) Invocation. } Heft I.
2) Ave Maria (B dur $^4/_4$).† } Heft I.
3) Bénédiction de Dieu dans la solitude. Heft II.
4) Pensées des Morts (II. Version mit dem Buß-Psalme: „De profundis"). Heft III.

5) Pater noster.† } Heft IV.
6) Hymne de l'enfant à son reveil.† }
7) Funérailles. Heft V.
8) Miserere d'après Palestrina.† } Heft VI.
9) Andante lagrimoso.† }
10) Cantique d'Amour. Heft VII.

Drei Klavierstücke.†
1) As dur.
2) A moll.
3) As dur.

Apparitions. Ho.
1) Senza Lentenza (Fis dur). } Heft I.
2) Vivamente (A moll). }
3) Molto agitato. (Fantasie über einen Walzer von Fr. Schubert.) Heft II.

Consolations. Br.
1) Andante con moto (G dur).†
2) Un poco più mosso (E dur).†
3) Lento placido (Des dur).
4) Quasi Adagio (Des dur) (Nach einem Liede der Großherzogin Marie Paulowna).†
5) Andantino (E dur).†
6) Allegretto sempre cantabile (E dur).

Poesien für das Album von O. B. M.†
Schlaflos! Frage und Antwort. Nocturne nach einem Gedichte von Tony Raab. (Budapest 1883.)
En rêve! Nocturne. †Do.
Deux feuilles d'Album. †Schu.
1) E dur (vgl. „Valse mélancolique").
2) A moll (vgl. „Zelle v. Nonnenwerth").
Feuilles d'Album (à son amí Dubousquet). †Scho.
Albumblatt in Walzerform. (Hamburg, 5. Juni 1842.) (Siehe Beilage.)
Impromptu. Br.
Berceuse.
I. Version im ‚Elisabeth-Album'. Sch.
II. Version. P.
Erste Elegie [Wiegenlied im Grabe]. (Dem Gedächtnisse d. Frau v. Moukhanoff.) †K.
Feuille morte. Elégie d'après Sorriano. †Trou.
Recueillement. Pel Monumento V. Bellini. †A.
Mosonyi's Grab-Geleite. U.
Dem Andenken Petöfis. †U.

Elegie über Motive des Prinzen Louis Ferdinand v. Preußen. †Sch.

Zweite Elegie. (An L. Ramann.) [„Le seul bien, qui me reste au monde est d'avoir quelques fois pleuré!"] †K.

Die Zelle von Nonnenwerth. Elegie. Nach einem Gedichte des Fürsten Felix Lichnowsky.

I. Version (f. d. Album d. Gräfin d'Agoult). E. (Ho.)
II. Version vgl. „Deux Feuilles d'Album" No. 2. †Schu.
III. Version. †Rü.

Die Trauer-Gondel.

I. Version 6/8-Takt.†
II. Version 4/4-Takt. †Fr.

R. W. . . . Venezia! †

Am Grabe Richard Wagner's.†
Vgl. Haupt-Text S. 24. [22. Mai 1883, Weimar.]

Unstern! („Disastro"). †

Preludio funebre. (Budapest, April 1885.)†

Les Morts (Nach Lamennais) [s. Beilage].
La Notte (Nach Mich. Angelo).
Le Triomphe funèbre du Tasse. Br.
} Trois „Odes funèbres."

Weinen, klagen, sorgen, zagen — ist des Christen Tränenbrot.
Präludium nach J. S. Bach. †Sch.

Variationen über den Basso continuo des 1. Satzes der Kantate „Weinen, klagen —" und des „Crucifixus" der „H moll-Messe" von J. S. Bach. Sch.

Phantasie und Fuge über das Thema **B A C H.** Sieg.
Erste Ballade (Des dur) („Chant de Croisé"). Ki.
Zweite Ballade (H moll). Ki.
Großes Konzert-Solo. Br. (Vgl. „Concert pathétique" f. 2 Klav. 4hdg.)
Sonate (H moll). Br.

Zwei Legenden. Ro.

1) Die Vogelpredigt des hl. Franz v. Assisi.
2) Franz v. Paula auf den Wogen schreitend.
   I. Version originale.
   II. Version facilitée.†

San Francesco (Präludium zum „Sonnen-Hymnus" d. Franz v. Assisi).
[Siena, Torre fiorentina, 17.—20. Sept. 1880.]†

Alleluja! †P.

Magnificat! †

De profundis (nach Lamennais).

Vexilla Regis prodeunt.†
Urbi et orbi. Bénédiction Papale. (Rom, 9. Aug. 1864.) †
In Festo Transfigurationis Domini nostri Jesu Christi (6. Aug. 1880).†
Sancta Dorothea (3. Okt. 1877, Roma).†
Zum Haus des Herrn ziehen wir! Präludium.† (Vgl. Beilage.)
Litanie de Marie.†
Ave Maria (E dur) $^{2}/_{4}$ (für die Schule von Lebert u. Stark). †Ro. (He.)
Ave Maria $^{3}/_{4}$ (a. d. „Kirchen-Chorgesängen"). K.
I. Version facilitée (D dur). †
II. Version (As dur) (Konzert-Paraphrase).

Weihnachtsbaum. 12 Klavierstücke in zumeist leichter Spielart. †Fü. (Einzelne Nummern vgl. Rubrik V: „Werke für ein Klavier 4hdg.")
Trauer-Vorspiel und Trauer-Marsch an A. Göllerich. Br.
Goethe-Fest-Marsch (f. d. Album zu Goethes 100. Geburtstage). †Schu.
Huldigungs-Marsch. †Bot.
Vom Fels zum Meer. †(Hohenzollern-Marsch). †Schu.
Marche héroique (E dur).†
Sieges-Marsch (Marche triomphale).
Bülow-Marsch. Sch.
Scherzo und Marsch. Li.
Erster Mephisto-Walzer (Tanz in der Dorfschenke aus Lenaus „Faust"). Schu.
Zweiter Mephisto-Walzer. Fü.
Dritter Mephisto-Walzer. Fü.
Vierter Mephisto-Walzer. (Budapest, März 1885, Rom 1886.)
Mephisto-Polka. Fü.
Grand Galop chromatique op. 12. Ho.
Erste Polonaise (C moll). Se.
Zweite Polonaise (E dur). Se.
Fest-Polonaise (siehe Beilage).
Mazurka brillante. Se.

Drei Walzer-Capricen. Sch.
1) Grande Valse de Bravoure (op. 6). Br. (Ho.)
2) Valse mélancolique.†
3) Valse de Concert über Motive aus „Lucia" und „Parisina".

Valse-Impromptu. P.
Petite Valse favorite. („facilitée".) † P.
Ländler (G dur).†
Trois Valses oubliées. Bot.
1) Fis dur.†
2) As dur.
3) Des dur.†

Valse oubliée No. IV.†
Romance oubliée. (Entworfen Weimar 1848.) †Sim.
La Marquise de Blocqueville. Portrait en Musique (1868). †F.
Historische ungarische Bildnisse.†
1) Széchényi.
2) Eötvös.
3) Vörösmarty.
4) Teleky.
5) Deák.
6) Petöfi.
7) Mosonyi.

Zwei Csárdás. Ho.
1) A dur.†
2) Csárdás obstiné („Hartnäckiger Csárdás").
„Csárdás macabre? — ?" („Darf man solch ein Ding schreiben oder anhören?" — Budapest, Februar 1881, April 1882.)
Puszta-Wehmut (Nach Lenaus „Werbung"). †U.
Ungarischer Geschwind-Marsch. S.
Ungarischer Krönungs-Marsch. Schu.
Heroischer Marsch im ungarischen Stil. (D moll) (I. „Marche hongroise"). Sch.
Ungarischer Sturm-Marsch. Sch.
1. Version: Seconde „Marche hongroise" (auch in Facsimile).
2. Version: Neue Bearbeitung 1876.
Ungarische Rhapsodie, dem Grafen Alberti gewidmet.
Ungarische Rhapsodien No. 1–19.

No. 1 Gis moll. } Se.
„ 2 Cis dur. }
„ 3 B dur. † }
„ 4 Es dur. }
„ 5 E moll. Heroïde élégiaque. † } Sch.
„ 6 Des dur. }
„ 7 D moll. }
„ 8 Fis moll. Capriccio. }
„ 9 Es dur. Pester Karneval. } Scho.
„ 10 E dur. }
„ 11 A moll. }
„ 12 Fis moll. }
„ 13 A moll. }
„ 14 F moll (siehe „Phantasie über ung. Volksmelodien"). } Sch.
„ 15 Rákoczy-Marsch, zum Konzertvortrag bearbeitet. E moll. }
„ 16 Zu den Munkácsy-Festlichkeiten. T.

No. 17 Für das „Figaro"-Album.† } Wei.
„ 18 Für das Budapester-Ausstellungs-Album. † } Wei.
„ 19 Nach den „Csárdás nobles" von C. Abrányi. } Wei.

Spanische Rhapsodie (Folies d'Espagne et Jota Arragonesa). Sieg.

Vergl. auch die Rubriken IVb 2, 3, 4 unter „Liszt".

b) Bearbeitungen.

1) Von Volksmelodien.

„Fantaisie romantique" über 2 Schweizer Melodien, Ho. (op. 5, No. 2.) Sch. (op. 5, No. 1).

„Rondeau fantastique" über „El Contrabandista", Ho. (op. 5, No. 3.) Sch. (op. 5, No. 2).

Große Konzert-Phantasie über spanische Weisen. Ki.

La Romanesca. Air de danse du 18.(?) Siècle. Sch.

La Marseillaise. Transcription. Schu.

Faribolo Pastour. Chanson tirée du Poëme de Franconetto de Jasmin. † Scho.

Pastorale du Béarn. † Scho.

„La Cloche sonne". Altfranzösisches Lied.†

„Vive Henri IV!" †

Hussitenlied aus dem 15. Jahrhundert („Revolutionsgemälde"). Ho.

Slavimo, Slava, Slaveni! Millénaire de l'apostolat de St. Cyrille et St. Methode. (Rom, 5. Aug. 1863.) †
Br. (L. Ramanns „Liszt-Pädagogium").

God save the Queen. Grande Paraphrase de Concert. Schu.

Le Carnaval de Venise. Transcription.

Canzone napolitana. Notturno. Fü.
2 Versionen (D moll † und Dis moll).

Gaudeamus igitur.
I. Version. Konzert-Paraphrase. H.
II. Version. Humoreske. Schu.

Kavallerie-Geschwindmarsch. Weis.

Air cosaque. (C dur).†

Glanes de Woronince. (An Fürstin Wittgenstein.) † Ki.
1) Ballade ukraine.
2) Melodies polonaises.
3) Complainte.

Chanson bohémien. (Deux Melodies russes No. II.) Cr.

Souvenir de Russie. Feuillet d'Album. † J.

Abschied. Russisches Volkslied. † Fr.

Mazurka nach Motiven eines Petersburger Amateurs. † Rie.

Rákoczymarsch. (3 Versionen.)

I. Edition populaire. †Ki.
II. Symphonisch bearbeitet. Schu.
III. Siehe „Ungar. Rhapsodie" No. 15. Sch.

Trois Mélodies hongroises. † G.

1) Des dur.
2) Cis dur.
3) Cis dur und B dur.

Ungarische Melodien im leichten Stile bearbeitet. †Ha. (Sch.)

1) D dur.
2) C dur.
3) B dur.

Ungarische Nationalmelodien. Zehn Hefte. Ha.

a) Magyar Dallok.†

1) Lento (C moll). 2) Andantino (C dur). 3) Sehr langsam (Des dur). 4) u. 5) vgl. „Melodies hongroises", No. 1 u. 2 u. 6. ung. Rhapsodie. 6) Lento (G moll).	Heft I (an Graf Leo Festetics).
7) Vgl. 4. ung. Rhapsodie (an Graf C. Esterházy).	Heft II.
8) Pesante e tristamente (F moll). 9) Lento (A moll).	Heft III.
10) Adagio sostenuto a Capriccio (D dur). 11) Vgl. 3. und 6. ungar. Rhapsodie.	Heft IV.

b) Magyar Rhapsodiák (dieser Titel erscheint vom V. Hefte an).

12) Heroide élégiaque (vgl. 5. ungar. Rhapsodie).	Heft V.
13) Rákoczymarsch (vgl. 15. ung. Rhapsodie). I. Version: „Konzert-Paraphrase". II. „ „erleichtert".	Heft VI (an L. Feszteties, A. Augusz, P. Bánfy, D. Teleky, P. Nyáry, R. Eckstein).
14) Vgl. 11. ungar. Rhapsodie.	Heft VII (an Baron F. Orczy).
15) Vgl. 7. ungar. Rhapsodie.	Heft VIII (an denselben).
16) Nach der von Egressy Bény zu Liszts Begrüßung in Pest komponierten Originalweise (vgl. 10. ungar. Rhapsodie).	Heft IX (an den Komponisten).
17) Vgl. 13. ungar. Rhapsodie.	Heft X.

Fünf ungarische Volkslieder (in leichter Spielart). †U.

1) Csak titokban akartalak szeretni.
2) Jaj beh szennyes az a maga kendöje.
3) Beh szomorú ez az élet én nékem.
4) Beh! sok falut, beh! sok várost bejártam.
5) Erdö, erdö, sűrű erdö árnyában.

2) Übertragungen von Meister-Melodien. (Opern-Phantasien und Transkriptionen von Gesängen).

Alabieff: Le Rossignol. Air russe (Deux Melodies russes No. 1). Cr.

Allegri: Miserere („In der sixtinischen Kapelle", mit Mozart's „Ave verum"). P.

Arcadelt: Ave Maria. †P.

Auber: Grande Fantaisie über d. Tyrolienne d. Oper: **„La Financée".** Cr.

„ **Tarantella di Bravura** n. Motiven der Oper: **„Die Stumme von Portici".** P.

Bach, J. S.: Sechs Präludien und Fugen für die Orgel. P.

No. 1 A moll.
No. 2 C dur.
No. 3 C moll. } Heft I.

No. 4 C dur.
No. 5 E moll.
No. 6 H moll. } Heft II.

„ **Phantasie und Fuge** (Gmoll). Trau. (He.)

„ Choral: „O Lamm Gottes unschuldig".†

Beethoven: Ausgewählte Lieder. Br.

Adelaide op. 46.
Mignon (aus op. 75).†
Mit einem gemalten Bande (aus op. 83).†
Wonne der Wehmut (aus op. 83).†
Freudvoll und leidvoll (aus op. 84).†
Die Trommel gerühret (aus op. 84).
Es war einmal ein König (aus op. 75).
An die ferne Geliebte, Liederkreis (Op. 98).†

„ **Geistliche Lieder** (nach Gellert). †Schu.

1) Gottes Macht und Vorsehung.
2) Bitten.
3) Bußlied.
4) Vom Tode.
5) Die Liebe des Nächsten.
6) Die Ehre Gottes aus der Natur.

Beethoven: Trauermarsch aus der **„Sinfonia eroica".** Ha.
„ **Capriccio alla Turca** über Motive der **„Ruinen von Athen".** Cr.

Bellini: Einleitung, I. Variation und Finale des „Hexameron" (Variationen über den „Puritaner"-Marsch von Liszt, Thalberg, Pixis, Herz, Czerny und Chopin). Sch.
„ **Introduction und Finale** aus **„I Puritani".** Scho.
„ **Reminiscences des „Puritains".** Grande Fantaisie (op. 7). Scho.
„ **Große Konzert-Phantasie „Sonnambula".** Schu.
„ **Reminiscences de „Norma".** Grande Fantaisie. Scho.

Berlioz: Andante amoroso („L'idée fixe") a. d. **phantastischen Symphonie** (I. Version). †Cr.
„ **„L'idée fixe"** (II. Version) und **„Marche au Supplice"** a. d. **phantast. Symphonie.** Riet.
„ **„Marche des Pèlerins"** de la Symphonie: **„Harald en Italie".** Riet.
„ **Bénédiction et Serment** aus **„Benvenuto Cellini".** Li.
„ **Danse des Sylphes** de la **„Damnation de Faust".** Riet.

Bülow, H. v.: Dante's Sonett: „Tanto gentile et tanto onésta". Sch.

Bulhakor: Russischer Galopp. Sch.

Chopin: Six Chants polonais, op. 74. Sch.

1) Mädchens Wunsch.
2) Frühling.†
3) Das Ringlein.†
4) Bacchanal.
5) Meine Freuden.
6) Heimkehr.

Conradi: La célèbre „Zigeuner-Polka". Sch.

Cui, C.: Tarantelle (Letzte Transkription Liszt's). Du.

Dargomijski: Tarantelle (nach d. Tarantelle f. 3 Hände). R.

David: Bunte Reihe (Nach den Violinstücken op. 30). †Ki.

Heft I.:
Scherzo.
Erinnerung.
Mazurka.
Tanz.
Kinderlied.
Capriccio.

Heft II.:
Bolero.
Elegie.
Marsch
Tokkata.
Gondellied.
Im Sturm.

David: Bunte Reihe (Nach den Violinstücken op. 30). †Ki.

Romanze.
Allegro.
Menuett.
Etüde.
Intermezzo.
Serenade.
} Heft III.

Ungarisch. Allegro moderato.
Ungarisch. Allegro marziale.
Tarantelle.
Impromptu.
In russischer Weise.
Lied.
Capriccio.
} Heft IV.

Dessauer: Drei Lieder. Wess.
1) Lockung.
2) Zwei Wege.†
3) Spanisches Lied.

Diabelli: Variation über einen **Walzer** (komp. f. d. I. Abteilung des vaterländisch. „Künstlerverein"). †D.

Donizetti: Marche funèbre de **„Don Sebastien"** varié. Cr.
„ **Marsch für den Sultan A. Medjed Khan.** Konzert-Paraphrase. Sch.
„ **Reminiscences** de **„Lucia di Lammermoor".** Fantaisie dramatique op. 13 I. Ho. (Drei Ausgaben.)
„ **Marsch und Kavatine** a. **„Lucia di Lammermoor".** op. 13 II. Scho.
„ **Reminiscences** de **„Lucrezia Borgia"** op. 15. P.
No. 1. Trio des 2. Aktes.
No. 2. Trinklied (Orgie) — Duo — Finale.
„ **Nuits d'été à Pansilippe. Soirées italiennes.** (II. Teil.) Scho.
1) Barcarolo (Il Barcajuolo).
2) Notturno (L'Alito di Bice).
3) Canzone napolitana (La Torre di Biascone).

Egressy, B., und **Erkel, Fr.: „Szózat"** und **„Hymnus".** Ro.

Erkel, Fr.: Schwanengesang und Menuett aus „Hunyadi Lászlo". Konzert-Paraphrase. (Lemberg, Mai 1847.)

Ernst Herzog v. Sachs. Coburg-Gotha: Fest-Marsch nach Motiven von. Schu.
„ **Halloh! Jagdchor** u. **Steyrer** aus der **Oper: „Tony".** Ki.

Fesztetics, Graf Leo: Spanisches Ständchen (für Bartaz's „Album"). [Duka chez Papa, 9. Okt. 1846.]

Franz, Rob.: Schilf-Lieder op. 2. Br.

1) Auf geheimem Waldespfade.†
2) Drüben geht die Sonne scheiden.†
3) Trübe wird's.
4) Sonnenuntergang.
5) Auf dem Teich.†

„ **Drei Lieder.** Br.

1) Der Schalk (aus op. 3).
2) Der Bote (aus op. 8).
3) Meeresstille (aus op. 8).†

„ **Vier Lieder.** Br.

1) Treibt der Sommer (aus op. 8).†
2) Gewitternacht (aus op. 8).
3) Das ist ein Brausen und Heulen (aus op. 8).
4) Frühling und Liebe (aus op. 3).

„ **„Er ist gekommen in Sturm und Regen".** Ki.

Glinka: Tscherkessenmarsch aus **„Rußlan und Ludmilla".** Schu.

Goldschmidt, Ad. v.: „Liebesszene" und **„Fortunas Kugel"** a. d. Oratorium: **„Die sieben Todsünden".** Br.

Gounod: Valse de l'opéra **„Faust".** Bot.

„ **„Les Sabéennes". Berceuse** de l'opéra **„La Reine de Saba".** Scho.

„ **Les Adieux. Rêverie** sur un motif de l'opéra **„Roméo et Juliette".** Bot.

„ Hymne à Ste. Cécile" (3. Juni 1866).†

Händel: Sarabande u. **Chaconne** aus **„Almira"** f. d. Konzertvortrag bearbeitet. Ki.

Halévy: Reminiscences de la **„Juive".** Grande Fantaisie brillante. (op. 9.) Sch. (Ho.)

Herbeck: Tanz-Momente. Do.

No. 1 G dur.†
No. 2 A moll.†
No. 3 F dur.†
No. 4 A dur.†
No. 5 F dur.†
No. 6 D dur.†
No. 7 G dur.†
No. 8 D dur.

Lassen, E.: Aus der Musik zu **Hebbels „Nibelungen“** und **Goethes „Faust“.** H.
Heft I. a) Hagen und Kriemhild.
b) Bechlarn.
Heft II. Osterhymne.†
Heft III. Hoffest (Marsch und Polonaise).
„ **Zwei Lieder.** P.
1) Ich weil' in tiefer Einsamkeit.†
2) Löse, Himmel, meine Seele.
„ **Symphonisches Zwischenspiel** (Intermezzo) aus **Calderons: „Über allem Zauber Liebe“.** H.

Leßmann, Otto: Drei Lieder aus **Jul. Wolff's „Tannhäuser“.** †Ba.
1) Der Lenz ist gekommen.
2) Trinklied.
3) Du schaust mich an.

Liszt: Schnitterlied. Pastorale aus den Chören zu **Herder's „Entfesseltem Prometheus“.** K.
„ **Improvisation** über die zweite **„Beethoven-Kantate“** (nach einer Übertragung von Saint-Saëns). K.
„ **Der blinde Sänger** (nach dem gleichnamig. Melodram). L.
„ **Il m'aimait tant!** Albumblatt. †Scho.
„ **Geharnischte Lieder.** (Vgl. Rubrik XVb.) K.
I. Version: 3 Chansons.
1) La Consolation.
2) Avant la bataille.
3) L'espérance.
II. Version: Geharnischte Lieder für Klavier.†
„ **Liebesträume. Drei Notturnos.** (Vgl. Rubrik XVIId.) Ki.
1) Hohe Liebe.
2) Gestorben war ich.
3) O lieb!
„ **Buch der Lieder** für Klavier allein (vgl. die gleichnamigen „Gesammelten Lieder“ Rubrik XVIId). Sch.
1) Loreley. (I. Version.)
2) Am Rhein.
3) Mignon.
4) König von Thule.
5) Invocation („Der du von dem Himmel bist“).†
6) Angiolin. Wiegenlied.
„ **Die Loreley.** Letzte Version. †K.
„ **Weimars Volkslied.** †Su.
I. Original-Version.
II. Version facilitée.

Liszt: Ungarisches Königslied. †T.

„ **Ungarns Gott!** †T. { I. Version 2 händig. / II. Version f. d. linke Hand allein.

„ **Epithalam:** „Zur Vermählungsfeier". †U.

„ **Offertorium** } a. d. **„Ungar. Krönungsmesse".** †Schu.

„ **Benediktus** }

„ **Der Papst=Hymnus.** †Bot.

„ **Weihnachtslied** von Th. Landmesser, F dur 3/4. †Bot.

„ **Ave maris stella.** Marienlied nach dem gleichnamigen Kirchenchore. †K.

Mendelssohn: „Hochzeitsmarsch" und **„Elfenreigen"** a. d. Musik zu Shakespeares **„Sommernachtstraum".** Konzert-Paraphrase. Br.

„ **Lieder.** Br.

Auf Flügeln des Gesanges (aus op. 34).
Sonntagslied (aus op. 34). †
Reiselied (aus op. 34).
Neue Liebe (aus op. 19).
Frühlingslied (aus op. 47).
Winterlied (aus op. 19). †
Suleika (aus op. 34).

„ **„Wasserfahrt"** und **„Jäger=Abschied"** aus op. 59. Ki.

Mercadante: Soirées italiennes. (I. Teil.) „Amusements". Scho.

1) La Primavera. Canzonetta.
2) Il Galop.
3) Il pastore svizzero. Tyrolese.
4) La Serenata del Marinaro.
5) Il Brindisi. Rondoletto.
6) La Zingarella spagnola. Bolero.

Meyerbeer: Reminiscences de „Robert le Diable". Sch.

„ **Grande Fantaisie dramatique** sur des thèmes de l'opéra: **„Les Huguenots"** (à Mme la Comtesse Marie d'Agoult) (op. 11). Ho. (Sch.) [M.]

„ **Illustrations du „Prophète".** Br.

Heft I. Prière. Hymne triomphal. Marche du Sacre.
Heft II. Les Patineurs. Scherzo.
Heft III. Pastorale. Appel aux armes. Orgie.
Heft IV. Phantasie und Fuge über den Choral „Ad nos ad salutarem undam" für Orgel oder Klavier zu 4 Händen (siehe Rubriken V u. VIII.)

„ **Illustrations de l'Africaine".** Bot.

No. 1. Prière des Matelots: „O grand St. Dominique".
No. 2. Marche indienne.

„ **Le Moine.** Sch.

Meyerbeer: Schiller=Festmarsch zum Konzertvortrag. Sch.
Mosonyi, A.: Fantaisie sur l'opéra hongrois: „**Szép Ilonka**". Ro.
Mozart: Phantasie üb. „Figaros Hochzeit" und „Don Juan".
„ **Reminiscences de „Don Juan".** Grande Fantaisie. Sch.
„ **„Confutatis"** und **„Lacrymosa"** a. d. **„Requiem".** Sieg.
„ **„Ave verum corpus"** (mit **Allegri's** „Miserere" in: „Evocation dans la Chapelle sixtine"). P.
Pacini: Grande Fantaisie sur des motifs de „**Niobe**" Schu. op. 5 No. 3.
(Divertissement sur la Cavatine „J tuoi frequenti palpiti" de **Pacini** Ho. op. 5 No. 1.)
Paganini: Grande Fantaisie de Bravoure sur **„La] Clochette"** op. 2 (1834). Sch.(M.)
Pezzini, F.: „Una Stella amica". Walzer. †Ric.
Raff: Zwei Stücke aus der Oper: **„König Alfred".** Schu.
1) Andante und Finale.
2) Marsch.
Rossini: Impromptu (op. 3) über Motive| aus **„Donna di Lago", „Armida"** und **Spontinis „Olympia"** und **„Ferdinand Cortez"** (1824). †Fü.
„ **Variationen** üb. Motive der Oper: **„Donna di Lago".** Boo.
„ Introduction et Variations sur une Marche du „Siège de Corinthe" (1830).
„ **Grande Fantaisie** sur **„la Serenata"** et **„l'Orgia"** op. 8 No. 1. Scho.
„ **Grande Fantaisie** sur **„la Pastorella del Alpi"** et **„li Marinari"** op. 8 No. 2. Scho.
„ **„Soirées musicales".** Scho.
1) La Promessa. Canzonetta.†
2) La Regatta veneziana. Notturno.
3) L' Invito. Bolero.
4) La Gita in gondola. Barcarola.†
5) Il Rimprovero. Canzonetta.†
6) La Pastorella dell' Alpi. Tirolese.†
7) La Partenza. Canzonetta.†
8) La Pesca. Notturno.†
9) La Danza. Tarantella napolitana.
10) La Serenata. Notturno.
11) L'Orgia. Arietta.
12) Li Marinari. Duetto.
„ La Carita. Choeur religieux. (I. Version).†
„ **Deux Transcriptions.** Scho.
1) Air du „Stabat mater" („Cujus animam").
2) La Charité. Choeur religieux (II. Version). (Vgl. „La Carita".)

Rubinstein, A: Zwei Lieder. Ki.
1) Ach, wenn es doch immer so bliebe. (Zum Konzertvortrag.)
2) Der Asra.†

Saint-Saëns: Danse macabre. Fantaisie. Du.

Schubert: Soirées de Vienne. Valses caprices.
I. Version. P.
II. Version. Cr.
Heft I. As dur. Allegretto malinconico.
„ II. As dur. Poco Allegro.
„ III. Allegro vivace. E dur.
„ IV. Des dur. Andante a capriccio.
„ V. Ges dur. Moderato.
„ VI. A moll. Allegro.
„ VII. A dur. Allegro spirituoso.
„ VIII. D dur. Allegro con brio.
„ IX. As dur. Preludio a capriccio (Sehnsuchtswalzer).

„ **Divertissement à la hongroise.**
I. Ausgabe in schwieriger } Spielart.
II. Ausgabe in leichterer† }
Heft I. Andante.
„ II. Marcia (Ungar. Marsch I. Version).
„ III. Allegretto.

„ **Ungarischer Marsch** (No. 2 des „**Ungarischen Divertissement**“) III. Version. Cr.

„ **Märsche** (aus den **vierhändigen Original-Kompositionen.**) Cr.
1) Trauermarsch (Es moll).
2) Marsch (H moll).
3) Reitermarsch (C dur).

„ **Schlußsatz der „Wandererphantasie“.** op. 15. C.

„ **Zwei Lieder.** Sch.
1) Lob der Tränen.†
2) Die Rose (1835). (Ho.)

„ **Sechs Lieder** (Melodien nach Fr. Schubert). Sch.
1) Lebe wohl.†
2) Mädchens Klage.†
3) Das Sterbeglöcklein.
4) Trockene Blumen.†
5) Ungeduld (I. Version).
6) Die Forelle (I. Version).
Die Forelle (II. Version). Cr.

Schubert: Müllerlieder (im leichteren Stil übertragen). †Cr.

1) Das Wandern. Ritornello.
2) Der Müller und der Bach. } Heft I.
3) Der Jäger.
4) Die böse Farbe. } Heft II.
5) Wohin?
6) Ungeduld (II. Version). } Heft III.

„ **Schwanengesang.** Sch.

1) Die Stadt.
2) Das Fischermädchen.
3) Aufenthalt.
4) Am Meer. (2 Versionen.)†
5) Abschied.†
6) In der Ferne.
7) Ständchen (D moll). (2 Versionen.)
8) „Ihr Bild" und 9) Frühlingssehnsucht.
10) Liebesbotschaft.
11) Der Atlas.
12) Der Doppelgänger.†
13) Die Taubenpost.
14) Kriegers Ahnung.

„ **Winterreise.** op. 89. Sch.

15) Gute Nacht.†
16) Die Nebensonnen.
17) Mut.†
18) Die Post.
19) Erstarrung.†
20) Wasserflut.†
21) Der Lindenbaum.
22) „Der Leiermann" und „Täuschung".†
23) Das Wirtshaus.
24) „Der stürmische Morgen" und „Im Dorfe".

„ **Zwölf Lieder** („Lieder ohne Worte").

I. Version. P.
II. Version. Cr.

1) Sei mir gegrüßt.
2) Auf dem Wasser zu singen.
3) Du bist die Ruh'.
4) Erlkönig.
5) Meeresstille.†
6) Die junge Nonne.
7) Frühlingsglaube.†
8) Gretchen am Spinnrade.

Schubert: Zwölf Lieder („Lieder ohne Worte").
9) Ständchen (B dur) v. Shakespeare.
10) Rastlose Liebe.
11) Der Wanderer.
12) Ave Maria.

„ **Geistliche Lieder.** Konzerttranskriptionen. Schu.
1) Litaney.†
2) Himmelsfunken.†
3) Die Gestirne.
4) Hymne.†

„ **Der Gondelfahrer** (Nach d. Männerquartette: „Es tanzen Mond u. Sterne"). Cr.

Schumann, Rob.: „An den Sonnenschein" und „Rotes Röslein". †Schu.

„ **Frühlingsnacht.** P.

„ **Liebeslied** („Widmung") aus op. 25. Ki.

„ **Provenzalisches Minnelied.** †Fü.

„ **Sieben Lieder.** Br.
1) Weihnachtslied.†
2) Die wandelnde Glocke.†
3) Frühlingsankunft.†
4) Des Sennen Abschied.†
5) Er ist's.
6) Nur wer die Sehnsucht kennt.†
7) An die Türen will ich schleichen.

Schumann, Clara: Drei Lieder. †Br.
1) Warum willst du andre fragen.
2) Ich hab' in deinem Auge.
3) Geheimes Flüstern hier und dort.

Spohr, L.: Die Rose. Romanze. †Bau.

Spontini: Impromptu über Motive aus **„Olympia", „Ferd. Cortez"** und **Rossini's „Donna di Lago"** und **„Armida".** †Fü.

Szabady: „Revive Szegedin", Marche hongrois orchestrée par J. Massenet, transcrite.

Széchényi Graf Emerich: **Einleitung und ungarischer Marsch.** Ro.

Tschaikowsky: Polonaise aus **„Iewgeny Onegin".** R.

Végh, G. v.: Konzert-Walzer nach d. 4 händigen **Walzer-Suite.** Ki.

Verdi: Salve Maria de l'opéra **„Jérusalem"** („I Lombardi").
I. Version. Scho.
II. Version. †Ric.

„ **Trois Paraphrases de Concert.** P. (Ric.).
1) Miserere de „Trovatore".
2) Ernani.
3) Rigoletto.

Verdi: Coro di Festa, Marcia funebre e Finale de „**Don Carlos**". Scho. (Ric.).
„ **Danza Sacra e Duetto finale** aus „**Aïda**". Bot. (Ric.).
„ **Reminiscences** de „**Simon Boccannegra**". Ric.
„ **Agnus Dei** a. d. „**Requiem**". †Bot. (Ric.)

Wagner: Rezitativ und **Romanze** „O du, mein holder Abendstern" aus „**Tannhäuser**". Ki.
„ **Pilger=Chor** aus „**Tannhäuser**".
I. Version. Sieg.
II. Version. Fü.
„ **Zwei Stücke** aus „**Tannhäuser**" und „**Lohengrin**". Br.
No. 1) Einzug der Gäste auf Wartburg.
No. 2) Elsa's Brautzug zum Münster.†
„ **Aus „Lohengrin"**. Br.
Heft I. Festspiel und Brautlied.
Heft II. „Elsa's Traum" u. „Lohengrin's Verweis".†
„ **Ballade** aus „**Der fliegende Holländer**". Fü.
„ **Spinnerlied** aus „**Der fliegende Holländer**". Br.
„ **Phantasiestück** aus „**Rienzi**". Br.
„ **Isoldens Liebestod**, Schlußszene aus „**Tristan und Isolde**". Br.
„ „**Am stillen Herd**" aus „**Meistersinger**". Trau.
„ „**Walhall**" aus „**Der Ring des Nibelungen**". Scho.
„ **Feierlicher Marsch zum hl. Gral** aus „**Parsifal**". Scho.

Weber, C. M. v.: Freischütz-Phantasie („Und ob die Wolke sie verhülle" und „Walzer").
„ **Einsam bin ich nicht alleine.** Volkslied aus „**Preziosa**". †Schu.
„ **Heroïde** nach „**Leyer und Schwert**". Sch. („Schwertlied". – „Gebet". – „Lützows wilde Jagd".)
„ **Schlummerlied** (Nach d. Männerchore). Ki.

Wielhorsky, Graf Michael: „**Autrefois!**" Romanze. F.
I. Version. J.
II. Version. Fü.

Zichy, Graf Géza: **Valse d'Adèle** (Nach der gleichnamigen Etüde f. d. linke Hand). Heu.

3) Klavier-Partituren. (Vgl. Rubriken V und VI.)

Beethoven: Grand Septuor op. 20 pour le Piano seul. Schu.
„ **Sämtliche Symphonien** Br.
„ „Coriolan"-Ouverture (1847).

Berlioz: Episode de la vie d'un Artiste. Grande Symphonie fantastique op. 4. Leu.

Berlioz: Harald en Italie. Symphonie op. 16 (mit Beibehaltung des Original-Violasolo). Scho.
„ Ouverture du „Roi Léar".
„ **Ouverture des „Francs Juges".** Scho.
Hummel: Großes Septett op. 74 f. Pianoforte allein. Schu.
Liszt: „Les Préludes". Symphon. Dichtung. Br.
„ **Der nächtliche Zug.** Episode aus Lenau's **„Faust".** Schu.
„ **„Von der Wiege bis zum Grabe".** Symph. Dichtg. Bot.
„ **„Gretchen"** a. d. **„Faustsymphonie".** Schu.
„ **Pastorale** (Schnitterchor) a. d. Chören zu Herder's **„Entfess. Prometheus".** K.
„ **Weihnachtslied:** „Christus ist geboren!" Bot.
„ **Vorspiel**
„ **Marsch d. Kreuzritter** } a. d. „Legende v. d. **hl. Elisabeth".** K.
„ **Interludium**
„ **Hirtenspiel** K.
„ **L'Hymne du Pape.** Bot. } aus dem Oratorium: **„Christus".**
„ **Marsch d. hl. 3 Könige** K.
„ **Salve Polonia.** Interludium. K.
„ Erste Polonaise } aus dem Oratorium: **„Stanislaus".**
„ Zweite Polonaise
Liszt: Festvorspiel. K.
„ **Künstlerfestzug** (Zur Schillerfeier 1859). K.
„ **Phantasie über Beethoven's „Ruinen v. Athen".** Sieg.
„ **Totentanz.** Paraphrase über **„Dies irae".** Sieg.
Rossini: Ouverture zu **„Wilhelm Tell".** Scho.
Wagner: Ouverture zu **„Tannhäuser".** Fü.
Weber: Ouverture zu **„Freischütz".** Sch.
„ **Jubelouverture.** Sch.
„ **Ouverture** zu **„Oberon".** Sch.

4) Klavierauszüge.

Don Sanche
Sardanapal
Les 4 Elements (Nach Aŭtran) [Männerchor].
Les Forgerons (Männerchor und Baritonsolo).
Le Juif errant. Baritonsolo.
Jeanne d'Arc au bûcher. Scène dramatique (Nach Dumas). Scho.
Rinaldo (Nach Goethe). Kantate.
Titan (Nach F. v. Schober). Baritonsolo.

Festalbum zur Säkularfeier von Goethe's Geburtstag 1849. Schu.
1) Festmarsch.
2) Licht, mehr Licht! Chorgesang.

Festalbum zur Säkularfeier von Goethe's Geburtstag 1849. Schu.
3) Weimars Toten! Dithyrambe.
4) Über allen Gipfeln ist Ruh'. Solo-Quartett.
5) Chor der Engel aus Goethe's „Faust", II. Teil.
An die Künstler [Nach Schiller] (Männerchor und Soli). K.
Festchor zur Enthüllung des Herder-Denkmales. W.
Prometheus-Chöre. K.
Elisabeth-Legende. K.
Cäzilien-Legende. K.
Oratorium „Christus". K.
Oratorium „Stanislaus".
Die Glocken des Straßburger Münsters. Kantate. Schu.
Der Sonnenhymnus des hl. Franz v. Assisi. K.
Erste Beethoven-Kantate.
Zweite Beethoven-Kantate. K.
Gaudeamus igitur. Humoreske. Schu.
Wartburg-Lieder. K.
Einleitung: An Frau Minne (von Fürst Witzlav) f. gem. Chor. K.
Wolfram v. Eschenbach, Baritonsolo u. gem. Chor K.
Graner Festmesse. Schu.
Ungarische Krönungsmesse. Schu.
Der 13. Psalm. K.
Der 18. Psalm. Schu.
Der 116. Psalm. Schu.
Der 137. Psalm. K.
Schubert's „Allmacht" für Tenorsolo und Männerchor. Schu.
F. Dräseke's Kantate: „Der Schwur am Rütli".
I. Teil. (Männerchor, Soli und Orchester.)

V. Werke für ein Klavier vierhändig.*)

Allegro di Bravura op. 4. †Ki.
Valse de Bravoure. Schu.
Grand Galop chromatique op. 12. Ho.
Erster Mephisto-Walzer. Schu.
Zweiter Mephisto-Walzer. Fü.
Mazurka brillante. Se.
Tarantelle aus „Venezia e Napoli". Scho.
Zweite Polonaise (E dur). Se.
Fest-Polonaise (siehe Beilage).
Ab Irato. Morceau de Salon. †Sch.
Nocturne (E dur) (vgl. Petrarca-Sonett No. 2). †Sch.

*) Die mit † bezeichneten Werke in leichterer Spielart.

Erste Elegie. †K.

Phantasie und Fuge über den Choral **„Ad nos ad salutarem undam“.** Br.

Der Choral: „O Lamm Gottes unschuldig“ (Nicolas Decius 1541).†

Weihnachtsbaum. Zwölf vierhändige Klavierstücke in zumeist leichter Spielart. †Fü.

Heft I. **Psallite.** Altes Weihnachtslied.
O heilige Nacht! (Weihnachtslied nach einer alten Weise.)
Die Hirten an der Krippe („In dulce jubilo“).
„Adeste Fideles“. (Gleichsam als Marsch der hl. 3 Könige.)

Heft II. **Scherzoso** („Man zündet die Kerzen des Baumes an“).
Carillon.
Schlummerlied.
Altes provençalisches Weihnachtslied.

Heft III. **Abendglocken.**
Ehemals!
Ungarisch.
Polnisch.

Zur Trauung. Geistliche Vermählungsmusik.†

Zur Vermählungsfeier. Ungarisches Epithalam. †T.

Mosonyi's Grabgeleite. T.

Dem Andenken Petöfi's. Melodie. †T.

Sechs ungarische Rhapsodien (nach den Orchestereinrichtungen). Schu.

Ungarische Rhapsodie zu den Budapester Munkácsy-Festlichkeiten. T.

Ungarische Rhapsodie f. d. Festalbum der Budapester Ausstellung. †T.

„Szózat“ und **„Hymnus“** von **Egressy** und **Erkel.** Ro.

Széchényi's „Einleitung“ und **„Ungarischer Marsch“.** Ro.

Rákoczy-Marsch. Symphonisch bearbeitet. Schu.

Ungarischer Sturmmarsch. (2 Versionen, vgl. Rubrik IVa.) Sch.

Ungarischer Krönungsmarsch. Schu.

Csárdas macabre.

Csárdas obstiné. †T.

Tscherkessenmarsch aus **Glinka's „Rußlan und Ludmilla“.** Sch.

Marche héroique (E dur).†

Goethe-Festmarsch. Schu.

Vom Fels zum Meer! Deutscher Siegesmarsch. †Schu.

Festmarsch nach Motiven des **Herzogs Ernst v. S. C. G.** Schu.

Bülow-Marsch. Sch.

Vier Märsche von Fr. Schubert (nach der Orchestrierung). Fü.
1) H moll.
2) Es moll.
3) C dur.
4) Ungarischer Marsch (C moll).

Marsch und Cavatine aus **Donizetti's „Lucia"**. Scho.
Reminiscences de „Robert le Diable" (Meyerbeer). Sch.
Sonnambula-Phantasie **(Bellini).** Konzert-Variationen. Schu.
Bénédiction et **Serment** aus **Berlioz' „Benvenuto Cellini".** Li.
Variation über das Thema fg — fg, ea — ea, dh — dh, c — c (Schnitzel-Polka) für die 2. Auflage der vierhändigen „Variationen" von **Borodine, Cui, Liadow** und **Rimsky-Korsakow.** †R.
Mendelssohn's „Wasserfahrt" und **„Jäger-Abschied".** Ki.
„Tanz-Momente" nach **Herbeck** (vgl. Rubrik IVb 2). †Do.

Klavier-Partituren.

Zwölf **„symphonische Dichtungen".** Br.
Von der Wiege bis zum Grabe. Symph. Dichtung. Bot.
Zwei Episoden aus Lenau's **„Faust".** Schu.
Festvorspiel. K.
Künstlerfestzug. K.
Schnitterchor. Pastorale a. d. „**Prometheus**"-Chören. K.
Vorspiel, **Marsch d. Kreuzritter**, **Sturm**, **Interludium** } a. d. „Legende v. d. hl. **Elisabeth".** K.
Hirtenspiel a. d. Krippe, **Marsch d. hl. 3 Könige** } a. d. Oratorium: **„Christus".** K.
Salve Polonia. Interludium a. d. Oratorium: **„Stanislaus".** K.
Excelsior! Präludium d. Cantate **„Die Glocken des Straßburger Münsters".** Schu.

Klavier-Auszüge.

Erste Beethoven-Kantate. Scho.
Inno „A Maria Virgine".
Trois Odes funèbres.
a) Les Morts.
b) La Notte.
c) Le Triomphe funèbre du Tasse.

Graner Festmesse. Schu.
Offertorium, Benedictus } a. d. **„Ungarischen Krönungsmesse".** Schu.

Zweites Konzert (A dur). Scho.
In der sixtinischen Kapelle. Evocation. P.
Gaudeamus igitur. Humoreske. Schu.
„Ave Maris stella". Marien-Hymne. K.
Der Papst-Hymnus. Bot.
Weimars Volkslied. Su.
Ungarisches Königslied. T.
Ossa arida! (Ezechiel 371). („Professoren und Jünger der Konservatorien haben die noch nicht gebräuchliche Dissonanz der fortgesetzten terzenweisen Aufbauung der 20 ersten Takte gründlichst zu mißbilligen! — nichtsdestoweniger skribirt. v. F. Liszt, Villa d'Este, 18—21. Oktober 1879.")
Via Crucis (1878). [Zu den Kreuz-Stationen des Kolosseums in Rom.]
Hummels's „Großes Septett" als **Duo** 4 händig eingerichtet. Schu.
Beethoven: Septett op. 20. Schu.

VI. Werke für zwei Klaviere vierhändig.

(Vgl. auch Rubriken I und III.)

Zwölf **„symphonische Dichtungen".** Br.
Le Triomphe funèbre du Tasse. Epilog zur symph. Dichtung „Tasso".
Zwei Episoden aus Lenau's **„Faust".** Schu.
Faust-Symphonie. Schu.
Dante-Symphonie. Br.
Fest-Vorspiel. K.
Erstes Klavierkonzert (Es dur). Sch.
Zweites Klavierkonzert (A dur). Scho.
Totentanz. Paraphrase über **„Dies irae".** Sieg.
Concert pathétique. 3 Versionen. Br.
I. Version vgl. „Großes Konzert-Solo" Rubrik IV a.
II. Version mit einer Kadenz von H. v. Bülow.
III. Version nach der Orchestrierung von Ed. Reuss.
Phantasie und **Fuge** über das Thema **„B A C H".** K.
Phantasie über **Beethoven's „Ruinen von Athen".** Sieg.
Polonaise brillante nach **C. M. v. Weber's** op. 72. Sch.
Schubert's Wanderer-Phantasie op. 15. Cr.
Phantasie über **ungarische Volksmelodien.** P.
Rákoczy-Marsch, symphonisch bearbeitet. Schu.
Grand Galop chromatique op. 12. Ho.
Grand Duo über die 3 ersten „Lieder ohne Worte" von Mendelssohn.
La Danza, Tarantella napolitana } aus den **„Rossini-Soireen".** Vgl.
La Regatta veneziana } Rubrik IV. 2. Sch.

Réminiscences de l'opéra **„Norma“** de **Bellini.** Scho.

Grandes Variations sur une thème des **„Puritains“** tirée du **„Hexameron“.** Sch.

Réminiscences de **„Don Juan“.** Sch.

Beethoven's IX. Symphonie. Scho.

Drei Beethoven'sche Klavierkonzerte für zwei Klaviere zu 4 Händen zum Gebrauche für das Studium und für den Konzertsaal eingerichtet (mit Kadenzen). C.

1) op. 37 C moll.
2) op. 58 G dur.
3) op. 73 Es dur.

VII. Melodramen.

a) Für Deklamation und Klavier.

Lenore. Ballade von Bürger. K.

Der traurige Mönch. Ballade von Lenau. K.

Des toten Dichters Liebe. Gedicht von M. Jokai. T.

Der blinde Sänger. Ballade von Graf Alex. Tolstoy. Bc.

Helge's Treue. Ballade von Strachwitz. (Nach der Bariton-Szene von Felix Dräseke.) Schu.

b) Für Deklamation und Orchester.

Zwischenspiele zu Herder's „Entfesseltem Prometheus“.

Zwischenspiele zu Goethe's „Tasso“.

Musik zu Halm's Schiller-Festspiel „Vor 100 Jahren“ (1859). (Vorspiel. — Auftreten der Poesie. — „Frisch auf, Kameraden!“ — Parzenlied. — Lied an die Freude.)

VIII. Werke für Orgel oder Harmonium.*)

a) Für große Konzertorgel.

Phantasie u. Fuge über d. **Choral: „Ad nos, ad salutarem undam“** (Heft IV der **„Propheten“**-Illustrationen vgl. Rubrik IV 2. Br.

Präludium und Fuge über den Namen: **„B A C H“.** Schu.

Variationen über den **Basso continuo** des 1. Satzes der **Kantate** „Weinen, klagen —“ und des **Crucifixus** der **H moll-Messe** mit dem Chorale: „Was Gott tut, das ist wohlgetan!“ von **J. S. Bach.** P.

Einleitung und Fuge aus der Motette: **„Ich hatte viel Bekümmernis“** und Andante: **„Aus tiefer Not!“** von **J. S. Bach.** Schu.

Der Choral: „Nun danket alle Gott“ f. d. große Orgel in Riga gesetzt. Br.

*) Die mit † bezeichneten Werke in leichterer Spielart.

Kirchliche Fest-Ouvertüre üb. d. Choral: **„Eine feste Burg ist unser Gott!“** v. **Otto Nikolai.** Ho.

Regina coeli laetare von **Orlando di Lasso.** †Schu.

„In der sixtinischen Kapelle“ Evocation („Miserere“ von **Allegri** und „Ave verum corpus“ v. **Mozart**). P.

Trauer-Ode nach **Lamennais:** „Les Morts“ (Zwei Vortragsstücke für Orgel No. 2). Su.

Orpheus. Symphonische Dichtung. Schu.

Einleitung. Schu. } a. d. Legende v. d. **„hl. Elisabeth“.**
Gebet und Kirchenchor. K. }

Der Papst-Hymnus. †P. } Nach d. „Gründung d. Kirche“
Tu es Petrus! †Schu. } a. d. Oratorium: **„Christus“.**

Einleitung, Fuge und **Magnificat** a. d. Symphonie zu Dante's **„Göttlicher Komödie“.** Schu.

„Gretchen“ aus der **„Faust-Symphonie“.** Schu.

Andante religioso (a. d. **„Berg-Symphonie“**). †Schu.

Excelsior! Präludium zu d. **„Glocken d. Straßburger Münsters“.** Schu.

Zum Haus des Herrn ziehen wir! Präludium (siehe Beilage).

Introitus (C dur) (2 Vortragsstücke f. Orgel No. 1). †Su.

Der 137. Psalm. K.

Klänge aus dem XIII. Psalm. K.

Hosannah! Choral (vgl. „Sonnen-Hymnus“ Rubrik XII). †Su.

San Francesco. Präludium zum „Sonnen-Hymnus“ des hl. Franz v. Assisi („Torre fiorentina 17.–20. Sept. 1880“).†

Offertorium der **„ungar. Krönungsmesse“.** Schu.

Ungarns Gott (Nach einem Gedichte v. Petöfi). †T.

Angelus. Gebet an die Schutzengel. †Scho.

Konzertstück (A dur, nach „Consolation“ No. 3). Su. } Vgl. Rubrik IV, 1.
Consolation. (No. 5 der Klavierausgabe). †Schu. }
Adagio („Consolation“ No. 4). †Riet. }

Chopin's Präludien No. 4 und No. 9. †Schu.

Pilgerchor aus **Wagner's** „Tannhäuser“. Fü.

I. Version mit Gebet der Elisabeth u. Chor der älteren Pilger.

II. Version. Chor: „Der Gnade Heil“ allein.

Slavimo, Slava, Slaveni! (Rome, 5. Aug. 1863).†

b) Für kleine Orgel oder Harmonium.

Weimars Volkslied. †Su.

Zur Trauung. Geistliche Vermählungsmusik. (Nach „Sposalizio“ d. Années de pèlerinage“ I vgl. Rubrik IV 1). †Br.

Ora pro nobis. Litanei. †P.

Zwei Kirchen-Hymnen. †K.
1) Salve Regina (Nach d. gregorianisch. Intonation).
2) Ave maris stella (Nach d. gleichnamig. Kirchenchore. Vgl. Rubrik XIV).

Ave **Maria** (Nach d. gleichnamigen Kirchenchore bei K.). †Trau.

Ave **Maria** (Nach d. gleichnamigen Kirchenchore bei Br.). †Su.

Ave **Maria** von **Arcadelt.** †P.

Salve Maria de l'Opéra **„Jerusalem" de Verdi.** †Ric.

Agnus Dei aus **Verdi's „Requiem".** †Bot (Ric.)

„Ave verum corpus" von **Mozart.** †K.

Gebet (A dur). †Kö.

Resignazione (siehe Beilage).

Responsorien, vierstimmig harmonisiert (für Kardinal Hohenlohe?). †

In Nocte Nativitate Domini ad Matudina.
Gloria Patri.
Feria V „In Coena Domini".
Amicus meus osculi me tradidit signo.
Judas mercator pessimus.
Unus ex discipulis meis tradet me hodie.
Eram quasi Agnus innocens.
Una hora non potuistis vigilare mecum.
Seniores populi concilium fecerunt.
Feria VI in Parasceve.

— — — — — — — — — — — — — — —
— — — — — — — — — — — — — — —
— — — — — — — — — — — — — — —

Choräle und altdeutsche Lieder, gesetzt für R. v. Keudell. †

Vexilla regis.
Crux ave benedicta.
O Lamm Gottes (Nicolas Decius 1541).
O Traurigkeit, o Herzeleid. Am Charfreitag. (Joh. Schop 1640).
Nun ruhen alle Wälder (Heinr. Isaak 1540).
Nun danket alle Gott.
Meine Seele erhebt den Herrn (Der Kirchensegen. Psalm 67).
O Haupt voll Blut und Wunden!
Wer nur den lieben Gott läßt walten!
Was Gott tut, das ist wohlgetan!
Jesu Christe pro nobis crucifixus! (Die 5 Wunden.)

Rosario-Andachten für Orgel oder Harmonium („ohne andere Singstimmen als die des Herzens"). †

Kreuzandachten. (Vgl. „Via Crucis“ Rubrik XIV.).

O Crux, Ave! (Einleitung der „Via Crucis“).

Jesus begegnet seiner Mutter (IV. Kreuzstation).

Simon, le Cyrénéen (V. Kreuzstation).

Jésus est dépouillé de ses vêtements (X. Kreuzstation).

Jésus est déposé de la Croix (XIII. Kreuzstation).

Psallite. (Altes Weihnachtslied).
„O heilige Nacht voll himmlischer Pracht“.
Die Hirten an d. Krippe.
Adeste Fideles (Gleichsam als Marsch d. hl. 3. Könige).
} I. Heft des **„Weihnachtsbaum“.** (Vgl. Rubrik IV, 1.) †Fü.

Am Grabe Wagner's.†

Missa pro Organo. Lectarum celebrationi missarum adjumento inserviens (An Fürstin Wittgenstein). †K.

Kyrie. Andante moderato.

Gloria. Allegro.

Graduale. Andante pietoso.

Credo. Andante maestoso.

Offertorium. Andante quasi Adagio (Ave Maria).

Sanctus. Maestoso.

Benedictus. Molto Lento.

Agnus Dei. Lento assai.

Requiem fur die Orgel. †K.

Requiem aeternam. Adagio sostenuto.

Dies irae. Alla breve molto mosso (Tuba mirum).

Recordare pie Jesu. Lento assai.

Qui Mariam absolvisti et latronem exaudisti.

Sanctus. Maestoso assai.

Benedictus. Lento (Post Elevationem).

Agnus Dei. Lento.

Postludium. Lento (Cum Sanctis tuis).

Zweite Abteilung

Vokal-Kompositionen.

IX. Opern.

Don Sanche. (Das Liebesschloß).
Sardanapal.

X. Oratorien (Legenden).

Die Legende von der hl. Elisabeth (Nach Worten v. O. Roquette). K.

Erster Teil.

Orchester-Einleitung. — Ankunft der Elisabeth auf der Wartburg. — Landgraf Ludwig. — Rosenwunder. — Die Kreuzritter. — Orchester-Marsch.

Zweiter Teil.

Landgräfin Sophie. — Elisabeth. — Orchester-Interludium. — Feierliche Bestattung der Elisabeth.

Christus. (Nach Texten der hl. Schrift u. d. kathol. Liturgie). K.

Erster Teil. Weihnachts-Oratorium.

Rorate coeli desuper. — Pastorale. — Verkündigung. — Stabat mater speciosa. — Hirtengesang an der Krippe. — Die hl. 3 Könige.

Zweiter Teil. Nach Epiphania.

Die Seligkeiten. — „Vater unser", Gebet. — Die Gründung der Kirche. — Das Wunder. — Einzug in Jerusalem.

Dritter Teil. Passion und Auferstehung.

Tristis est anima mea. — Stabat mater dolorosa. — Osterhymne. — Resurrexit.

Die Legende vom heiligen Stanislaus (Nach dem Polnischen des L. v. Siemiensky von Edler).

Dichtung: I. Bild: Der Schrei des Bedrückten.
II. Bild: Das Königsmahl.
III. Bild: Das Wunder der Auferweckung.
IV. Bild: Der Bannfluch.
V. Bild: Martyrium.
VI. Bild: Gloria in excelsis.

Von der Komposition bisher aufgefunden:

I. Bild: Volk, Bischof, Erzpriester, Mutter des Stanislaus.

II. Bild: König, Ritter, Kanzler, Schatzmeister, Chor der Würdenträger.

III. Bild: Einsiedler, Volk, Bischof, Höflinge, Mutter, Pilgrim, Petrus, Erben.

Vorspiel (Andante solenne).
Klage-Chor: „Qual und Leid".
Rezitativ des Stanislaus (Tenor).
Chor: „Beschütze uns".
Mezzo-Sopransolo: „O still' des Volkes Not!"
Erste Polonaise (Andante mesto — Adagio assai).
Zweite Polonaise (Allegro pomposo).
„Salve Polonia", Interludium für Orchester. K.
„Altaria tua" (Altsolo).
„De profundis" für Baritonsolo, Männerchor und Orgel. K.
„Salve Polonia", Schlußchor mit Baritonsolo und Orchester.

Die Legende von der heiligen Cäcilie (Nach Worten v. Mme E. de Girardin). K.

Für Mezzo-Sopransolo, gem. Chor und Orchester [oder Klavier, Harmonium u. Harfe].

Sanct Christoph. Legende f. Baritonsolo, Frauenchor, Klavier, Harmonium u. Harfe.

Die Glocken des Straßburger Münsters (Nach H. W. Longfellow's „The golden Legend" (deutsch v. Baron Schack) für Baritonsolo, **gem. Chor, Glocken, Orgel u. Orchester.** Schu.

XI. Messen.

Missa solemnis zur Einweihung der Basilika in Gran für Soli, Chor and Orchester. Schu.

Ungarische Krönungsmesse (zur Ofener Krönung 1867) f. Soli, Chor und Orchester. Schu.

Missa choralis (f. gem. Chor u. Orgel). [An Pius IX.] K.

Messe für Männerchor.

I. Version: Mit Orgel. Br.

II. Version: Mit Orchester (für Herbeck).

Requiem für Männerstimmen (Soli u. Chor) und Orgel. K.

(**Orgelmesse** und **Orgelrequiem** siehe Rubrik VIII b.)

XII. Chorgesänge mit Orchester.

Les forgerons. (1845.) Für Baritonsolo und Männerchor.

Les Laboureurs.
Les Matelots.
Les Soldats. } Männerchöre.

Les 4 Elements (Nach Autran). Für Männerchor. [Vgl. Rubrik IVa Etüde „Ab Irato".] (Lissabon 12. Febr. 1844.)

No. 1 La terre (Lissabon u. Malaga, April 1845).

No. 2 Les flots (Valenzia, Ostersonntag 1845).

No. 3 Les Astres (vgl. symphon. Dichtung: „Les Préludes"). [14. April 1848.]

No. 4 Les Aquilons.

Erste Beethoven-Kantate für Soli und gem. Chor (zur Enthüllung des Bonner Denkmals). Text v. V. L. B. Wolf [skizziert Valencia u. Barcelona].

Zweite Beethoven-Kantate für Soli und gem. Chor (zur Säkularfeier Beethoven's [Worte v. Ad. Stern]. K.

Rinaldo von Goethe f. Tenorsolo und gem. Chor (Ende der 40er Jahre).

Licht, mehr Licht! Männerchor m. Orchester.

Chor der Engel aus Goethes „Faust", II. Teil:

I. Version f. gem. Chor u. Orchester (oder Klavier.)

II. Version für Frauenchor, Harmonium, Klavier u. Harfe.

Über allen Gipfeln ist Ruh' (Goethe) f. Männer-Solo-Quartett u. 4 Hörner.

} Aus dem **Goethe-Festalbum zum** 28. August 1849. Schu.

Soldatenlied aus Goethe's „Faust" f. Männerchor mit 2 Trompeten u. 2 Pauken. K.

An die Künstler! Gedicht v. Schiller f. Männerstimmen (Chor u. Soli). K.

Chöre zu Herder's „Entfesseltem Prometheus" mit verbindendem Texte v. R. Pohl. K.

Chor der Ozeaniden (gemischt). — Chor der Tritonen (gemischt). — Chor der Dryaden (Frauenstimmen). — Chor der Schnitter (gemischt oder Frauenchor). — Chor der Winzer (Männerstimmen u. Solo-Quartett). — Chor der Unsichtbaren (Männerstimmen). — Chor der Musen (gemischt). — Chor der Unterirdischen (Männerstimmen).

Festchor zur Enthüllung des Herder-Denkmals in Weimar 1850 [Text v. Schöll] f. Männerstimmen. W.

Singe, singe, wem Gesang gegeben (Nach Uhland) f. Männerchor.

Das deutsche Vaterland. Volkslied v. Arndt. Männerchor.

Weimars Volkslied. Zur Carl-August-Feier 1857 (Gedicht v. P. Cornelius) f. Männerstimmen oder gem. Chor. Su. (Bö.)

Zwei Festgesänge zur Enthüllung des Denkmals **Carl August's** in Weimar 1875. Ki.

1) „Carl August weilt mit uns". Für Männer- oder gem. Chor, Trompeten, Posaunen, Tuba u. Pauken.
2) „Psalmenverse" f. gem. Chor, Trompeten, Posaunen, Tuba u. Pauken.

Chöre zu Scheffel's „Braut-Willkomm auf Wartburg." } Vgl. „Wartburg-Lieder" Rubrik XVIId.

An Frau Minne (Nach Fürst Witzlav) für gem. Chor und Klavier. } Vgl. „Wartburg-Lieder" Rubrik XVIId.

Des erwachenden Kindes Lobgesang.

Französisch v. Lamartine. Deutsch v. P. Cornelius. } Für Frauenchor, Harmonium und Harfe. T.

Gaudeamus igitur! Humoreske („zur Erfrischung der Kritik") für Soli, Männerchor oder gem. Chor. Schu.

Hungaria-Kantate f. Baßsolo, Männerchor u. Orchester. (Weimar 1848 — Rom 1865.)

Ungarisches Königslied für gemischten Chor oder Männerchor. T.

Ungarns Gott! (Nach Petöfi) f. Baßsolo, Männerchor u. Orchester oder Klavier. T.

An den hl. Franziskus v. Paula. Gebet f. Männerstimmen (Soli u. Chor), Orgel, 3 Posaunen und Pauken (mit deutschem und ungarischem Text). T.

Der Sonnen-Hymnus des hl. Franz v. Assisi f. Baritonsolo, Männerchor, Orgel u. Orchester (ital. u. deutsch). K.

Cantantibus organis. Antiphonia in Festa **St. Ceciliae** f. Altsolo und gem. Chor [„In Onore di G. P. Palestrina"]. K.

Inno: „A Maria Vergine" f. gem. Chor, Orgel u. Harfe (italien. Text) [2. Dez. 1869].

„Die Allmacht" von **F. Schubert** f. Tenor- oder Sopran-Solo und Männerchor. Schu.

Te Deum laudamus f. gem. Chor oder Männerchor.

Domine salvum fac regem! f. Männerchor, Orgel u. Orchester.

Ossa arida! („Ihr verdorrten Gebeine stehet auf und höret des Herren Wort!") f. Männerchor, Orgel, Harmonium, Trompeten, Posaunen u. Pauken. (Vgl. Rubrik IV, 4b).

Zur Trauung. Geistliche Vermählungsmusik f. Altsolo, Frauenchor („Ave Maria") u. Orgel [„Der Geist der Liebe leite uns!"). Br.

Der Choral: „Nun danket alle Gott!" f. Männer- oder gem. Chor, 2 Trompeten, 3 Posaunen, Tuba, Pauken u. Orgel. Br.

Der Papst-Hymnus f. gem. Chor (mit italienischem Text).

XIII. Psalmen.

(Psaume instrumental „De profundis" siehe Rubrik IIIa.)
(**Psaume de l'église de Genève** siehe Rubrik IV.)

Psalm: „O Dieu donne l'onde" f. 3stimmig. Frauenchor u. Orgel.

Der 2. Psalm: „Quare fremuerunt gentis et populi" für Tenorsolo, gem. Chor u. Orchester (1851).

Der 13. Psalm („Herr, wie lange! —") f. Tenorsolo, gem. Chor und Orchester (mit Orgel ad libitum). K.

Der 18. Psalm („Die Himmel erzählen") f. Männerchor, Soloquartett u. Orchester (mit Orgel ad libitum). Schu.

Der 23. Psalm („Gott, der ist mein Hirt!") f. Tenor- oder Sopransolo, Harfe u. Orgel. K.

Der 50. Psalm („Confiteor peccata mea"). Gem. Chor und Orgel [vgl. „Septem Sacramenta" Rubrik XIV].

Der 67. Psalm (Kirchensegen) f. gem. Chor u. Orgel.

Der 116. Psalm („Laudate Dominum") f. Männerstimmen oder gem. Chor, Soli, Orchester u. Orgel. Schu.

Der 121. Psalm, Vers I („In Domum Domini ibimus") f. gem. Chor, 2 Trompeten, 2 Posaunen, 2 Pauken u. Orgel. (Vergl. Beilage.)

Der 125. Psalm („Qui seminant in lacrymis in exultatione metent") f. gem. Chor u. Orgel.

Der 129. Psalm („Aus der Tiefe rufe ich"). K.
- I. Version f. Alt- oder Baritonsolo u. Orgel.
- II. Version (als vorletztes Stück d. Oratoriums „**Stanislaus**") f. Baritonsolo, 4 Männerstimmen u. Orgel.

Psalmenvers: „Der Herr bewahrt die Seelen seiner Heiligen" für gem. Chor, Trompeten, Posaunen, Tuba, Pauken u. Orgel. Ki.

Psalmenverse 130—30 (vgl. „Septem Sakramente" Rubrik XIV).

Der 137. Psalm („An den Wassern zu Babylon") f. Sopransolo, Frauenchor, Violinsolo, Harfe u. Orgel. K.

XIV. Geistliche Gesänge mit Orgel.

Tantum ergo a. d. ersten Jugendzeit.

Tantum ergo für Frauen- oder Männerchor (B dur) [No. IV. der „12 Kirchenchorgesänge"]. K.

Französische Chöre a capella. 3 Voix égales (Nach M. de Chateaubriand). (Erste Pariser Zeit.)

1) Qui donc m'a donné la naissance.
2) L'Eternel et son nom.
3) Chantons l'auteur de la lumière.
4) — — — — — — — — — — — — — — — — —
5) Combien j'ai douce souvenance.

Pater noster („Vater unser“) [C dur 3/4].

I. Version für Mezzosopran oder Baritonsolo und Chor (ad libitum). Foe. (Br.)

II. Version f. 4 Männerstimmen (secundum Rituale S. S. ecclesiae Romanae). Br.

Pater noster (F dur 4/4) für gem. Chor (No. 1 der „12 Kirchenchorgesänge“). K.

Pater noster f. gem. Chor (F moll 4/4). K.

(Vgl. Pater noster f. gem. Chor a. „Christus“ [As dur 4/4]. K.)

Pater noster del Rosario f. 1 Baßstimme od. Männerchor (1879).

Ave Maria f. Frauenchor (erste Pariser Zeit).

Ave Maria f. gem. Chor (A dur alla breve). Br.

Ave Maria (D dur 3/4) für gem. Chor (No. 2 der „12 Kirchenchorgesänge“). K.

Ave Maria f. Bariton (oder Tenor) (G dur 4/4). P.

Ave Maria. Geistliche Vermählungsmusik (Nach Sposalizio) f. Orgel, Altsolo u. Frauenstimmen [vgl. Rubrik VIII. b]. Br.

Ave Maris stella. Hymne (No. 7 der „12 Kirchenchorgesänge“). K.

I. Version f. gem. Chor (G dur 4/4).

II. Version f. Männerchor (B dur 4/4).

III. Version f. Altsolo u. Frauenstimmen. K.

Salve Regina, mater misericordiae. Gem. Chor (14. Jänner 1885, Roma).

Quasi cedrus! (Mariengarten) f. Tenorsolo u. Frauenchor.

Ave verum corpus Christi f. gem. Chor (No. 5 der „12 Kirchenchorgesänge“). K.

O salutaris hostia.

I. Version (B dur) für Frauenchor (No. 3 der „12 Kirchenchorgesänge“). K.

II. Version (E dur) für gem. Chor (No. 8 der „12 Kirchenchorgesänge“). K.

Mihi autem adhaerere für Männerchor (No. 6 der „12 Kirchenchorgesänge“). K.

Libera me! f. Männerchor (No. 9 der „12 Kirchenchorgesänge“). K.

Anima Christi sanctifica me! f. Männerchor (No. 10 d. „12 Kirchenchorgesänge“). K.

Pro Papa!

1) Tu es Petrus! f. Männerchor (No. 11 der „12 Kirchenchorgesänge“). K.

2) **Dominus conservet eum.** Für gem. Chor (No. 12 der „12 Kirchenchorgesänge“). K.

Die Gründung der Kirche aus d. Orat. **„Christus“** für Tenor- oder Baritonsolo. K.

Dall Alma Roma f. gem. Chor (vgl. „Papst-Hymnus“ u. „Gründung der Kirche“).

O Roma nobilis! f. gem. Chor.

Te Deum laudamus. Hymnus für gem. Chor oder Männerchor unisono.

Domine salve fac regem f. Männerchor.

Pax vobiscum. Motette f. Männerstimmen oder Solo-Quartett. Ki.

Slavimo, slava, slaveni! Hymne f. Männerchor (Rom, Juni 1862 zur 1000jährig. Feier der Apostel Cyrill u. Method).

„Qui Mariam absolvisti“ f. Baritonsolo u. gem. Chor. Ki.

O sacrum convivium f. Kontraaltsolo u. Altstimmen.

Excelsior a. „Die Glocken des Straßburger Münsters“ f. Mezzo-Sopransolo u. Männerchor. Schu.

„Cujus animam“ aus **Rossini's** „Stabat mater“ f. Tenor. Scho.

Weihnachtslied („Geboren ist Gott!“) f. Tenorsolo u. Frauenchor. Fü. (Vgl. „Weihnachtsbaum“ Rubrik IV u. V.)

Christus ist geboren! Weihnachtslied („Äolsharfen tönt es wieder“) f. Männer-, Frauen- oder gem. Chor. Bot. (Bö.)

I. Version (E moll).

II. Version (F dur) (vgl. „Hirtenspiel a. d. Krippe“ a. „Christus“).

Der Choral: „Nun danket alle Gott!“ für Männerchor oder gem. Chor. Br.

Es segne uns Gott! f. gem. Chor.

Der Kirchensegen („Gott sei uns gnädig u. barmherzig“) [Psalm 67] f. gem. Chor.

Rosario (Rosenkranzandachten) f. gem. Chor („November 1879 Villa d'Este“).

1) Mysteria gaudiosa.
2) Mysteria dolorosa.
3) Mysteria gloriosa.

Septem Sacramenta. Responsoria cum organo vel Harmonio concinenda. (Nach Overbeck) (mit latein. u. deutsch. Text) [Autographiert bei Mangalli, Rom, November 1878).

I. Baptisma (Taufe). Männerchor u. Sopransolo.

II. Confirmatio (Firmung) [20–22 Johann.]. Männerchor, Sopranstimmen, Männerstimmen, gem. Chor [Psalm 103–30. Hymne: „Veni Pater pauperum“].

III. Eucharistia (Communion) („O sacrum convivium“). Männerchor, Frauenchor, dann gem. Chor.

IV. Poenitentia (Beichte) Psalm 50 (Confiteor peccata mea“). Gem. Chor.

V. Extrema Unctio (Letzte Ölung) Jakob. 5–15. Männerstimmen.

VI. Ordo (Priesterweihe). Männerchor.
VII. Matrimonium (Ehe). Mezzo-Sopran-, Tenor- und Baßsoli und gem. Chor.

Crux ave benedicta! f. gem. Chor.

Crux! Hymne des Marins (Worte v. Guichon de Grandpont) für Männer- oder Frauenchor.

Le Crucifix (Worte v. V. Hugo) f. Kontraalt. K.

I. Version $^6/_4$ Takt.
II. Version $^4/_4$ Takt.
III. Version $^3/_4$ Takt.

Via Crucis (Die 14 Stationen des Kreuzweges) f. Soli, gem. Chor u. Orgel (oder Pianoforte). (14. Nov. Pest, — Villa d'Este 1876, — Weimar 1877, — Budapest 26. Februar 1879.)

Einleitung: Vexilla Regis (gem. Chor).
O Crux, Ave! Solo-Quartett.

Station I: Jésus est condamné à mort. Orgel, dann Stimme des Pilatus (Baß).

Station II: Jésus est chargé de la Croix. Orgel, dann eine Baritonstimme („Ave Crux").

Station III: Jésus tombe pour la première fois. Männerstimmen m. Orgel, dann Frauenstimmen a capella („Stabat mater dolorosa").

Station IV: Jésus rencontre sa très sainte mère (Orgel od. Pianoforte allein).

Station K: Simon le Cyrénéen aide Jésus à porter sa Croix (Orgel oder Pianoforte).

Station VI: Sancta Veronica. Gem. Chor („O Haupt, voll Blut und Wunden").

Station VII: Jésus tombe pour la seconde fois. Männerstimmen mit Orgel u. Frauenstimmen a capella (wie früher).

Station VIII: Les femmes de Jérusalem. Orgel und Baritonsolo („Weinet nicht um mich, sondern um eure Kinder!").

Station IX: Jésus tombe une troisième fois. Männerstimmen mit Orgel, zwei Frauenstimmen-Solo (wie früher).

Station X: Jésus est dépouillé de ses vêtements (Orgel oder Pianoforte allein).

Station XI: Jésus est attaché à la Croix. Männerchor unisono und Orgel („Crucifige!").

Station XII: „Eli, eli, lamma Sabacthani!“ Baritonsolo mit Orgel, dann eine Altstimme, hierauf 2 Sopranstimmen („Consummatum est!“).
Choral: „O Traurigkeit, o Herzeleid“ (gem. Ch.).

Station XIII: Jésus est déposé de la Croix. Orgel oder Pianoforte allein.

Station XIV: Ave Crux, spes unica, Amen. Mezzo-Sopran-Solo, gem. Chor u. Orgel.

XV. Weltliche Chorgesänge.

a) Männerchöre ohne Begleitung.

Studentenlied aus Goethe's „Faust“ („Es lebt' eine Ratt' im Kellernest“). Scho.

Reiterlied (Nach Herwegh) [C moll] („Die bange Nacht ist nun herum“). Scho.
I. Version a capella.
II. Version mit Klavier.

Der Gang um Mitternacht (Nach Herwegh) [mit Tenorsolo]. K.

Geharnischte Lieder [„Aus Zelt u. Lager“] (Dichtg. v. Th. Meyer). K.
1) Vor der Schlacht.
2) Nicht gezagt!
3) Es rufet Gott uns mahnend.

„Das düstre Meer umrauscht“. E.

Wir sind nicht Mumien! (Nach Hoffm. v. Fallersleben). K.

Vereinslied (für den Verein „Neu-Weimar“) (Nach Hoffm. v. Fallersleben) [„Frisch auf zu neuem Leben“]. K.

Festlied im Volkston zu **Schiller's Jubelfeier** 1859 (Nach Dingelstedt) [mit Baritonsolo]. K.

Soldatenlied aus Goethe's „Faust“ („Burgen mit hohen Mauern“). K.

Gottes ist der Orient (Nach Goethe). K.

Ständchen (Nach Rückert) („Hüttelein, still und klein“) [mit Tenorsolo). K.

„Die alten Sagen kunden“ (Nach Uhland). K.

Frühlingstag („Saatengrün, Veilchenduft!“) (Nach Uhland). K.
(II. Ausgabe für Frauenchor siehe Rubrik c.)

Weimar's Volkslied (Nach P. Cornelius). Su.

Ungarisches Königslied (Nach K. Abrányi). T.

Gruß („Glück auf!“). Ki.

Das Lied der Begeisterung (Nach C. Abrányi jun.) (mit ungarischem u. deutschem Texte]. T.

b) Männerchöre mit Klavierbegleitung.

Rheinweinlied (Nach Herwegh) [„Wo solch ein Feuer noch gedeiht"). Scho.

Reiterlied (Nach Herwegh) [B moll). Scho.
I. Version ohne Begleitung.
II. Version mit Klavier.

Die lustige Legion (Nach Ad. Buchheim). D.

Was ist des Deutschen Vaterland? (Nach E. M. Arndt). Sch.

Drei vierstimmige Männerchöre (Nach Th. Meyer). K.
1) Trost I. Version („Es rufet Gott uns mahnend").
2) Trost II. Version
3) Nicht gezagt!

Arbeiterchor („Herbei, herbei!") f. Baßsolo u. Männerchor.

Festgesang zur Eröffnung der 10. allgem. deutsch. Lehrerversammlung (Nach Hoffmann v. Fallersleben) mit Klavier oder Orgel. Su.

Weimars Volkslied (Nach P. Cornelius). Su.
(Vgl. Rubrik IV b 2 und V.)

c) Für Frauen- oder Kinderchor a capella.

Morgenlied („Die Sterne sind erblichen" –). Bö. (Neues vaterländ. Liederbuch).

„Saatengrün – Veilchenduft" (Nach Uhland). K.

XVI. Lieder und Balladen mit Orchester.

Le Juif errant (Nach Béranger) f. Bariton (Paris 1842).

Jeanne d'Arc au bûcher. Scène dramatique d'après A. Dumas. Scho.

Titan (Dichtg. v. F. v. Schober) f. Bariton [Berlin 1842, Altenburg 1850].

Weimars Toten! Dithyrambe (a. d. „Goethe-Album") f. Bariton. Schu.

Ungarisches Königslied (Nach C. Abrányi jun.) f. Bariton. T.

Mignon (Nach Goethe) f. Mezzosopran.
I. Version mit Orchester. K.
II. Version mit Klavier und Cello. Be.

Die Loreley (Nach Heine) f. Sopran.

Die drei Zigeuner (Nach Lenau) f. Alt oder Bariton. K.

Drei Lieder aus Schiller's „Wilhelm Tell". K.
1) Der Fischerknabe.
2) Der Hirt.
3) Der Alpenjäger.

Die Vätergruft (Nach Uhland) (mit deutsch. u. englisch. Text) für Baß. K.

Lieder v. Fr. Schubert f. eine Singstimme mit kleinem Orchester

1) Die junge Nonne.
2) Gretchen am Spinnrade.
3) Lied der Mignon („So laßt mich scheinen“).
4) Erlkönig.

(1–4: For.)

5) Der Doppelgänger.
6) Abschied.

XVII. Lieder mit Klavier.

a) Französisch.

„Il m'aimait tant!“ (Nach Emile de Girardin) f. Sopran. Scho.

„La tombe et la rose“ (Nach V. Hugo) für Sopran oder Tenor („Buch der Lieder“ No. 11). Sch.

Gastilbelza, le fou du Tolède (Nach V. Hugo), Bolero f. Baß („Buch der Lieder“ No. 12). Sch.

Jeanne d'Arc au bûcher. Ballade. Scho.

Comment disaitent-ils (Nach V. Hugo) f. Sopran mit Klavier oder Gitarre [„Gesammelte Lieder“ No. 17]. K.

O, quand je dors (Nach V. Hugo) für Sopran oder Tenor [„Gesammelte Lieder“ No. 18]. K.

S'il est un charmant gazon (Nach V. Hugo) f. Tenor [„Gesammelte Lieder“ No. 19). K.

Enfant, si j'étais Roi (Nach V. Hugo) f. Tenor („Gesammelte Lieder“ No. 20]. K.

(Deutsche Übersetzung von P. Cornelius.)

Tristesse („J'ai perdu ma force et ma vie!“) (Nach A. de Musset) [deutsch v. A. Meißner] f. Bariton od. Alt [„Gesammelte Lieder“ No. 57]. K.

b) Italienisch.

Angiolin, dal biondo crin (Nach Bocella) [„Englein hold, im Lockengold“] (Wiegenlied für Blandine) für Tenor oder Sopran (deutsch von P. Cornelius) [„Gesammelte Lieder“ No. 26] K.

Barcarola venetiana di Pantaleoni f. Tenor. Schu.

La Perla (Worte v. Prinzess. Hohenlohe) f. Alt. Ric.

Tre Sonetti del Petrarca

I. Version für Tenor. Ha. (Sch.)

II. Version f. Bariton oder Mezzosopran. (Deutsch v. P. Cornelius). Scho.

1) Sonetto XXXIX (47) („Benedetto sia il giorno“) [Des dur].
2) Sonetto XC (104) („Pace non trovo“) [E dur].
3) Sonetto CV (123) („I'vidi in terra“) [F dur].

(Vgl. „Années de Pélerinage“ Rubrik IV a).

c) Ungarisch.

Isten veled (Nach P. Horváth), Romanze („Gesammelte Lieder“ No. 44). K.

„A magyarok Istene“ – (Nach Petöfi) für Bariton, Mezzosopran oder Tenor. T.

„Magyar király dal“ f. eine Singstimme. T.

d) Deutsch.

Die Macht der Musik (Gedicht v. d. Herzogin Helene v. Orleans) f. Tenor oder Sopran. Ki.

Es hat geflammt die ganze Nacht am hohen Himmelsbogen (de la J. M. P. . . .) f. Mezzosopran oder Tenor.

„Es war einmal ein König“ (aus Goethe's „Faust“) f. Baß.

Drei Lieder für eine Tenor= oder Sopranstimme. Ki.

1) Hohe Liebe (Nach Uhland).
2) Gestorben war ich (Nach Uhland).
3) O lieb, solang du lieben kannst (Nach Freiligrath).

Des Tages laute Stimmen schweigen (Nach Saar) für Alt oder Bariton. Br.

[Mitgeteilt v. La Mara in „F. Liszt's Briefe“ Bd. VIII.] Br.

Gesammelte Lieder. K.

No. 1 **Mignon's Lied** (Nach Goethe) [Mezzosopran].
I. Version mit Klavier allein. K.
II. Version mit Klavier und Cello. Be.
III. Version mit Orchester. K. (Vgl. Rubrik XVI.)

No. 2 **Es war ein König in Thule** (Nach Goethe) [Mezzosopran od. Bariton].

No. 3 **Der du von dem Himmel bist** (Nach Goethe) [Alt od. Tenor]
II. Version (4/4 E dur) mit Klavier oder Harfe. K.
[I. Version (3/4 E dur) Invokation. („Buch der Lieder“.) Ha.]

No. 4 **Freudvoll und leidvoll** (Nach Goethe) [Alt oder Tenor].
II. Version (4/4 E dur. Andantino). K.
[I. Version (2/4 E dur. Allegro agitato). Ha.]

No. 5 **Wer nie sein Brot mit Tränen aß** (Nach Goethe) [Mezzosopran oder Bariton].
I. Version (3/4 E moll).
II. Version (4/4 C dur) [„Gesammelte Lieder“ No. 41].

No. 6 **Über allen Gipfeln ist Ruh'** (Nach Goethe) [Tenor od. Mezzosopran].

No. 7–9 **Lieder aus Schiller's „Wilhelm Tell“** (Tenor). [Vgl. Rubrik XVI.]
No. 7 Der Fischerknabe.
No. 8 Der Hirt.
No. 9 Der Alpenjäger.
II. Version. K.
[I. Version (in d. Klavierbegleitung verbunden mit No. 7). Ha.]

Gesammelte Lieder. K.

No. 10 **Die Loreley** (Nach Heine) [Mezzosopran oder Tenor].

No. 11 **Am Rhein im schönen Strome** (Nach Heine) [Tenor].

No. 12 **Vergiftet sind meine Lieder** (Nach Heine) [Tenor].

No. 13 **Du bist wie eine Blume** (Nach Heine) [Tenor].

No. 14 **Anfangs wollt' ich fast verzagen** (Nach Heine) [Tenor].

No. 15 **Morgens steh' ich auf und frage** (Nach Heine) [Tenor od. Bariton].

No. 16 – No. 16 (bis) **Ein Fichtenbaum steht einsam** (Nach Heine) [Bariton oder Mezzosopran].

I. Version ($^{3}/_{4}$-Takt).

II. Version ($^{4}/_{4}$-Takt).

No. 17 – No. 20 siehe **„Französische Lieder"** (Nach V. Hugo) [Rubrik XVII a].

No. 11 **Es rauschen die Winde** (Nach Rellstab) [Tenor od. Mezzosopran].

No. 22 **Wo weilt er?** (Sopran).

No. 23 **Nimm einen Strahl der Sonne** (Tenor).

No. 24 **Schwebe, blaues Auge** (Nach Dingelstedt) [Tenor].

No. 25 **Die Vätergruft** (Nach Uhland) [Baß oder Bariton]. K.

I. Version. (Original-Klavier-Fassung.)

II. Version (Nach der Orchestereinrichtung).

No. 26 **„Angiolin"** vgl. **„italienische Lieder"** [Rubrik XVII b].

No. 27 **Kling leise, mein Lied.** Ständchen (Nach Nordmann) [Tenor].

No. 28 **Es muß ein Wunderbares sein** (Nach Redwitz) [Tenor oder Sopran].

No. 29 – 30 **Muttergottes-Sträußlein zum Maimonate** (Nach J. Müller) [Mezzosopran].

No. 29 Das Veilchen.

No. 30 Die Schlüsselblümchen.

No. 31 **Laßt mich ruhen, laßt mich träumen** (Nach Hoffm. von Fallersleben) [Bariton oder Mezzosopran].

No. 32 **Wie singt die Lerche schön** (Hoffm. v. Fallersleben) [Tenor oder Sopran].

No. 33 **In Liebeslust, in Sehnsucht Qual** (Nach Hoffm. v. Fallersleben) [Tenor].

No. 34 **Ich möchte hingehn** (Nach Herwegh) [Tenor] („Das Testament meiner Jugendzeit!").

No. 35 **Nonnenwerth** (Nach F. v. Lichnowsky) [Tenor].

No. 36 **Jugendglück** (Nach R. Pohl) [Tenor].

No. 37 **Wieder möcht' ich dir begegnen** (Nach P. Cornelius) [Barit.].

No. 38 **Blume und Duft** (Nach Hebbel) [Tenor].

No. 39 **Ich liebe dich** (Nach Rückert) [Tenor].

No. 40 **Die stille Wasserrose** (Nach Geibel) [Mezzosopran].

Gesammelte Lieder. K.

No. 41 **„Wer nie sein Brot“.** Vgl. „Gesammelte Lieder“ No. 5.

No. 42 **Ich scheide** (Nach Hoffm. v. Fallersleben) [Tenor].

No. 43 **Die drei Zigeuner** (Nach Lenau) [Mezzosopran od. Bariton] I. Version.

II. Version mit Zusätzen für Fritz Plank.

III. Version vgl. Rubrik XVI.

IV. Version vgl. Rubrik II e.

No. 44 **Lebe wohl!** (Nach P. Horvath). Vgl. Rubrik XVII c u. II c u. e.

No. 45 **Was Liebe sei?** (Nach Charlotte v. Hagen) [Tenor].

No. 46 **Die tote Nachtigall** (Nach Th. Kaufmann) [Sopran].

No. 47 **Bist du!** (Nach Fürst Elim Metschersky) [Tenor].

No. 48 **In Stunden der Entmutigung.** Gebet (Nach Bodenstedt) [Mezzosopran].

No. 49 **Einst!** (Nach Bodenstedt) [Tenor].

No. 50 **An „Edlitam“** („Mathilde“). „Zur silbernen Hochzeit“! (Nach Bodenstedt) [Mezzosopran oder Bariton].

No. 51 **Und sprich** („Sieh auf dem Meer den Glanz der hohen Sonne“) (Nach Freih. v. Biegeleben) [Mezzosopran].

No. 52 **Die Fischerstochter** (Nach Graf Coronini) [Bariton oder Mezzosopran].

No. 53 **Sei still** (Nach Fr. H. v. Schorn) [Mezzosopran oder Bariton].

No. 54 **Der Glückliche** (Nach Wilbrand) [Tenor].

No. 55 **Ihr Glocken von Marling** (Mezzosopran).

No. 56 **Verlassen.** Lied aus dem Schauspiele: **„Irrwege“ v. Gustave Duchell** (Mezzosopran oder Bariton).

No. 57 **„Ich verlor die Kraft und das Leben“** (Nach A. Meißner) [Bariton oder Alt]. Vgl. Rubrik XVII a.

O Meer im Abendstrahl (Nach A. Meißner). **Duett** f. Sopran und Alt mit Klavier oder Harmonium. K.

Wartburglieder (a. d. Festspiel: **Der Brautwillkomm auf Wartburg** v. J. V. Scheffel) [zur Vermählung des Erbgroßherzogs Carl August]. K. (Vgl. Rubrik XII und IV b 4.)

1) **Einleitung und Chorgesang „An Frau Minne“** f. gem. Chor.

2) **Minnesängerlieder.**

a) Wolfram v. Eschenbach (Bariton) [Schluß mit gem. Chor].

b) Heinrich v. Ofterdingen (Tenor).

c) Walter v. d. Vogelweide (Tenor).

d) Der tugendhafte Schreiber im Kanzlergewand (Bariton).

e) Biterolf u. d. Schmied v. Ruhla (2 Bässe).

f) Reimar der Alte [Morgenständchen] (Tenor).

Weimars Volkslied. Su.

Dritte Abteilung

XVIII. Revisionen von Klavierwerken anderer Meister.

Beethoven: Ausgabe Holle's Nachfolger. Sieg.
Band I und II. **Sämtliche Sonaten.** (Erste vollstän- Gesamtausgabe.) Bos.

Vergriffen.
Bd. III. **Sämtliche Variationen.**
Bd. IV. **Diverse Kompositionen** zu 2 u. 4 Händen.
Bd. V. **Duos für Violine und Klavier.**
Bd. VI. **Duos für Klavier und andere Instrumente.**
Bd. VII. **Trios für Klavier, Violine und Cello.**
Bd. X. **Messen im Klavierauszuge.**
Bd. XIV. **Streichquartette.**
Bd. XV. **Trios für Streich- und Blasinstrumente.**

Chopin: 24 Préludes, op. 28. Br.

Field: 8 Nocturnes. Schu.
No. 1 Es dur.
No. 2 C moll.
No. 3 As dur.
No. 4 A dur.
No. 5 B dur.
No. 6 F dur.
No. 7 A dur.
No. 8 Es dur.

Hummel: Großes Septett. op. 74. Schu.
I. Version in der Originalgestalt.
II. Version als Quintett f. Klavier, Violine, Viola, Cello und Kontrabaß (oder 2. Cello).

Schubert, Fr.: Ausgewählte Kompositionen. C.
Bd. I. Sonaten und Solostücke.
Phantasie (C dur op. 15).
I. Sonate (A moll op. 42.
II. Sonate (D dur op. 53).
Phantasie (G dur op. 78).

Schubert, Fr.: Ausgewählte Kompositionen. C.
Bd. II. Walzer und Ländler op. 9, 18, 33.
Valses sentimentales op. 50.
Impromptus op. 90.
Momens musicals op. 94.
Impromptus op. 142.
„ **Stücke zu 4 Händen.** I. Teil (in Bd. IV.)
4 kleine Ländler.
3 Marches héroiques op. 27.
Deutsche Tänze und Ecossaisen op. 33.
Variations (As dur) op. 35.
6 Grandes Marches op. 40.
3 Marches militaires op. 51.
Divertissement à la Hongroise op. 54.
„ **Stücke zu 4 Händen.** II. Teil (in Bd. V.)
Andantino varié (H moll) op. 84 No. 1.
Rondo brillant (G moll) op. 84 No. 2.
Phantasie (F moll) op. 103.
2 Marches caractéristiques op. 123.
Weber, C. M. v.: Sonaten und Solostücke. C.
Bd. I. 1. große Sonate (C dur) op. 24.
2. „ „ (As dur) op. 39.
3. „ „ (D moll) op. 49.
4. „ „ (E moll) op. 70.
Bd. II. Konzertstück (F moll) op. 79.
Momento capriccioso (B dur) op. 12.
Große Polonaise (Es moll) op. 21.
Rondeau brillant (Es dur).
Aufforderung zum Tanz op. 65.
Polacca brillante (E) op. 72.
Viole, R.: Gartenlaube. 100 Etüden in 10 Heften. K.

Vierte Abteilung

XIX. Literarische Werke.

a) Französisch.

Verschiedene Aufsätze der „Gazette musicale". Paris.
„Benvenuto Cellini" de Berlioz. Illustration.
„Lohengrin" et „Tannhäuser" de **Wagner** 1851. Bro.
De la Fondation Goethe à Weimar. 1851. Bro.
Frédéric Chopin. I. Ausgabe 1852. Es.
II. Ausgabe 1879. Br.
Des Bohémiens et de leur Musique en Hongrie. (1859).
I. Version. 1860. Lib.
II. Version. 1881. Br.
J. Field et ses Nocturnes. (1859). Schu.
Rob. Schumann's „Musikalische Haus= und Lebensregeln" ins Französische übertragen. Schu.

b) Deutsch.

Gesammelte Schriften. 6 Bände. Br.
I. Bd. **Chopin** (1849/50) (frei übertragen von **La Mara.**)
I. Ausgabe 1880, II. neu bearbeitete Ausgabe: (Chopin's Individualität) 1896.
II.–VI. Bd. gesammelt und frei übertr. v. **L. Ramann.**
II. Bd. **Essays und Reisebriefe eines Baccalaureus der Tonkunst.**
1. **Essays.** Zur Stellung der Künstler (1835).
Über zukünftige Kirchenmusik (1834).
Über Volksausgaben (1836).
Über Meyerbeer's „Hugenotten" (1837).
Über Thalberg's op. 22, 15 u. 19 (1837).
An Herrn Prof. Fêtis (1837).
Rob. Schumann's Kompositionen op. 5, 11 u. 14 (1837).
Paganini. Nekrolog (1840).
2. **Reisebriefe.** No. 1–3 an George Sand (1835—37).
No. 4 an Ad. Pietet (1837).
No. 5–6 an L. de Ronchaud (1837).
No. 7 an Mor. Schlesinger (1838).
No. 8 an H. Heine (1838).
No. 9 an Lambert Massart (1838).

Gesammelte Schriften. 6 Bände. Br.

No. 10. Über den Stand der Musik in Italien. (An Schlesinger) (1838).

No. 11. Über Raffael's „heilige Cäcilie". (An d'Ortigue) (1838).

No. 12 an H. Berlioz (1839).

III. Bd. **Dramaturgische Blätter. 1. Teil.**

Über „Orpheus" von Gluck (1854).
„ „Fidelio" von Beethoven (1854).
„ „Euryanthe" von Weber (1854).
„ „Egmont" von Beethoven (1854).
„ „Sommernachtstraum" v. Mendelssohn (1854).
„ „Robert der Teufel" von Meyerbeer (1854).
„ „Alfons und Estrella" von Schubert (1854).
„ „Die Stumme von Portici" von Auber (1854).
„ „Montecchi e Capuletti" von Bellini (1854).
„ „Die weiße Dame" von Boieldieu (1854).
„ „Die Favoritin" von Donizetti (1854).
„ Pauline Viardot-Garcia (1859).

Keine Zwischenaktsmusik! (1855).

Mozart! Zur 100 jährigen Geburtstagsfeier (1856).

III. Bd. **Dramaturgische Blätter. 2. Teil.**

Über **R. Wagner's**

1) Tannhäuser und der Sängerkrieg auf Wartburg (mit thematischen Beispielen) (1849).
2) Lohengrin (1850).
3) Der fliegende Holländer (1854).
4) Das Rheingold (Zum Neujahr 1855).

IV. Bd. **Aus den Annalen des Fortschritts.**

Berlioz und seine Harold-Symphonie (mit thematischen Beispielen) (1855).

Robert Schumann (1855).

Clara Schumann (1855).

Robert Franz (1855).

Sobolewsky's „Vinvela" (1855).

John Field und seine Nocturnes (1859).

V. Bd. **Streifzüge.**

Zur Goethe-Stiftung (1850).

Weimar's Septemberfest zur Feier des 100 jährigen Geburtstags Carl August's (1857).

Dornröschen. Genast's Gedicht u. Raff's Musik (1856).

Marx und sein Buch: Die Musik des 19. Jahrhunderts (1855).

Gesammelte Schriften. 6 Bände. Br.

Kritik der Kritik. Oulibischeff u Séroff (1857).
Brief über das Dirigieren. Eine Abwehr (1853).

VI. Bd. **Die Zigeuner und ihre Musik in Ungarn.** (2. umgearbeitete Ausgabe in 2 Teilen (1883).
I. Deutsche Ausgabe übertragen v. P. Cornelius (1861). Scho.

VII. Bd. **Anhang.** (In Vorbereitung).
Soll enthalten [in deutscher Übertragung]:

I. Zwei Reisebriefe aus den Jahren 1837/38 und 1841. (Nachtrag zu den Briefen eines „Baccalaureus der Tonkunst“ [Bd. II].)
II. „Illustrationen“ zu Berlioz' „Benvenuto Cellini“ (1838).
III. Vorworte zu musikalischen Werken.

Vorwort zu „Pensées des Morts“ (1834).
„ zum „Album d'un Voyageur“.
„ zum „Künstler-Chore“ nach Schiller.
„ zur Herausgabe der „symphonischen Dichtungen“ (An die Dirigenten).
„ zur symphonischen Dichtung: „Tasso“.
„ „ „ : „Orpheus“.
„ „ „ : „Prometheus“.
„ „ „ : „Heroïde funèbre“.
„ „ „ : „Hunnenschlacht“.
„ zu „Triomphe funèbre du Tasse“.
„ zur „Dante-Symphonie“.
„ zu den beiden „Franziskus-Legenden“.
„ zum „Sonnen-Hymnus des hl. Franz v. Assisi“.
„ zu den „Rosario-Andachten“.
„ zu den „Sieben Sakramenten“.
„ zu „Crux“, Hymne des Marins.
„ zur „Via Crucis“.
„ zum „Bülow-Marsch“.
„ zu „Am Grabe Wagner's“.
„ zur Norma-Phantasie (an Mme C. Pleyel).
„ zur Ausgabe des „Hexameron“ f. 2 Klav. zu 4 Händen.
„ zu den Klavier-Partituren der Symphonien Beethoven's.
„ zur Ausgabe der Beethoven'schen Klavierkonzerte für 2 Klaviere zu 4 Händen.
„ zu den Revisionen der Werke Weber's u. Schubert's.

Fünfte Abteilung

XX. Briefe.

Briefwechsel zwischen Liszt und Wagner. 2 Bände. Br.
I. Bd. 1841—53.
II. Bd. 1854—61.

Briefwechsel zwischen Liszt und H. v. Bülow. Herausgegeben von **La Mara.** Br.

Franz Liszt's Briefe. In (bisher) 8 Bänden gesammelt und herausgegeben von **La Mara.** Br.
Bd. I. Von Paris bis Rom.
Bd. II. Von Rom bis ans Ende.
Bd. III. Briefe an eine Freundin **(Fr. Street-Klindworth).**
Bd. IV–VII. Briefe an die Fürstin **Carolyne Sayn-Wittgenstein.**
Bd. VIII. Neue Folge zu Band I. u. II (Briefe von 1823–1886)
[In Vorbereitung: Bd. IX. **Briefwechsel zwischen Liszt und Großherzog Carl Alexander** von Sachsen-Weimar.] Br.

Briefwechsel zwischen Liszt und Justizrat Gille. Herausgegeben von **Adolf Stern.** Br.

Ein alphabetisches Verzeichnis der von Liszt vertonten Dichter (mit Angabe der ihnen gewidmeten Werke) veröffentlichte der Verfasser erstmalig in Emerich Kastners: ‚Wiener musikalischer Zeitung', Jahrgang 1887, – eine Zusammenstellung der engeren Schüler des Meisters in seinem Liszt-Bändchen der Reclamschen Universal-Bibliothek.

FSC
www.fsc.org
MIX
Papier | Fördert
gute Waldnutzung
FSC® C083411

Zeitfracht Medien GmbH
Ferdinand-Jühlke-Straße 7
99095 Erfurt, Deutschland
produktsicherheit@kolibri360.de

Druck:
CPI Druckdienstleistungen GmbH
im Auftrag der
Zeitfracht Medien GmbH
Ein Unternehmen der Zeitfracht - Gruppe
Ferdinand-Jühlke-Str. 7
99095 Erfurt